国家社会科学基金资助项目

新编21世纪政治学系列教材

政治学新论

第二版

New System of Politics

刘吉发 著

中国人民大学出版社
· 北京 ·

作者简介

刘吉发 博士，教授，博士生导师。长安大学西部政治文明与社会治理研究中心主任，享受国务院政府特殊津贴专家，陕西省教学名师，陕西省政协委员，兼任全国思想政治教育专业学科指导委员会研究员、陕西省马克思主义研究会副理事长、陕西省历史唯物主义研究会副会长等学术职务。主要从事马克思主义政治学的教学与研究工作，先后承担国家社科基金项目及省部级科研课题 30 余项，出版《政治实践论》等学术著作 20 余部，发表《马克思主义政治哲学的理论建构》等学术论文 100 余篇，获省部级教学科研成果奖 30 余个，主持“政治学原理”省级精品课程一门，荣获“陕西省社科界优秀社科普及专家”等多个荣誉称号。

内容简介

本书以马克思主义政治观为指导，以政治实践发展规律为主线，以社会主义政治文明为坐标，从政治存在入手，经过政治意识、政治制度和政治行为的理性推演，最后以政治发展为归宿，逻辑地构建了马克思主义政治学五环结构的学理体系。本书突破了以往政治学界以阶级为中心的研究范式，遵循人类社会政治思维的自身逻辑，坚持了政治历史与政治逻辑相统一的学术原则，结构体例新颖，理论观点独到，是作者长期从事政治学理论研究的最新成果，既可供专业学者和政治爱好者鉴阅，更可作为高校政治学专业的理想教材。

总 序

邓小平领导的改革是新中国成立以来的又一次革命。过去30多年的改革开放已经给中国带来革命性变化。这种革命性变化不仅体现在现实生活中的经济、政治等层面，而且还表现在因现实的变迁而带来的理论上的创新和发展以及由此而来的政治学学科建设上的成就方面。

在我国，计划经济体制已经让位于社会主义市场经济体制，同时由经济变革带来的政治体制上的变化也是有目共睹的。首先，在民主法制建设上，人治正在走向法治，政治的制度化正在加强，其中一个重要标志就是终身制的废除和退休制度的形成。其次，在国家结构上，过去计划经济时期简单的单一制已经转变为更加复杂的国家结构关系。中央与地方、地方政府与地方政府之间的关系有了更多的市场经济特征。再次，在国家与社会之间的关系上，过去是“大政府（国家），小社会”，现在正向“大政府（国家），大社会”的方向变化。民间社会在政治生活中的作用越来越大，社会自由越来越多。最后，在意识形态上，过去那种对待马克思主义、毛泽东思想的封闭、激进而又教条的态度已经转变为开放、理性而又灵活的态度，因而形成了引导改革开放事业的邓小平理论、“三个代表”重要思想和科学发展观。所有这些变革，都是我们在30多年前所无法想象的。当然，在政治进步的同时，存在的问题也不容回避。那就是迫切需要建立一套约束政府权力、使人民群众的真实意愿和利益诉求能够得到顺畅表达的机制，以便从根本上保证社会的稳定与和谐。这些问题的解决，不仅需要实际工作者在体制创新方面的实践，更需要政治学学科的发展和政治学专业人才的智慧与理论贡献。

我国的政治变革既是对政治学研究工作的挑战，又是促使政治学发展的良好机遇。我国的政治学在这种压力与机遇并存的环境中正在快步前进。首先，在学科分类上，政治学已经从法学中独立出来而成为一级学科。其次，在学科分支上，政治学从马克思主义政治理论、制度史、思想史而发展成为学科门类更加丰富、更加有特色的一门学科，诸如新政治经济学、政治社会学、政治心理学、政治文化、政治学方法论等。再次，在研究方法上，从单一的阶级分析法发展成为以历史唯物主义为基础的多元化方法论，诸如行为主义、理性选择主义以及方兴未艾的新制度主义。最后，在问题研究上，无论是深度还是广度，我国政治学界都取得了可喜的成就，为中国的政治发展和政治改革作出了自己应有的贡献。当然，在看到成绩的同时，也不能无视发展中的不足。作为中国政治学学科建设和发展的见证人，我们不能不为政治学发展中的结构性缺失而忧心忡忡。比如，就专业刊物而言，不要说与经济学、法学和历史学比较，就是和政治学的二级学科国际关系比较，政治学专业刊物的数量也是少之又少。这种现象严重制约了我国政治学的发展，很多优秀的研究成果只能散见于综合性学术刊物和大学学报。

中国政治学学科发展的基础是高校政治学专业建设。自 1980 年恢复政治学专业以来，政治学系或政治与行政管理学系已经成为很多高校的普遍性建制。而且在各高校政治学专业竞相发展的过程中，我们很高兴地看到各个高校的政治学学科建设和教材建设，无不生机勃勃，成就斐然。中国人民大学出版社推出的“新编 21 世纪政治学系列教材”在全国享有很高的声誉，是我国很多高校政治学专业和行政管理学专业的必备教科书。从已经出版的教材来看，我认为，“新编 21 世纪政治学系列教材”具有如下特点：

第一，体系上的创新性与独特性。教科书固然应该有通用的内容，但是在教材林立的今天，千篇一律而了无特色的教材是难以立足的，也难以为社会所认可和接受。“新编 21 世纪政治学系列教材”中的每一本教材在体系上的创新性和独特性都是很突出的。

第二，内容上的研究性与新颖性。体系上的独特性应该由内容上的研究性与新颖性构成。教科书不但要介绍一般性的概念和理论，还应该容纳最新的理论研究成果以及对有关理论成果的看法与评价。该系列教材的一个重要特征是，这些教材都是作者们基于自己多年的教学与研究心得而撰写的具有新意的研究性作品。事实上，国外的大学教科书基本上是学术界享有名望的教授来撰写。一本好的教科书之所以享有盛名，就在于其因体系上的独特性和内容上的研究性而形成的权威性。

第三，观点上的全面性与选择性。教科书是一种通论性的著作，因而包容的学术观点、理论应该尽量全面。但是，在信息爆炸的时代，一本书企图容纳所有的观点是不可能也不必要的。因为有的观点不过是个别学者的偶发奇想而不具有普遍性。这就需要撰写者去伪存真，认真取舍。我很高兴地看到，本系列教材在追求观点的全面性时，也没有忘记选择性原则。

第四，方法论上的马克思主义原则性与包容性。我国的社会科学研究离不开马克思主义的基本方法论，尤其离不开历史唯物主义的指导，政治科学更是如此。但是马克思主义并不是凭空产生的，它是在吸纳人类精神文明优秀成果的基础上产生的，马克思主义的发展同样少不了与其他理论流派的碰撞以及对人类文明成果的借鉴与扬弃。封闭的马克思主义是没有生命力的，坚持马克思主义并不排除对其他理论流派的介绍与分析。正是基于这样的指导思想，本套教材在介绍马克思主义政治学的同时，能运用历史唯物主义的基本原理兼容并蓄地介绍和分析其他理论流派。

本套教材的上述特点决定了它们不但是有关专业的教师和学生必备的教学和学习用书，也是政治学研究者的重要参考书籍。虽然具有上述优点和特征，但是十全十美的社会科学著作是不存在的，因此，本套教材中的缺点与不足在所难免。衷心希望专家学者、广大读者积极批评、热情指正！

赵宝煦

前 言

2008年我撰著的《政治学新论》出版发行，它既是对我2002年版《政治学论纲》基本内容的全面提升，同时也体现了我的学术团队协同创新的理论成果。《政治学新论》由中国人民大学出版社发行之后，我国政治学研究领域的多位学者就本书发表了书评，该书也于2009年先后荣获陕西省高校人文社会科学研究优秀成果一等奖、陕西省哲学社会科学优秀成果二等奖，同时被多所大学列为“政治学原理”课程的基本教材，在政治学界形成了一定的学术影响。

时隔八年之久，理论创新飞速。人类社会政治实践的快速发展，推动着政治学理论的深入研究，形成了一批有理论价值的研究成果，这都关乎着马克思主义政治学的理论建构。特别是当代中国政治实践发展的时代需要，强化了中国特色政治学话语体系的理性诉求，从而形成了我国学界政治学理论本土化的政治自觉。中国风格、中国气派、中国特色的政治学理论，正在当代中国政治生活快速发展的时代背景下呼之欲出。

从学术成果向教学资源的有效转化，始终是我国高校理论工作者的责任担当。中国特色政治学理论的不断创新，推动着马克思主义政治学原理的与时俱进。《政治学新论》作为一部著作性教材，试图立足于马克思主义政治学的当代形态，不断吸收学术界关于人民性政治实践本质规律的认识成果，尽早推出当代中国马克思主义政治学的理论体系，这正是重新修订《政治学新论》的理论旨趣。

《政治学新论》一书的重新修订，保持了原版的逻辑框架，调整了原版的结构形式，充实了原版的相关内容，提升了原版的理论水准，完善了原版的学理体系。作为原版发行八年之后的修订版，该书既吸收了学界八年来不断探索的理论成果，也凝结着本人八年来政治思维的理性认知。然而，修订旨在完善，完善并非易事。本人只能站在人类当代政治生活发展的时代坐标上，努力为社会奉献出具有时代特质的理性智识，尽力为推动当代中国社会主义核心政治的理性自觉贡献力量。

刘吉发

2016年6月6日

序　一

自 1979 年邓小平提出政治学“需要赶快补课”以来，近 30 年间，中国政治学在恢复和发展的道路上取得了显著成就。在学科设置、研究机构、人才培养、学术成果、实际应用等方面，都可谓成绩斐然。政治学作为独立的社会科学学科的地位已得到确立，中国政治学的学科体系已初步建立，也出现了一批有代表性的政治学著作。然而，与社会科学的其他门类如经济学、法学、管理学、社会学等相比，政治学仍显得发展缓慢、深度不够、力度不足。特别是基础研究比较薄弱，对一些基本范畴及其内在的逻辑联系还缺乏深入探讨，有待于学者们大力推进。

刘吉发多年来致力于政治学研究，2002 年出版了《政治学论纲》一书，近期又撰成《政治学新论》。该书在吸收学术界成果的基础上，深化拓展，别开新境，形成了一部特色鲜明、观点新颖的学术著作。其突出的特点是以政治存在与政治意识互动为轴线，把人类社会的政治系统分为政治存在和政治意识两大层次，认为政治存在标志着人类政治生活的物质方面和物质过程，政治意识标志着人类政治生活的精神方面和精神过程，而政治存在与政治意识的互动乃是人类政治生活的基本线索。围绕这一轴线，作者将全书分为政治定位、政治存在、政治意识、政治制度、政治行为、政治发展五篇，每篇又分为若干章节。全书主线突出、内容系统、逻辑清晰、观点鲜明，构建了一个具有新意的政治学理论体系，充分体现了自觉运用唯物史观方法论，从哲学思维高度把握政治活动本质的致思方向。

政治学是一门现实性和实践性很强的学科。《政治学新论》在系统地论述政治学基本理论的基础上，又密切联系中国特色社会主义民主政治建设的实际，对我国当前社会主义民主政治建设中的一系列重大问题都进行了较为深入的探讨。特别是对党的十七大报告提出的重要思想观点进行了阐释，并结合我国政治发展的趋势，提出了颇有新意的见解，从而使该书具有强烈的时代感和现实感。

总之，该书是一部视角新、体系新、观点新的研究著述，是政治学园地里的一株新葩，对推动我国政治理论研究和政治文明建设具有积极意义和重要价值。

吉发以刻苦的钻研精神、严谨的治学态度和敏锐的洞察能力长期致力于学术研究，取得了较为丰硕的成果。作为老师，我深感欣慰。祝愿他在学术探索的道路上继续开拓、着意创新，取得更大的成绩。

是为序。

赵馥洁

2007 年 12 月 6 日于西北政法大学静致斋

序 二

随着时代的发展和社会的进步，当今世界正发生着广泛而深刻的变革，我国近 30 年来政治生活也发生了翻天覆地的变化。中国共产党作为社会主义事业的领导核心，在全面推进我国经济建设的同时，也将政治建设纳入发展中国特色社会主义的伟大实践，并提出了建设社会主义政治文明的战略目标，将其作为中国特色社会主义“四大建设”的重要组成部分。吉发撰著的《政治学新论》一书，正是在政治现代化的宏观背景下，对中国特色社会主义政治建设内在规律的深刻探索和理论提升。

首先，作者以政治发展的内在逻辑为基本依据，以历史唯物主义为理论指导，构建了政治学理论的逻辑体系。该书在宏观分析“政治定位”的基础上，以“政治存在”为切入点，经过“政治意识”“政治制度”和“政治行为”的逻辑推演，最后归结于“政治发展”的理性形态，打破了以往政治学研究注重以阶级为中心进行谋篇布局的历史局限，从而使该书形成了体系新颖、逻辑严谨的理论特色。

其次，作者以政治实践发展的时代内容为理性视角，全面总结政治发展的本质规律，深入把握政治发展的时代趋势。该书较深入地论析了“政治主体多元化”“政治活动国际化”“政治管理民主化”“政治行为有序化”等一系列政治学重大命题，为推动我国政治文明建设实践提供了学理依据，从而形成了视界高远、意在发展的时代特色。

再次，作者以理论联系实际为致思取向，在全面剖析政治学理论的基础上，深入分析了党和国家的重大政治方略，并以此为其逻辑归宿。该书紧密结合我国政治文明建设的实际，对“社会主义政治改革”“社会主义政党建设”“社会主义民主政治”“社会主义政治文明”，特别是对“科学发展”和“社会和谐”等一系列重要问题，都进行了深入阐发，并提出了颇有新意、启人心智的见解，从而使该书具有时代感强、贴近现实的实践特色。

总之，该书视角独特、构思别致、脉络清晰、观点鲜明、文笔流畅、分析深入，是一部理论水平较高的学术研究成果，不仅对政治学原理的理论创新具有重要的理论意义，而且对我国社会主义民主政治建设具有重要的现实意义。

吉发作为我的博士生，让我为该书写序，我欣然命笔。述之数语，以励作者，同时也将此书推荐给读者。

2007 年 11 月 24 日于西安理工大学

目　录

第三篇　政治制度

第四篇　政治行为

第五篇　政治发展

政治是随着经济生活发展而产生的社会现象，公共权力是人类社会政治实践的核心所在。政治学是以政治现象本质规律为研究对象的基础学科，政治学的发展形成了自己独特的研究方法和学理体系。马克思主义政治学是科学形态的政治学，它的产生日益推动着人类社会政治实践的科学化进程。

第一节　政治

“政治”一词的产生有着悠久的历史，它伴随政治现象的产生而产生，特别是在人类进入奴隶社会之后的诸多典籍中，“政治”一词常被使用。在我国，“政治”一词早在三千年前就已出现，“道洽政治，泽润生民”（《尚书·毕命》）、“掌其政治禁令”（《周礼·地官司徒·遂人》）、“政治不悔”（《管子》）等都提及“政治”，在《论语》中论及政治的条目更是有 50 余条之多。在西方，“政治”一词是由古希腊语“城邦”一词演化而来的，古希腊思想家柏拉图的《理想国》和哲学家亚里士多德的《政治学》等著作中，“政治”一词得到广泛使用。

一、政治的内涵

政治历史决定政治逻辑，政治范畴是政治历史的逻辑沉淀。随着人类社会政治生活的不断发展，人们对政治的认识也在逐渐深化，从而形成了政治概念的不同界说。马克思主义的政治观，科学地揭示了政治生活的内在本质：

1. 政治的含义

在人类政治文明的发展史上，政治现象引起了历代思想家和政治家的理性关注，他们对政治现象都进行过有益的理论探索，留下了宝贵的思想遗产。然而，如何定义“政治”，古今中外众说纷纭。我们概括为以下几种：

第一，“伦理说”。这种观点认为，政治是合乎道德要求的社会规范。影响中国社会发展两千年之久的儒家学说，就是从道德规范来阐释政治的典型代表。孔子说：“政者，正也。子帅以正，孰敢不正?”（《论语·颜渊》），这里的“政”是指按礼仪就能很好实现

“治”，“正”就是对儒家思想仁、义、礼、智、信等道德要求的一种高度概括，强调以仁处世、以礼治国、以德主政。西方思想家也从伦理价值的角度来解释政治：柏拉图的“理想国”就是“正义之国”；亚里士多德则把政治视为“最高的善”，政治的目的是为了实现最广泛的“善业”。政治“伦理说”表明了当时政治学与伦理学尚未分化的历史状况。

第二，“神权说”。这种观点认为，政治是一种超自然、超社会的力量，这是神权思想在政治上的集中反映。在我国，“君权神授”思想在殷周时期就已形成，特别是汉朝董仲舒的“天人感应”论，提出了“天子受命于天，天下受命于天子”（《春秋繁露·为人者天》）的著名命题，至此神权政治观就成为中国封建统治合法性的重要依据。在西方，中世纪的意大利神学家托马斯·阿奎那是神权政治观的典型代表，宣称“国王是上帝的仆人”；近代德国著名思想家黑格尔，则宣称政治是“绝对精神”的外化。殊途同归，这些命题都是政治“神权说”的表现形式。

第三，“权力说”。这种观点认为，政治是人际关系中的权力现象，表现为掌握权力的驭民之术。中国古代法家认为，政治之道就是权力的获取、维持和运用，要集势以胜众，任法以齐民，因术以御群，也就是运用势、法、术达到统治众、民、群的目的。在西方，16世纪意大利政治思想家马基雅维利，就是权力政治说的典型代表，他认为“政治是夺取权力、掌握权力的必要方法的总和”，这是西方政治思想史上首次把政治与道德分离开来，宣扬“政治可以不择手段”。20世纪30年代西方开始流行泛权力说和国家权力说，也构成了权力说的表现形态。泛权力说认为人际关系中所有的权力现象都是政治现象。如当代美国行为主义政治学的创始人之一拉斯韦尔就认为“政治”即“人际关系中的权力现象”①。国家权力说则认为那些与国家活动有关的权力现象才属于政治研究的范畴，这种理论以马克斯·韦伯为代表，他认为“政治就是国与国之间或国内各集团之间力争权力分享，或力争对权力分配施加影响”②。1996年国际政治学会出版的《政治学新手册》一书，把政治就定义为“有限制地运用”权力。

第四，“管理说”。这种观点认为，政治是一种社会管理活动。中国民主革命的先行者孙中山是这种观点的典型代表：“政治两字的意思，浅而言之，政就是众人的事，治就是管理，管理众人的事，便是政治。”③ 吴恩裕和高一涵教授也支持这种观点，高一涵在其《政治学纲要》一书中提道：“政治是管理众人的事。”当代西方亦有不少学者从管理公共事务的角度来界定政治，诸如美国著名政治学家杰弗里·庞顿和彼得·吉尔、英国政治学家麦肯齐都是这种观点的代表。麦肯齐认为政治是“参加一个社会的全面的管理的进程”④。

第五，“国家说”。这种观点也认为，政治主要是国家事务，特别是宪法、法律所规定的一系列国家制度。这种观点看来，作为政治主要现象的国家是为制定和执行法律而设置的，国家是具有独立人格之法人，是权力和义务的主体，具有表达意志及独立行为之能力。如奥地利纯粹法学派代表人物凯尔森曾说：“我们只是把国家当成一个法律现象，一

---

① 张开诚：《政治学概论》，2页，青岛，青岛海洋大学出版社，1990。
② 吴恩裕：《政治学问题研究》，2页，上海，商务印书馆，1948。
③ 《孙中山选集》，下册，692页，北京，人民出版社，1981。
④ 转引自王惠岩：《政治学原理》，2版，4页，北京，高等教育出版社，2006。

个法人……国家是国内法律秩序所创立的社团。国家作为一个法人，是这个社团的任务化，或是构成这个社团的国家法律秩序的人格化。”[①] 这种观点在某种意义上是对亚里士多德传统观点的继承，在第一次世界大战前后的欧美国家最为流行。美国政治学者捷特尔在1911年出版的《政治学导论》一书中认为：“政治学可以简捷地定义为国家学。”[②] 新中国成立前，李剑农教授在《政治学概论》一书中明确提出：“政治就是国家。政治学便是以国家为研究对象的学说，或竟可以称之曰：国家学。”[③]

第六，“分配说”。二战后，西方一些学者把政治理解为通过政策的制定和执行，实现对各种价值物的权威性分配。这种观点认为，任何社会中的价值物都不能满足人们的需要，为了解决价值分配中所产生的矛盾冲突，就产生了一系列社会机构和政府官吏，从而构成了政治系统。政治的功能就是通过制定政策，来对各种价值物进行权威性分配。这种权威性政策从制定到执行的过程，就是政治过程，所引起的现象就是政治现象。二战后，“分配论”一直在西方盛传，代表人物是美国著名政治学家戴维·伊斯顿，他提出“政治是为‘社会作出和执行权威性分配（具有约束力的决策）的行为或相互交往’”[④]。

马克思主义经典作家对政治做了多方面的论述，科学地揭示了政治的本质，认为政治是一个阶级概念，是经济的集中表现，是管理国家的艺术，政治的核心问题是国家政权问题。新中国成立以来，我国学界以马克思主义政治观为指导，对政治范畴进行了多维界定。王惠岩教授认为“政治是阶级社会中以经济为基础的上层建筑，是经济的集中表现，是以政治权力为核心展开的各种社会活动和社会关系的总和”[⑤]。杨光斌教授认为政治是“人们围绕公共权力而展开的活动以及政府运用公共权力而进行的资源的权威性分配的过程”[⑥]。

时至今日，尽管人们还难以给政治下一个简明而科学的定义，但马克思主义经典作家科学地阐明了政治的经济根源，揭示了阶级社会中政治的阶级本质，应当成为我们框定政治本质的科学依据。纵观古今中外政治学的研究成果，我们认为，政治是建立在一定的经济基础之上，政治主体围绕国家政权，以实现自身利益为目的而开展的活动及其所形成的关系的总和。政治的内涵集中表现在以下四个方面：

第一，政治是一定经济基础之上的上层建筑。这既揭示了政治产生的经济根源，又阐明了政治对经济的能动作用。首先，“政治是经济的集中表现”[⑦]，说明了政治是由经济基础决定的，经济具有根源性，政治具有派生性。有什么样的经济基础，就会有什么样的上层建筑，经济基础变化了，政治上层建筑也会随之改变。其次，“政治是经济的集中表现”，说明政治代表了特定社会最根本的经济利益和经济关系。在阶级社会，政治集中代表了统治阶级的经济利益；在社会主义时期，政治则代表了广大人民群众的根本利益。正因为如此，邓小平同志明确指出：“社会主义现代化建设是我们当前最大的政治，因为它

① 转引自王惠岩：《政治学原理》，2版，3页，北京，高等教育出版社，2006。
② 转引自张明澍：《政治是什么》，载《政治学研究》，1987（5）。
③ 李剑农：《政治学概论》，2页，上海，商务印书馆，1934。
④ 转引自王惠岩：《政治学原理》，2版，4页，北京，高等教育出版社，2006。
⑤ 同上书，6页。
⑥ 杨光斌：《政治学导论》，4版，6页，北京，中国人民大学出版社，2011。
⑦ 《列宁选集》，3版修订版，第4卷，407页，北京，人民出版社，2012。

代表着人民的最大的利益、最根本的利益。”① 最后，“政治是经济的集中表现”，还说明了政治对经济具有能动的反作用。政治之所以能够代表特定社会最根本的经济利益，是因为它对特定社会最根本的经济利益具有极大的维护作用。总之，政治关系集中体现了经济关系，浓缩着社会的各种经济利益和物质需求。

第二，政治是以国家政权为核心的社会现象。国家政权作为政治上层建筑的核心，一切政治活动和政治关系，都以国家政权为轴心，从而形成了以国家政权为主轴的放射性结构。正如列宁所言，国家问题“是全部政治的基本问题、根本问题”②。“政治中最本质的东西即国家政权的机构”③。在阶级社会，政治活动都是围绕着夺取和巩固国家政权这一根本问题而展开的，夺取和巩固国家政权是实现政治目的的必要条件。在社会主义社会，各种政治问题的解决，也需要通过国家政权来实现，只有国家政权才能集中代表全体人民的根本利益。政治活动的主要内容“就是参与**国家**事务，给国家定方向，确定国家活动的形式、任务和内容”④。政治就是通过国家政权来解决一切全局性、前瞻性和战略性问题的。

第三，政治是具有阶级属性的社会关系。政治作为阶级分化和阶级斗争的产物，是一种特定的社会关系。作为历史范畴的政治，随着阶级和国家的产生而产生，又随着阶级和国家的消亡而消亡。在阶级社会中，政治关系主要表现为阶级矛盾和阶级斗争，特别是敌对阶级之间的矛盾和斗争。列宁指出：“政治就是各阶级之间的斗争，政治就是无产阶级为争取解放而与世界资产阶级进行斗争的关系。”⑤ 政治也包括非对立阶级之间的关系和阶级内部的各种关系。毛泽东指出：“政治，不论革命的和反革命的，都是阶级对阶级的斗争。”⑥ 把政治浓缩为阶级斗争，一方面抓住了政治的显著特征，另一方面也反映了马克思主义经典作家所处的时代特征。在消灭了剥削阶级的社会主义社会，政治关系发生了较大的变化，阶级对立关系已不复存在，阶级关系大量地表现为人民内部矛盾，这就决定了社会主义阶级关系的逻辑定位。这种政治关系逻辑重心的时代位移，体现了社会主义从阶级对立社会向无阶级社会过渡的时代特征，也展示了政治关系随阶级关系变化而变化的历史趋势。

第四，政治是具有内在规律的社会活动。人类政治生活的开展是错综复杂和变幻多端的，但也并非是随意进行的。政治生活和其他社会活动一样，本质上是一种特殊的矛盾运动，有其自身产生、发展乃至消亡的客观规律。正是在这个意义上，列宁说，“政治是一门科学，是一种艺术”⑦。说政治是一门科学，就是要求人们应以科学的态度来对待政治，要深刻认识政治的本质规律，这样才能在实际政治生活中运用自如，从而推动社会的发展和文明的进步。说政治是一种艺术，主要指政治活动虽然有着自身发展的客观规律，但它

---

① 《邓小平文选》，2版，第2卷，163页，北京，人民出版社，1994。
② 《列宁选集》，3版修订版，第4卷，25页，北京，人民出版社，2012。
③ 《列宁全集》，中文2版，第23卷，249页，北京，人民出版社，1990。
④ 《列宁全集》，中文2版，第31卷，128页，北京，人民出版社，1985。
⑤ 《列宁选集》，3版修订版，第4卷，308页，北京，人民出版社，2012。
⑥ 《毛泽东选集》，2版，第3卷，866页，北京，人民出版社，1991。
⑦ 《列宁选集》，3版修订版，第4卷，189页，北京，人民出版社，2012。

又不能离开人的主观能动性的发挥，这就要求人们充分发挥政治才智，分析政治形势，把握政治动向，制定政治策略，以实现政治目的。只有充分认识了政治活动的特殊规律，才能有效发挥政治主体的能动作用，进而在人类的政治舞台上施展政治艺术。

2. 政治的特征

政治作为建立在一定经济基础之上的上层建筑，是人类进入阶级社会之后的历史现象，它以自身独有的系统属性与社会生活的其他领域相互作用，共同推动人类文明向前发展。因此，政治的特征主要表现在以下几个方面：

第一，派生性，即政治是经济的集中表现。“政治是经济的集中表现”，说明了政治是建立在经济基础之上的派生物，生产力的变化和经济结构的变化，必然引发政治形态的变化。不仅如此，政治代表了特定社会最根本的经济利益和经济关系，以实现特定利益为目的，为特定经济关系的形成、发展和巩固服务。在阶级社会，政治集中代表了统治阶级的经济利益，为统治阶级所建立的经济关系服务；在社会主义时期，政治则代表了广大人民群众的根本利益，为有利于人民群众的经济关系服务。政治主体为实现自身利益而进行政治实践，政治则成为实现经济利益的基本手段。

第二，阶级性，即政治是各阶级之间的关系。阶级是政治时代的特有现象，政治具有鲜明的阶级属性。在获取政权过程中，政治都表现为统治阶级为了维护自身的利益，运用国家机器和意识形态等手段去征服被统治阶级，而被统治阶级为了获得政治利益、改变政治地位，就不得不运用暴力手段去推翻统治阶级。这种统治阶级与被统治阶级之间的尖锐对抗，是新的政治关系产生的主要动因。当统治阶级的政权得以稳固之后，他们为了维护统治不得不运用国家政权去促进经济发展，为广大人民群众谋福利，同时运用改革的手段去推进政治发展，此时的被统治阶级则通过参与政治的方式为自身争得权益。可见，政治的基本内容是统治阶级与被统治阶级的政治较量。

第三，强制性，即政治的核心是国家政权。政治随国家的产生而产生，国家问题是政治的根本问题，而国家政权以暴力为后盾，具有强制性。政治活动的主要内容“就是参与**国家**事务，给国家定方向，确定国家活动的形式、任务和内容”①。由此可见，政治作为人类社会生活最基本的领域之一，以国家政权为轴心，涉及公共权力的运行，特别是社会价值的权威性分配，这正是公共生活的活动领域。尽管世界上各个国家的具体情况大相径庭，但都有一个共同的基本特征：运用具有强制性的公共权力，对社会公共事务进行管理，对公共资源进行权威性分配。

第四，系统性，即政治生活构成有机系统。政治系统包含各种政治要素，是由各要素及其相互关系的总和构成的，各种政治要素之间按照一定的结构组织排列，形成相对稳定的政治秩序，从而使政治系统在遇到外部干扰时，能保证自身不受影响并正常运转，通过适应外部环境的变化进行自我调整。各要素的相互作用形成了整个政治系统的运行过程。社会在正常运行的过程中，政治系统处于社会的中心位置，它从社会环境中接受外部刺激，把输入的信息处理后又向外部环境输出，即通过做出各种决策并执行这些决策来反馈社会。政治决策者会综合考虑来自各方面的政治诉求，并在维护自身利益的基础上做出决

---

① 《列宁全集》，中文2版，第31卷，128页，北京，人民出版社，1985。

策。通过执行决策，社会成员就会看到政治系统是如何处理他们的利益要求的，并在此基础上做出进一步反应。

第五，互动性，即政治生活与其他领域相互作用。恩格斯指出："辩证法在考察事物及其在观念上的反映时，本质上是从它们的联系、它们的联结、它们的运动、它们的产生和消逝方面去考察的。"[①] 唯物辩证法把客观世界视为一个不断运动、发展的过程，人类社会政治现象是社会发展的重要组成部分，因而也处于不断变化发展之中。政治生活是人类社会生活的重要组成部分，所以政治实践和政治关系都不能单独存在，它们与社会各个领域之间密切联系，不可分割。各种政治现象不能在自身孤立的范围内得到正确的解释，必须放到与社会发展的联系上，放到与政治生活的其他全部组成要素的联系上才能得到科学的说明。

3. 政治的要素

依据马克思主义经典作家关于政治的基本思想，政治本身具有其丰富的逻辑内涵和特定的构成要素。从宏观层面考察，政治的构成要素主要包含以下四个层面：

第一，政治主体。政治的主体是现实的政治人。人类的全部政治实践都是由一定的政治主体来完成的。所谓政治主体，就是政治实践的从事者和政治关系的承担者。政治主体在不同的社会历史条件下有不同的内容，但大体上有两类：群体性政治主体和个体性政治主体。在群体性政治主体中，最主要的是阶级，阶级是社会政治实践的主导力量，除此之外还包括民族、阶层、政党、政府、利益集团等；个体性政治主体主要指社会公民，特别是政治官员乃至政治家，他们作为重要的政治人从事政治实践，并承担政治关系。此外，人类政治生活不仅包括国内政治，也包括国际政治。国际政治是国内政治的延伸，国家是国际政治实践活动中最主要的政治主体，它虽然以全民族代表的姿态出现，但实质上是经济上占主导地位的利益集团的代表，是一种特殊形态的政治主体。

第二，政治核心。政治的核心是国家政治权力。所谓国家政治权力，就是指国家这一暴力机器所特有的强制性力量的总和，它是政治主体实现政治目的的政治工具。国家政治权力对内表现为权威性，对外表现为主权性。任何阶级要实现自己的社会经济利益，都必须掌握对国家的统治权，即获得国家政治权力。自政治现象产生以来，政治的基本内容就是围绕国家政权展开的，它是一切政治活动的焦点所在，也是政治上层建筑的核心部分。因此，国家政治权力就构成了政治的核心结构。一切政治实践和政治关系，都是围绕国家政治权力而展开的，国家政治权力是政治生活的轴心所在。

第三，政治目的。政治的目的是实现主体利益。政治实践是政治主体有目的的社会活动，政治目的性是政治实践的基本特征。无论政治主体以何种方式参与政治活动，其目的都是对政治主体自身利益的维护。资产阶级反对封建阶级的政治斗争是为了维护自己的利益；无产阶级反对资产阶级的斗争也是为了维护自己的利益，所有政治主体都是为争取自身利益而介入政治过程的。各种政治实践都有特定的目标导向，对于统治阶级来说，主要表现为加强对被统治阶级的政治控制，维护社会稳定；对于被统治阶级而言，则主要是争取政治权力，实现政治权利。人类社会的利益结构具有多元性，表现为经济利益、政治利

① 《马克思恩格斯选集》，2版，第3卷，361页，北京，人民出版社，1995。

益和文化利益等不同形态，其中经济利益是政治利益的物质根源，也是一切政治实践活动的出发点。

第四，政治内容。政治的内容是政治生活方式。从显性层面上讲，政治主要指人们围绕国家政权所展开的政治实践活动；从隐性层面讲，政治主要指政治实践活动中所形成的政治关系。政治主体所从事的社会实践活动，并不都是政治实践活动，只有以政治利益为目的、以夺取和巩固国家政权为目标的实践，才能称为政治实践。政治主体围绕国家政权进行实践活动时，主体之间必然形成相互的关系，也只有围绕国家政权而发生的关系，才能称为政治关系。政治关系有各种表现形式，如政府间的关系、政党间的关系等，但最基本的是阶级关系。政治实践有国内政治实践和国际政治实践之分，政治关系也有国内政治关系和国际政治关系之分。政治实践是政治关系的基础，政治关系是政治实践的沉淀。政治实践的过程性与政治关系的互动性，构成了人类社会政治生活的特有方式。随着人类政治实践活动的日益国际化，政治关系的逻辑重心也必然从国内阶级关系向国际民族关系位移，这既是政治关系的时代特征，也是政治关系的发展趋势。

总之，政治主体、政治核心、政治目的和政治内容，是政治的四大构成要素。四大要素统一的基础在于政治利益，政治利益是政治实践和政治关系的基本前提。在把握政治内涵时，应该批判两种错误认识：一种是把政治实践活动缩小为阶级斗争，这在理论上是不科学的，在实践上也是有害的。特别是在社会主义历史阶段，如果坚持阶级斗争政治观，必然延伸为"以阶级斗争为纲"的"左"倾政治路线，我国的"文化大革命"就是沉痛的历史教训。另一种是把政治关系扩大为一切社会关系，这就犯了政治泛化的理论错误，在实践上也必然造成政治机构臃肿，动辄"上纲上线"的"左"倾错误，我国在 20 世纪中叶也有这种极左表现。当然，我们在防"左"的同时，也要防"右"，要提高政治敏锐性，在一些政治风波来临时，不能等闲视之，应该有高度的政治警觉。社会主义历史阶段的阶级斗争也会长期存在，我们同样要批判"阶级斗争熄灭论"。总之，我们必须以科学的政治观来指导当前的政治实践，调整社会主义政治关系，构建社会主义政治文明。

二、政治的演化

政治作为人类社会的基本现象，有其产生、发展和消亡的历史过程。政治现象的产生不是偶然的，而是社会经济发展到一定阶段的历史产物。

在政治产生以前，人类经历了一个漫长的历史时期。当时由于生产力极端低下，人类难以靠个人力量生存，不得不以集体形式同自然界做斗争，进行集体劳动。同时，社会没有剩余产品，只能平均分配劳动产品以维持最基本的生存需要，血缘关系成为人与人之间的纽带。经过了乱婚、群婚等历史阶段，演变为族外婚阶段时，人类社会就进入了原始氏族公社时期。氏族是社会组织的基本单位，是具有血缘亲属关系、同族内部禁止通婚的社会集团，这是人们在极端贫乏的物质基础上所建立的社会关系。由于氏族间的通婚和生产力的发展，人口得到了极大增长，原有氏族就分裂出新氏族，关系密切的氏族间结成了部落，利益相关的部落间又结成部落联盟。在原始氏族社会，无论是氏族、部落还是部落联盟，其社会本质相同，组织成员的根本利益一致。原始氏族的生产方式决定了社会成员思想意识的集体性特征，即人们非常关心集体的共同利益，氏族内部及氏族之间的利益矛盾在一般情况下靠习俗就能够解决，激烈的利益冲突则通过血亲复仇和战争形式来解决。这就决定了对共同事务管理及对社会关系调整的简单性，无须现代意义上的专门的权力机构来承担。由于原始社会简单协作的集体劳动需要统一的指挥，此时便产生了氏族首领，首领只具有道德上的权威，而没有任何特权，管理所依靠的不是强制力量，而是首领的道德权威和成员的自觉服从。

在原始社会发展的历史进程中，共同事务管理机构也逐渐多样化。原始社会初期，只有一个公共事务管理机构——酋长议事会。它是一种与氏族社会共始终的机构，由各氏族的族长组成，掌握全部落的最高权力。原始社会的中期，共同事务管理机构发展为两个——酋长议事会和军事指挥官。军事指挥官凭借自己的骁勇和善战，被氏族成员民主选举出来，其权力仅局限于军事和审判事务。但随着战争的频繁发生，军事指挥官的权力开始不断膨胀，其社会地位也逐渐世袭化。原始社会后期，共同事务管理机构增加到三个——酋长议事会、军事指挥官和人民大会。人民大会对酋长议事会拟订的管理共同事务的措施和方案享有最终决定权。这种组织机构及其职能的不断演化，实质上就是从没有政治，到政治萌芽，再到政治起源的发展过程。

经历了三次社会大分工，人类社会生产力得到了进一步的发展：第一次是畜牧业和农业的分离；第二次是手工业从畜牧业和农业中分离出来；第三次是商业从农牧业和手工业中独立出来。分工使生产力有了极大增长，生产工具从石制工具逐渐过渡到金属工具，劳动生产率得到极大提高，一个家庭已能通过劳动保证自身必需生活资料的供给。这样，由以氏族为单位的集体生产过渡到以家庭为单位的个体生产便成为可能。由于生产率的提高，人们在满足自身生活需要的同时开始有了剩余产品，这就使氏族首领利用有利地位占有他人的劳动及其产品成为可能，财富迅速集中到少数人手中。同时，由子女继承财产的父权制，促进了家庭财产的积累，家庭逐渐变成一种与氏族相对立的力量。氏族内部开始出现贫富差别，定期的首领选举逐步为世袭制所代替，在氏族内部形成了贵族阶层，人类社会第一次出现了巨大的利益分化。利益的差别是矛盾的根源，利益的对抗是冲突的前提，战争的目的不再是血亲复仇，而是掠夺财富；战俘不再被杀掉，而是沦为财富占有者的奴隶，被迫从事劳动以创造更多的剩余产品；同时氏族内部的贫困成员由于丧失生产资料，也逐渐成为氏族贵族奴役的对象。

随着奴隶人数的不断增长，奴隶成为社会的一个主要构成部分，整个社会逐步分裂为奴隶主和奴隶两大对立阶级。阶级对立首先是一种社会经济现象，是特定的生产方式和生产关系的体现。面对尖锐的阶级矛盾和利益冲突，原始社会早期维持社会秩序的非强制性习惯已难以奏效，一种强制性共同规则的产生就成了历史的必然。同时，氏族、部落成员间相互杂居的现象进一步破坏了传统的血缘纽带，导致氏族社会秩序逐步瓦解。奴隶主阶级为了维护自己的经济利益，并使社会不至于在阶级矛盾冲突中崩溃，需要一种新的“凌驾于社会之上”的“公共权力”，于是国家产生了，即“第一次不依亲属集团而依**共同居住地区**为了公共目的来划分人民”①。这种“公共权力”进一步演化出调节公共利益、维护合法权利的强制性法律。随着法律和国家的相伴而生，政治生活的基本架构已经初步

① 《马克思恩格斯选集》，2版，第4卷，113页，北京，人民出版社，1995。

形成。

政治的产生标志着人类社会从野蛮时期进入文明时代。生产力的发展是政治产生的物质基础，阶级和国家的形成则是政治产生的基本标志。随着阶级和国家的产生，政治生活主要表现为与国家政权有关的活动，以及在这种活动中所形成的人与人之间的不平等关系。政治生活最终与物质生活相分离，形成了相对独立的生活领域，构成了自身的存在形态和运演规律。

尽管文明社会的政治在由低级向高级发展的过程中依次经历的政治形态具有相似性，却由于政治发展的进程不同，各文明社会的政治发展也呈现出不平衡状态。最初影响经济和政治发展的重要因素是自然界，处于不同自然环境下的民族国家，形成了不同的生产方式和政治结构，在此基础上进一步出现了政治与经济发展的不平衡性。例如，人类文明共同发展到近代时，西欧一些国家已进入民主政治时代，而非洲大陆却还处于原始部落时代。然而，民主社会由于经济生活具有的优越性和进步性，使其在发展的同时不断向全球扩张，打破了各文明社会政治形态独立发展的历史进程，使一些经济落后的国家也建立了现代民主政治。这一现象也反映了政治生活的重心由阶级性向民族性不断转移的发展趋势，民主政治逐渐成为全世界政治发展的共同价值目标。

人类社会政治发展的历史过程，是政治生活不断民主化的政治过程。自原始社会末期政治产生以来，人类社会政治生活先后经历了传统政治文明时代的专制政治，到现代政治文明时代的民主政治。只不过资本主义社会的民主政治是形式民主，我们在建设政治民主时需要持批判态度，构建实质民主乃是民主政治发展的时代选择。民主政治实践本身需要与时俱进，实质民主的发展必将建立在对形式民主批判继承的基础上，我国民主政治建设旨在对形式民主进行超越，我们应当面对更为复杂的国际环境做出实质民主的时代回应，社会主义协商民主正是实质民主政治生活的实践形态。

如果说资本主义民主政治是初级形态的平面民主，它以选举民主为主体内容而追求多数原则，那么社会主义民主政治则是高级形态的立体民主，它以协商民主为主体内容而追求共识原则。资本主义社会的民主政治，是建立在生产资料私有制经济基础之上的政治形式，其实质是以公民形式掩盖阶级内容的阶级民主；而社会主义社会的民主政治，是建立在生产资料公有制基础之上的政治形式，本质上是以核心政治作为运行机制的人民民主。人类社会现代政治生活是民主政治，由初级形态的平面民主走向高级形态的立体民主，乃是现代民主政治实践发展的时代趋势。

三、政治的功能

政治作为社会的上层建筑，主导着人类社会生活的历史演进，从而表现出内导社会生活的强大功能。

第一，巩固经济基础。正如恩格斯在谈到国家时所指出的那样，这种“新的独立力量……一经获得便逐渐向前发展的相对独立性，它又对生产的条件和进程发生反作用”①。政治对经济的能动作用，集中表现为巩固自己的经济基础，一方面表现为政治促进统治阶

① 《马克思恩格斯选集》，2版，第4卷，701页，北京，人民出版社，1995。

级经济基础的形成和确立，并为巩固和保护自己的经济基础服务。为了使统治阶级的经济秩序固定下来，并保证社会确立的经济秩序不被改变，统治阶级需要对全体社会成员实施强制力，使其纳入政治关系所规定的秩序状态之中。并通过政治机制的运行来决定公共物品的分配，确保统治阶级利益的实现，进而采取一切办法根除和消灭旧的社会基础。另一方面表现为政治通过对经济基础的中介作用，间接作用于社会生产力，从而对生产力发展起促进或阻碍作用。政治可以通过构建不同的经济管理体制来改变生产力发展的进程，它既可以沿着经济发展的方向制定出适合经济发展的方针政策，也可以选择经济发展的某一方面，制定有利于经济沿某一方向发展的方针政策，反之亦然。社会主义政治是建立在先进的社会经济基础之上的上层建筑，以其自身的进步性和合理性，对解放和发展社会生产力起到了积极的推动作用。社会主义政治通过改革得以自我完善，从而协调它与经济生活的内在矛盾，为社会生产力的持续发展提供有力的政治保障。因此，是否有利于发展社会生产力，是衡量一切政治先进与否的根本标准。

第二，维护社会秩序。一个社会在运行和发展过程中会面临诸多威胁，既有自然威胁又有社会威胁。自然威胁主要是指各种自然灾害带来的巨大破坏力。面对自然威胁，单个社会成员无力抵御，需要社会通过政治途径来承担这一职能。政治虽然不能完全消除自然灾害所造成的损失，但它是人类社会唯一能够调动全部社会力量维护公共利益的强大机制，它能够迅速调动社会力量来抗击自然灾害并减少灾害造成的损失。社会威胁主要表现为各种利益关系在社会互动中产生的种种矛盾，这些矛盾的大量存在不利于社会的稳定，也影响着社会成员的正常生活，因此需要一种强制性的权威来协调和处理这些矛盾，把矛盾造成的冲突抑制在社会可容忍的范围之内，以维护整个社会的正常运行，这种强制性的权威必然是政治。政治一方面通过建立专门的政治机构，如军队、警察、监狱等暴力工具，来集中打击各种破坏社会秩序的犯罪行为；另一方面通过民主实践及时化解各种人民内部矛盾。另外，政治对社会秩序的维护还表现在对社会的救助和服务上，社会成员存在自身能力和所处环境等方面的差异，因而其发展也呈现出不均衡状态，部分个体由于自身条件的限制难以改变自身生存状况，就需要社会通过政治力量给予救助，否则有可能导致社会的不稳定。政治凭借自身强大的能量为弱势群体提供基本的生存条件来缓和社会矛盾，保障社会秩序的正常运行和健康发展。

第三，建构思想文化。社会的思想文化和政治相互渗透、相互作用，一定政治的产生有赖于思想文化的变革和进步，而政治对一定思想文化的形成和发展也有着重要的建构作用：首先，政治影响一定社会思想文化的形成。统治阶级为了让全社会认同其经济基础的合理性，必然要通过政治来传播统治阶级的思想文化，借助政治社会化过程影响社会成员的思想意识，使统治阶级的政治地位合法化。统治阶级的思想通过政治内化于社会文化系统，并居于文化结构的主导地位，规定着政治意识的基本性质，支配着社会成员的心理活动和道德准则，对整个社会意识起统领作用，从而构成了一定社会思想文化体系的主心骨。其次，政治影响社会思想道德水平的提升。政治民主是提高社会成员思想道德水平的重要保障，民主、廉洁、公正的政治环境，就能培育出具有高尚品格的社会成员，形成团结一致、奋发向上的社会风气；相反，在昏暗腐败的政治环境下，人们的道德观念被扭曲，精神受到压抑，思想遭到禁锢，从而阻碍社会的发展。因此，政治承担着引领社会发展方向、塑造公民文化品格、提高民族政治素质的功能。最后，政治对一定社会的科学教育文化起着保障作用。政治不仅通过教育方针的制定，规定着科学教育文化的根本性质和发展方向；而且又为科学教育文化的良性发展，营造必不可少的社会教育环境。不仅如此，政治还通过制定法规政策并进行制度创新，为教育科学文化的发展保驾护航。

第四，影响人类存在。对个人而言，政治具有工具性价值，也就是说，政治是人们获得利益的工具。对社会而言，政治是统治阶级维护其利益的基本工具，又是被统治阶级改变自身经济地位的根本途径。在阶级社会，政治权力是阶级解放的工具，被统治阶级只有首先夺取政治权力才能改变自己的经济地位。在现代社会，社会成员必须通过政治参与以保证本群体的利益要求不被忽视；反之，对政治的无知和漠视只会使自己的利益被忽略。当代人类越来越具有政治化倾向，政治构成了现代人类生存的一个基本条件。当今，人类社会日益成为一个紧密相关的政治体系，任何一个地区的政治活动，都会引起其他地区政治上的连锁反应。随着人类社会的不断发展，人们的政治意识不断增强，政治参与活动日益频繁，政治与人类的生存和发展密切相关。人类所面临的各类问题，本质上都是政治问题，人类生活中遇到的具体问题，只要稍微进行全局性延伸和宏观性放大，都会成为具有战略性的政治问题。当代的政治文明，深深影响着每一个人，政治每时每刻都在人们身边，并日益内化为人的社会本质，从而使人的本质不断政治化。

第二节 政治学

作为哲学社会科学的主要学科之一，政治学有其特定的研究对象和研究内容，并且与哲学、社会学、经济学等其他社会科学的学科之间，既相互区别又密切联系。随着哲学社会科学的不断发展，政治学的研究方法也呈现出多样化形态，既有研究的总体原则，又有研究的具体方法。

政治学作为一门发展的学科，由于不同时代的学者对其研究内容的理解不同，从而形成了不同的学科界定。代表性观点有：(1) 美国政治学家拉斯韦尔和卡普兰在《权力与社会》中指出，政治学研究权力的形成和分配问题；(2) 美国政治学家戴维·伊斯顿认为，政治学研究一个社会中价值的权威性分配；(3) 奥地利政治经济学家卡尔·博兰尼认为，政治学涉及政府的政策制定与执行；(4) 英国政治学家 J. W. 迦纳认为，政治学是一门研究国家现象的科学；(5)《简明牛津英语词典》把政治学看作一门关于政府的科学和艺术，是处理国家的形式、组织、管理以及调节与其他国家关系的科学；(6) 美国学者杰克·普拉诺认为政治学研究公共政策的形成和实施；(7)《政治学新手册》把政治学看作对社会权力“限制的性质和来源”以及在限制范围内“运用社会权力的技巧”的研究。

从一般意义上讲，政治学是研究人类社会政治现象及其发展规律的学科。然而这一界定过于笼统，没有突出重点。政治学应抓住政治中最根本的问题——国家政权作为主要研究对象，因此我们认为，政治学是研究以国家政权为核心的政治现象及其发展规律的学说。马克思主义政治学是正确反映政治生活本质规律的理论体系，是政治学发展的科学形态，从而成为政治实践科学化的理性指导。

一、政治学的思想基础

人类的政治思想经历了几千年的演变历史，发展到近代才形成了独立完整的学科体系。就学科发展的思想基础而言，古代的政治学研究构成了重要的学术基础和价值取向。古代政治学研究的一个主要特征，就是政治思想与伦理道德的紧密联系，认为人类社会政治生活始终追求着一种价值“至善”。

古希腊以城邦为中心形成了比较系统的政治思想。“希腊的经历也是一种活生生的存在，它部分是通过反对野蛮的专制主义和在与它的相互作用中形成的……希腊的政治发展采取了不同的转变：许多小的、独立的政治单位（所谓城邦），而不是大的统一王国，贯穿整个古典时期，直至马其顿人获得胜利和完成统一……具有突出重要性的，是雅典的市民文化的政治历史和发展，这些历史和发展在公元前四世纪和五世纪产生了政治分析和政治讨论的传统，这一传统是当代政治学一个很大的组成部分。”①

以柏拉图和亚里士多德为代表的哲学思辨方法和实证比较方法，为西方政治学研究奠定了基础。他们都以城邦为中心探讨一种伦理性政治统治，城邦存在的意义就是追求至善和正义。柏拉图在其代表作《理想国》中，提出了以伦理美德统治为主的理想政治模式，亦即理想国里的正义，就是以哲学家、军人、工匠、农民等为代表的等级阶层各司其职，并由哲学家统治以实现至善的过程。“柏拉图和亚里士多德的著作为政治研究的传统奠定了基础，这一传统在将近 2 500 年之后仍然常新不衰。他们提出过的问题仍然被提出。他们建立的政治范畴仍然通用。他们示范的政治模式（柏拉图的带有较多哲学色彩、怀疑论和‘理想主义’，亚里士多德的较为现实、科学和‘敏感’）仍然拥有追随者和拥护者。”②

希腊的政治学研究传统取得了很大的成就。“任何政治学家都不大可能贬低的第一点是，希腊人‘创立了’政治事物，即描述了政治这一东西，把它同个人存在和集体存在的其他方面区分开来（但也把它同它们联系起来）。‘政治的’和它的词源产生于一个希腊词，polis，特指城邦，这一事实适当地表明了政治的起源。第二点同时又是有关的一点是，希腊人在活动的意义上创立了政治学，意识到它本身是活动，是致力于研究政治事物的活动。第三点，希腊人造成对单个政体（国家）两重性中固有的问题的持久意识：两重性中的每一个都不‘是’另一个，但若没有另一个，每一个又是无意义的……第四点，希腊人首先认真地表达了政治学研究中主要的、令人迷惑不解的、一再出现的问题，即‘既然’和‘应然’的问题。从此，他们开辟的解决实际的和伦理的东西之间关系问题的道路，即使没有为以后政治研究提供一条可以接受的路线，也提供了一个起点。”③

中世纪的西方由于缺乏强有力的中央政府而导致王权虚弱，其相应的政治学研究也发展缓慢，而神学的发展在这一时期尤为昌盛。基督教产生之前，以斯多葛主义和罗马时期其他宗教为代表的思想为这一时期准备了“情感趋势”，政治学研究也因此披上了神学色彩。“人们塑造它的风格和特色并向它提出的特殊问题（例如主教授职），中世纪的大部分

---

① ［美］格林斯坦、波尔斯比编：《政治学手册精选》，上卷，6～7 页，北京，商务印书馆，1996。

② 同上书，11 页。

③ 同上书，11～12 页。

思想距当代的情感似乎比古希腊人或斯多葛学派的著作更遥远。”① 其中奥古斯丁和托马斯·阿奎那为这个时期的政治思想做出了较大的贡献。萨拜因称基督教的兴起以及它控制独立于政治事物的精神事物的权力，是“西欧历史上在政治学和政治哲学两方面最富于革命性的事件”。教会与国家的关系问题一直是中世纪政治学研究中的主要课题。当然，中世纪时期，封建主义对政治的影响也是不容忽视的，“一些对政治权力实行限制和分权的现代政府体制，如宪政、代议制、司法独立，都受惠于中世纪封建体制和封建思想的演进”②。

中世纪的政治学研究具有鲜明的时代特征。“第一，神学政治论成为居于统治地位的政治思想，而神学异端往往采取反对教会统治的形式；第二，教会与国家、教权与王权的关系是政治研究的中心主题，世俗权力来自上帝，即君权神授是主导性的观点；第三，中世纪的政治研究继承并发扬了古希腊罗马时代的某些经验研究的传统及世俗政治观念，这深深地影响了近现代西方的政治学研究。”③

近代西方政治学研究的发展进步是巨大的。“近代民族国家的制度并不是希腊城邦制度的放大，或一些小型罗马帝国的堆积，甚至更不是中世纪的和封建的体制的复制。”④ 近代西方政治学研究的过程中涌现了一批思想家，为政治学研究创造了丰厚的精神财富。

在近代政治学研究中，将马基雅维利作为开端是学术界的基本共识。相对于以往的政治学研究传统，马基雅维利将主要精力放在了政治权力和国家等更为“实际”的问题上了，其代表作《君主论》寻求着“在政治权力的产生和维持中辨出原因和结果”，他断言：“从古至今，统治人类的一切国家，不是共和国就是君主国。”他的《君主论》被认为可以与亚里士多德的《政治学》相媲美。霍布斯的《利维坦》“同《君主论》一样，对统治者的权力有强烈的兴趣。虽然它大量地谈论宗教，但亦不乏世俗的语调。几乎同《君主论》一样，它背离了自然法传统；它也表示把政治的人视为他那样的人，而不是论证政治的人应当是什么样的人。但是在语调和方法论方面……霍布斯除了直接对巩固王权有兴趣外，还有另一些抱负。他有意识地尝试在科学的基础上建立政治学……后世许多寻求建立真正的政治学的学者都将发现这些是有吸引力的”⑤。

同一时期的还有洛克，其《政府论》《论宗教宽容》等著作中大量论述了天赋人权、分权制衡的思想，成为 17 世纪英国资产阶级政治思想家的代表人物。启蒙运动中法国也涌现了一批杰出的政治思想家，以孟德斯鸠、卢梭等人为代表，为西方政治学研究做出了重要贡献。孟德斯鸠的突出贡献在于三权分立学说，他更为清晰地阐述了分权制衡的思想，其著名代表作《论法的精神》在近代西方政治研究中占有重要地位。卢梭的思想也十分丰富，彰显着启蒙时期政治思想的独特魅力，如平等理论、人类不平等起源说、社会契约论和人民主权说。随后，19 世纪的西方，政治学研究发生了思想变化。以功利主义、自由主义和实证主义较为盛行，相比以往更加注重现实政治问题的研究，其学术思想以边

---

① ［美］格林斯坦、波尔斯比编：《政治学手册精选》，上卷，13 页，北京，商务印书馆，1996。
② 同上书，14 页。
③ 陈振明主编：《政治学：概念、理论和方法》，36 页，北京，中国社会科学出版社，2006。
④ ［美］格林斯坦、波尔斯比编：《政治学手册精选》，上卷，14 页，北京，商务印书馆，1996。
⑤ 同上书，16～17 页。

沁、密尔、孔德等人为代表，从而勾勒了西方近代政治学研究的逻辑主线。

二、政治学的学科发展

在西方政治学研究的历史发展中，有一个较为明显的线索，就是其研究中心的地域变化，表现为从欧洲向美国的转移，从而形成了西方政治学学科轴心的转移规律。19 世纪末到 20 世纪初，这种转移就以一门独立学科的姿态在美国出现，而此前西方近代的政治学研究是没有形成一门独立学科的。美国的政治学研究深受欧洲研究传统的影响，譬如美国独立战争后的思想理论就突出了欧洲启蒙运动时期的思想特征。当然，这样的思想特征是现代美国政治学研究的开端，之后的发展就出现了美国政治学研究的本土特色。

19 世纪中叶，以学院为组织方式的育人体制已遍布美国，但以当时欧洲的学术标准来看，没有一所美国的大学是“真正”的大学。随着越来越多的美国人前往欧洲学习，并带回了先进的教育观念，从而促进了美国教育制度的变革，美国的大学终于成了西欧标准的“真正”大学。19 世纪后期，新型的政治学教学大纲在美国大学中建立，政治学从此达到了前所未有的学术水平。1880 年是个特殊的年份，具有象征意义地标识着政治学学科的诞生。只因为这年 6 月，哥伦比亚大学董事会授权创立政治研究院，其中起重要作用的是约翰·柏吉斯。1886 年，该研究院又创办了《政治学季刊》，这份杂志在之后的数十年里，成为政治学学术成果的主要发表渠道，也成为之后政治学杂志的学术样板。在这一时期其他有贡献的学院还有很多，譬如 1876 年创立的霍普金斯大学。其中的历史学家赫伯特·巴克斯特·亚当斯，就率先提出了历史学和政治学方面先进的研究计划。1877 年亚当斯创立了霍普金斯大学的历史和政治学会，1883 年创办了《历史和政治学研究》杂志，从而构成了美国政治学学科的学术生态。

20 世纪，西方的政治学研究可谓百花争鸣，学术思想交错，学术流派林立。以哥伦比亚大学创立政治研究院为开端，至 20 世纪中叶是旧制度主义政治学时期，这一时期的政治学也可称为国家主义政治学，其学科特征为：“第一，政治制度与政治价值的统一性以及由此带来的政治科学与政治哲学的合一性……第二，整体主义的方法论和世界观……第三，制度中心主义和制度决定论。”① 20 世纪是西方政治学的繁荣时期，行为主义政治学、后行为主义政治学、理性选择主义政治学、新制度主义政治学和新古典主义政治学等学术流派，都成为当代西方政治学学术繁荣的理论标志。

行为主义政治学兴起于 20 世纪 30 年代，倡导价值祛魅，注重数量分析，其代表人物有罗伯特·达尔、戴维·伊斯顿、德怀特·沃尔多、赫伯特·西蒙等。在他们看来，行为主义是用观察的方法解释政治现象，用自然科学的方法塑造政治学，努力实现政治学的科学化，从而形成了政治科学的理论旨趣。伊斯顿总结了行为主义政治学的几个信条：“第一，政治可望最终成为一门科学，它可以进行预测和解释，其目标是建立系统的、经验的理论；第二，社会科学研究应以理论为方向，理论与资料之间必须有密切的相互作用；第三，政治分析必须将事实问题与价值问题区分开来；第四，社会科学的各学科从根本上是一致的，科际合作或跨学科研究对各学科都是有益的；第五，政治学者对方法论应该更加

---

① 杨光斌：《政治学导论》，4 版，21 页，北京，中国人民大学出版社，2011。

自觉、熟练和精通；第六，政治分析应以个人、团体的行为为焦点，而不是以政治制度作为焦点。”① 在行为主义政治学的推动下，政治学的经验性和定量性研究日益盛行。

后行为主义政治学的兴起，正是行为主义政治学走向衰落的标志，前者是对后者的批判和修正。后行为主义政治学兴起于 20 世纪 70 年代，发起者是戴维·伊斯顿，他 1969 年的美国政治学会会长就职演说，成为后行为主义政治学的学术宣言。政治哲学也正是在这种学术背景下开始复兴的，罗尔斯以其《正义论》成为美国 20 世纪最有影响力的政治哲学家。后行为主义政治学主张：“(1) 实质重于技术，即与当代迫切社会问题发生关联并加以研究，重于成熟的分析技术本身；(2) 行为主义蕴含着经验保守主义的意识形态，它局限于事实的描述与分析，妨碍它自身从最广泛的脉络上去了解这些事实；(3) 行为研究与现实脱节，其核心是抽象分析，后行为主义关注在危急时刻满足人类的真正需要；(4) 研究价值并加以建设性的发展，是政治研究不可或缺的组成部分；(5) 政治学者作为全体知识分子的组成部分，必须履行保护人文价值的义务或责任；(6) 拥有知识等于负有行动的责任，而行动也就是去改造社会；(7) 知识分子不能对各种政治斗争置之不理，政治学者的政治化是不可避免之事。”② 由此可见，后行为主义政治学是对行为主义政治学“价值中立”的学术修正。

理性选择主义政治学即公共选择理论，它是从经济学的角度研究政治学，代表人物有阿罗（《社会选择与个人价值》）、唐斯（《民主的经济理论》）、布坎南（《自由、市场与国家：80 年代的政治经济学》）、奥尔森（《集体行动的逻辑》）等。理性选择理论，正是在行为主义无法解释诸多现象的大背景下，人们借用了经济学的知识，顾名思义是以“经济人”假设为前提，即认为人是绝对理性主义的，是利益最大化个体，以此为基础探讨人类的各种活动。“公共选择理论就是应用经济学的理论和方法来研究政府—政治行为与过程的一个跨经济学、政治学的新领域。公共选择学者通过对其涉及的各个主题的研究，形成了种种理论，如非市场决策（公共决策）论、代议民主制经济理论、国家理论、利益集团理论、寻租理论、官僚机构经济论、政府扩张论、政府失灵论、俱乐部理论、财政联邦制理论、立宪经济论等。”③ 理性选择主义政治学实质上是一种政治经济学。

新制度主义政治学利用了正统的经济理论，试图证明制度是经济理论的第四大支柱（其他三个是天赋、技术和偏好）。其代表人物有科斯（《企业的本质》）、诺思（《制度、制度变迁与经济绩效》）、奥尔森和马奇（《重新发现制度：政治的组织基础》）、阿尔钦（《生产、信息成本与经济组织》）、斯考切波（《国家和社会革命》）等。1984 年詹姆斯·马奇和约翰·奥尔森在一篇论文《新制度主义：政治生活中的组织因素》中这样描述新制度主义政治学：恢复国家在政治研究中的中心地位，强调国家和政治机构的自主性，以及政治和社会有机体之间的相互依存和相互影响；政治制度和政治组织是影响历史进程的重要力量，因此，政治制度和政治组织是政治分析的出发点；人的行为是由规则驱动的行为而

① David Easton, *A Framework for Political Analysis*, New Jersey: Prentice Hall, Englewood Cliffs, 1965, pp. 6-7.

② David Easton, *The Political System: An Inquiry into the State of Political Science*, 2nd ed, New York: Alfred A. Kropt, 1971, pp. 322-327.

③ 陈振明主编：《政治学：概念、理论和方法》，53～54 页，北京，中国社会科学出版社，2006。

非由自利偏好推动的行为，要理解个人行为就必须研究制度结构、组织模式、文化和社会范式；历史过程本身并不存在某种唯一的、最优的结局，历史发展存在着多种多样的可能性，应当注意历史无效性的一面；政治是一种教育活动，是发现、阐述和表达意义的场所，个人通过参与政治活动得以完善自身并推进公共福利，因而与政治结果相比，政治过程更应该占有核心地位。

新古典主义政治学，就是将思想观念加入新制度主义中。① 新古典主义中的制度内涵有所扩大，包括古典主义研究的政体、制度结构，包括中观和微观层面的规则，也包括制度变迁理论和历史制度主义所指的非正式规则。新古典主义统一了政治科学和政治哲学，同时拥有政治科学关于制度作用的分析和政治哲学关于制度价值的关怀。新古典主义综合了整体主义和个体主义的研究方法，即研究宏观的制度政体时要考虑个人偏好，研究中观或微观组织规则时要运用整体主义方法。政治学研究内容的事实性与价值性，在新古典主义政治学中也相应获得了有机统一。

政治学作为哲学社会科学的主要学科之一，与其他相关学科既相区别又有着密切联系。因此，只有正确理解其相互关系，才能准确把握政治学在哲学社会科学体系中的学科地位。

第一，政治学与哲学。哲学是关于世界观和方法论的学说，它能为社会问题的研究提供理论基础。马克思主义哲学是关于整个世界物质运动规律的科学，对政治学研究具有科学方法论的指导作用。政治学需要一定的哲学理论作为其理论基础，以帮助人们把握政治规律，促进政治发展。辩证唯物主义与历史唯物主义对政治学的指导作用是不言而喻的。而政治学的研究对象是以国家政权为核心的政治现象，它必然要以哲学为思想基础，特别是以唯物史观为理论指导。反过来，政治学的研究成果，又为哲学特别是唯物史观的发展提供了营养。政治哲学就是政治学与哲学的交叉学科，政治学与哲学二者不仅有发展上的互动关系，而且有内容上的部分交叉。

第二，政治学与科学社会主义。科学社会主义是马克思主义理论体系的重要组成部分，它以无产阶级解放运动的发展规律为研究对象，涉及政治、经济、社会、历史等各个方面，并不单以政治问题为研究对象。而政治学的研究对象，是以国家政权为核心的社会政治问题。它对于历史上各种社会形态中的政治心理、政治行为和政治人格等方面的研究，都超出了科学社会主义的研究范围。因此，二者的研究对象不完全相同，但二者的研究对象又存在交叉的部分，科学社会主义的一些内容是政治规范理论的组成部分，其许多具体研究内容可以为政治学的研究奠定理论基础。

第三，政治学与法学。法学是以法为研究对象的社会科学学科。由于法和国家都是上层建筑的组成部分，都建立在一定的经济基础之上，如同马克思所说的："法的关系正像国家的形式一样，既不能从它们本身来理解，也不能从所谓人类精神的一般发展来理解，相反，它们根源于物质的生活关系。"② 所以，二者具有紧密联系。一方面，法是由国家制定和认可的，其效力要靠国家的强制力来保障；另一方面，法又是体现国家意志的主要

① 参见杨光斌：《政治学：从古典主义到新古典主义》，载《教学与研究》，2005（9）。
② 《马克思恩格斯选集》，2版，第2卷，32页，北京，人民出版社，1995。

形式，是国家机器运行的基本规范，是实现政治目标的一种规范性手段。法和国家的这种密切关系，决定了法学与政治学在研究内容上有部分交叉。从动态的角度来看，政治是法的前提，法是政治的延伸。政治的发展往往推动了社会利益关系的变化，而法的功能是使变化了的社会利益关系以强制的形式固定下来。然而，二者分属于不同学科，法学从法律关系的角度研究社会政治问题，政治学则从国家政治权力角度研究社会政治生活，可见二者既有联系又有区别。

第四，政治学与社会学。社会学是以全部社会生活作为研究对象，揭示社会的结构、功能及其运行规律的综合性学科。政治学以国家政权问题为主要研究对象，社会学并不直接研究国家政权问题，而是研究政权以外的其他重要社会问题。广义的社会学研究的范围比政治学研究的范围更大，但政治学的研究领域如政治理论、政治制度、国际政治等，则不属于社会学的研究范畴。另外，当代政治学的研究对象，已从国家领域向社会领域拓展，社会学的许多领域已被政治学渗透，从而出现了政治学与社会学的交叉关系，诸如社会结构、社会组织、社会政策、社会管理、社会舆论等，既是社会学研究的重要内容，也是政治学研究的重要领域。与此同时，政治学与社会学相交叉，形成了政治社会学这一新的边缘学科。

第五，政治学与历史学。历史学是一门综合性学科，政治学所研究的古今一切政治现象，都是历史的重要组成部分。有人把历史称为过去的政治，把今天的政治称为未来的历史，这表征了政治学与历史学的水乳交融。另外，历史方法是研究任何社会科学学科的基本方法，也是政治学研究的基本方法。在政治学研究中，一方面，按照唯物史观的要求，一切政治现象都要置于一定的历史环境中加以审视，这体现了历史学方法与政治学内容的结合。另一方面，政治学与历史学在内容上仍有交叉关系，诸如政治制度史、政治思想史、政治发展史等，既是政治学的有机内容，也是历史学的组成部分。

第六，政治学与经济学。经济学是以社会的经济关系及其发展规律为研究对象的社会科学学科。经济基础决定上层建筑，而政治学研究的主要对象又是上层建筑的核心部分。二者虽然处于不同的层次定位，但二者具有重要的内在联系。一方面，"政治是经济的集中表现"，政治现象必须从经济根源上进行分析，才能揭示其深刻的内在动因，因而政治学研究必须以经济学理论为基石；另一方面，政治与经济相比，政治具有全局性、宏观性和战略性，因此不能将政治学湮没在经济学之中，从而使政治学失去自身的学科价值。经济学的研究受政治学理论成果的影响，经济学的研究成果也为政治学所借鉴，政治经济学就是运用经济学原理来分析政治现象的政治学分支学科。马克思主义政治经济学，为我们树立了用经济学原理分析政治问题的典范。

政治学作为哲学社会科学的重要学科，有其鲜明的学科特征。第一，基础性。政治学研究以国家政权为核心的政治现象，国家政权构成了人类社会生活的一个基本构成部分。政治学通过研究政治对人类社会生活提供良性秩序而具有全局性的意义，影响着其他社会科学的研究和发展。所以，我们必须重视政治学的基础学科地位。第二，战略性。政治学的研究对象，是以国家政权为核心的政治现象，它居于人类社会生活的战略地位，具有社会生活的战略性质。凡是全面性、宏观性和战略性的问题，本质上都属于政治问题，因而也都是政治学的研究对象。政治学研究对象的战略性，就决定了政治学在社会科学中的战略地位。第三，阶级性。政治就是“各阶级之间的斗争”①，是具有强烈阶级属性的社会关系的集中表现。政治学作为研究政治问题的学科体系，必然深深地打上研究主体的阶级烙印，成为研究主体所代表的特定阶级利益和阶级意志的理论表征。第四，实践性。政治学源于社会政治生活，又高于社会政治生活，并以其严谨而深邃的理论思想来指导社会政治生活的全面开展，推进人类社会政治制度的不断完善，政治学本质上是人类社会政治实践本质规律的理论总结。

三、政治学的研究方法

政治理论是政治研究的结果，政治思维是政治研究的路径，而政治研究方法又是政治思维的首要环节。人们研究政治必然要运用一定的研究方法，不同的政治理论体现着不同的研究方法。人们研究政治的方法具有多样性，既有哲学层面的方法，也有科学层面的方法；既有科学形态的方法，也有非科学形态的方法；既有宏观方法，也有中观方法，还有微观方法。政治学研究方法不仅具有多样性，而且具有历史性，不同时代的人们运用不同的方法来研究政治，从而构成了政治学研究方法的不同形态。我们从宏观、中观和微观三个层面，来分析古今中外政治学研究的基本方法。

1. 宏观方法

在政治学研究中，宏观方法主要指以哲学原则为指导的方法论。它在总体上具有普遍性的指导意义，是政治世界观层面的政治方法论，主要包括辩证唯物主义和历史唯物主义、自由主义、个人主义、理性主义和经验主义等，这些构成了政治学研究方法的哲学基础。分析不同流派的政治学，首先就要分析它们哲学层面的政治方法论，看它们受何种政治世界观支配。马克思主义是科学的世界观和方法论，这里主要介绍马克思主义政治学研究的哲学原则，即辩证唯物主义和历史唯物主义。马克思主义的哲学原则，是马克思主义政治学研究的根本方法，是从哲学层面研究政治问题的方法论，属于政治学研究方法的哲学维度。

唯物辩证法是马克思主义方法论的精髓，也是马克思主义政治学研究首要的哲学原则。恩格斯指出：“辩证法在考察事物及其在观念上的反映时，本质上是从它们的联系、它们的联结、它们的运动、它们的产生和消逝方面去考察的。”② 唯物辩证法主张用联系、发展、全面的观点来看待事物，唯物辩证法的实质和核心是矛盾规律，因而矛盾分析法是认识事物的根本方法，也是马克思主义政治学研究的根本方法。马克思主义政治学研究方法包含着一系列对立统一的关系，诸如定性分析与定量分析相结合、静态分析与动态分析相结合、事实分析与价值分析相结合、一般分析与个案分析相结合。这些成对的研究方法，都是对立统一的关系。政治存在与政治意识的关系，本身就是对立统一的关系，从而奠定了分析人类社会政治生活的科学性。也只有用矛盾分析法分析政治现象，才能得出科学的政治学结论。马克思主义政治学正是用矛盾分析法剖析政治关系的理论典范。

辩证唯物主义认识论是人们正确认识客观世界的哲学原则。注重客观事实，强调调查

---

① 《列宁选集》，3版修订版，第4卷，308页，北京，人民出版社，2012。

② 《马克思恩格斯选集》，2版，第3卷，361页，北京，人民出版社，1995。

研究，是辩证唯物主义认识论的基本要求，也是马克思主义政治学研究的根本方法。要掌握客观事实，认识事物本质，唯一的办法就是进行科学的调查研究。调查研究有三大逻辑环节，即发现问题、分析问题和解决问题。这三大环节的有机统一，构成了研究问题的逻辑结构。马克思主义社会科学的调查方法，应遵循三大基本原则：客观性，即以客观事实为调查研究的唯一依据；科学性，即从客观事物的内在联系出发进行调查研究；全面性，即从整体上去把握调查研究的对象。

辩证唯物主义历史观是马克思主义哲学的重心所在，是研究社会问题极为重要的哲学原则。"只有历史唯物主义才第一次使我们能以自然科学的精确性去研究群众生活的社会条件以及这些条件的变更。"① 经济决定政治，政治反作用于经济，这是辩证唯物主义历史观的基本原理，也是人们研究政治问题的根本方法。经济是政治的历史根源，也是政治的作用对象，离开了对社会经济生活的深入分析，政治分析就失去了历史前提和客观基础。经济生活是政治矛盾运动过程的逻辑起点，从经济的维度来分析政治，是马克思主义唯物史观的根本体现，也是马克思主义政治学研究方法的根本原则。

2. 中观方法

政治学作为一门独立学科，在中观层面有自己独特的研究方法。马克思主义对人类社会政治现象的中观研究，主要有四个基本维度，即历史的维度、经济的维度、阶级的维度和利益的维度，由此构成了马克思主义政治学的历史分析方法、经济分析方法、阶级分析方法和利益分析方法。

第一，历史分析方法。马克思主义政治学的历史分析方法，就是要求把政治现象、政治活动、政治关系，置于特定的历史背景中去加以考察，即在特定的具体环境中考察历史过程的客观内容。同时，马克思主义政治学的历史分析方法，还要求从历史的因果联系中去把握政治的本质规律，一方面分析政治与特定历史条件下其他社会因素之间的本质联系，另一方面考察不同历史条件下政治现象之间的因果联系。

第二，经济分析方法。马克思主义政治学的经济分析方法，是从经济运动的角度来分析政治现象，这是政治经济学运用的基本方法。马克思主义政治学的经济分析方法，就是从经济基础与上层建筑辩证关系的矛盾运动之中把握政治现象。经济与政治的辩证关系有两层含义，它首先指明经济对政治具有基础作用和决定意义，经济生活制约政治生活。同时，它也承认政治对经济具有能动的反作用。以经济为基本维度，分析政治与经济的互动关系，从而达到研究政治的目的，乃是经济分析方法的实质内容。

第三，阶级分析方法。马克思主义阶级观认为，阶级首先是一个经济范畴，它是经济关系的社会承担者，在经济关系基础上形成的阶级力量，是阶级社会政治生活的基本主体。阶级力量之间的对立和斗争，构成了阶级社会政治生活的基本格局和主要内容。马克思主义政治学的阶级分析方法，就是要运用马克思主义的阶级学说来分析政治现象，把政治冲突归之于由经济生活所引发的阶级斗争，阶级斗争是阶级社会政治关系产生和发展的根本动力，也是分析阶级社会政治现象的基本维度。

第四，利益分析方法。马克思主义认为，人类社会的一切政治活动，都与政治主体的

---

① 《列宁专题文集：论马克思主义》，14 页，北京，人民出版社，2009。

利益有关。马克思主义政治学的利益分析方法，就是从利益维度分析人们的经济关系、阶级关系及其政治关系。政治现象、政治活动和政治关系的历史动因，都是建立在人类社会利益平台之上的。经济分析方法和阶级分析方法，其本质都是利益分析方法，因为“每一既定社会的经济关系首先表现为**利益**”①，分析社会政治生活，“必须到生产关系中间去探求社会现象的根源，必须把这些现象归结为一定阶级的**利益**”②。

3. 微观方法

政治学研究的微观方法，就是政治学研究中用来分析政治现象的具体维度、具体视角和具体模式，从而形成了特定政治学研究的理论范式。当代西方政治学研究采取的微观方法主要有：系统理论、制度理论、精英理论、博弈理论等。它们实质上是特定政治学学派研究政治现象所遵循的学术范式，也是特定的政治学学派研究政治生活的理性工具。

政治系统分析来源于由生物学发展而形成的系统方法，包括一般政治系统分析和结构—功能分析。一般政治系统分析根据一般系统理论，以互动的政治行为为基本单元，建立了政治系统的一般框架，并着力就政治系统与政治环境之间的互动关系，展开了政治系统的输入—输出分析。政治系统论和政治生态论，就是遵循了这种系统分析的思维逻辑。结构—功能分析，则是以政治系统内在结构和外在功能的互动关系作为分析对象，其中政治结构是指政治角色的系统组合，政治功能则是指政治结构所产生的政治效应。这种结构—功能分析可以揭示政治系统运行的内在规律，从而揭示政治结构决定政治功能、政治功能表现政治结构的政治逻辑。

制度理论的典型理论代表是新制度主义，主要包括历史制度主义、理性选择制度主义和社会学制度主义。其中，历史制度主义产生于对行为主义政治学的批判，核心要义是重新强调制度变迁中国家、政府和其他组织对政治主体行为的政治影响。理性选择制度主义分析政治主体的政治行为，通过计算途径解释制度对主体行为的政治影响，提出了制度创新理论。制度创新理论的基本观点是：当人们认为制度创新的收益大于成本时，新制度就会产生，否则人们就不会选择制度创新。

政治学吸收借鉴了其他学科的研究方法，逐渐形成了自己特有的方法体系。譬如引入了心理学研究方法，包括对人的政治心理、潜意识、政治权力、政治行为和心理测验数据等方面的分析，形成了政治心理学的学科范式。同时，还引入了生态学、地缘学、统计学和社会学等学科的研究方法，从而形成了一系列新的学术范式。总之，跨学科研究方法的多维综合正在不断发展，从而对政治学研究方法的系统建构产生着深远影响。

第三节　政治学理论

政治学理论是一个庞大的逻辑体系，既包括政治学的理论形态，又包括政治学的学理体系，从而表征着人类社会政治生活的理性系统。

---

① 《马克思恩格斯选集》，2版，第3卷，209页，北京，人民出版社，1995。

② 《列宁全集》，中文2版，第1卷，464页，北京，人民出版社，1984。

一、政治学的理论形态

政治学理论是政治学研究的理论成果，从而构成了政治学特定的理论形态。随着人类社会政治生活的不断发展，人们对政治现象的认识不断深化，政治学的深度和广度也随之不断拓展。政治学研究方法的多样性，决定了政治学理论形态的多样性。依据不同的标准可以将政治学进行不同的划分，概括起来，主要有宏观研究和微观研究之分、科学形态和哲学形态之分、传统思想和现代学科之分。

1. 宏观研究与微观研究

从宏观和微观的维度来分析，政治学理论可分为整体形态和部分形态。如果说，以国家政权为核心的政治现象，是政治学理论研究的宏观对象，那么，国家政权的具体层面则是政治学理论研究的微观对象。政治学理论的宏观研究，是从总体上对政治现象进行研究，具有全局性、整体性和根本性的特点，其中政治哲学是其最高代表。而政治学理论的微观研究，是以个体政治行为为研究对象，具有个案性、部分性和实证性的特点，其中政治人格是其典型形态。政治学理论研究的宏观层面与微观层面彼此渗透、相辅相成，共同构成了政治学研究的理论形态。

在政治学理论体系中，整体形态以整个政治系统及其运行过程作为研究对象，涉及的是人类社会整体性的政治生活，即对政治系统、政治发展等大问题加以分析研究，从而形成宏观整体性理论形态，如政治系统论、结构—功能论、政治发展论、国家理论、民主理论、阶级理论、革命理论、选择理论、自由理论、正义理论等。传统的政治学理论基本上属于整体研究，现代政治学理论特别是行为主义政治学理论的兴起，才引发了政治学理论真正的微观研究，形成了部分形态的政治理论。政治学理论的部分形态，主要从政治行为的角度来研究政治现象，涉及政治心理、政治人格、政治录用、团体行为等政治主题，在此基础上形成的政治心理学、政治人格理论、政治录用理论、政党理论、团体理论、精英理论、决策理论等，往往被人们当作政治学理论部分形态的学术范式。政治文化论往往被人们当作宏观研究和微观研究相联系的桥梁。应该说，在政治学理论体系中，整体形态和部分形态是相互渗透、相辅相成、互为条件的。

面对政治生活宏观和微观的不同层面，政治理论家关注的重心是不一样的。在宏观的政治生活层面上，人们所要解决的是政治生活的有序整合、政治资源的优化配置、政治制度的与时俱进等宏大问题；在微观的政治生活层面上，人们所要解决的则是政治活动角色的各种行为动机，以及政治利益实现的不同方法途径等具体问题。

整体形态的政治学理论和部分形态的政治学理论，二者既相互区别，又相辅相成。二者的区别在于，前者注重政治权力的合理配置，后者则注重政治利益的有效实现。两者的联系在于：没有对人类社会政治生活的整体把握，不知道政治权力有效配置的本质规律，也就无法理解政治主体的政治行为；反过来，不研究政治主体具体的政治行为，也就无法真正把握政治生活系统的生态结构和整体发展。

2. 科学形态与哲学形态

政治科学与政治哲学，代表了政治学理论科学形态和哲学形态的两个方面。前者主要涉及的是对政治事实的实证研究，即“关于政治现象是什么、政治现象有什么规律”的现实考察；后者涉及的主要是对政治生活中应然问题的理性研究，即“关于政治应该怎么样，或者理想的政治生活应该是什么样”的逻辑分析。简而言之，“政治科学与政治哲学之间的区别来自事实与价值之间的区别，即来自‘是’与‘应当’之间的区别”，“科学活动处理是什么的问题，而价值判断则表明政治哲学家认为应当是什么”①。具体区别表现在以下四个方面：

第一，二者的研究对象不同。政治科学研究“政治究竟是什么”。“科学泛指知识的集合与掌握知识的方法。”② 政治科学是以人类社会的政治现象为研究对象的学科，属于社会科学，有广义和狭义之分。广义的政治科学即政治学理论，它以国家政权为核心，研究政治制度、政治过程、政治行为、政治活动、政治关系及其一般发展规律；狭义的政治科学是指对具体政治现象进行实证研究的政治学理论，与政治哲学分属不同的研究层次。政治哲学研究的主要对象是人们所关注的基本政治价值，其核心是公平、平等、正义、自由、民主等价值形态。它是人们对人类社会政治关系和政治过程的理性反思，从而构成了政治哲学基本理论的核心部分。西方政治哲学抽象地研究政治价值的观念形态，且往往关注目的性价值而忽视手段性价值；而马克思政治哲学深入政治价值的生成实践，关注人类社会政治价值的生成规律。

第二，二者的研究任务不同。政治学理论的科学形态是要忠实地描述政治事实，揭示政治事实之间的内在因果联系，以提高人们对政治现象的规律性认识，以及对政治现象“将会怎么样”的预测能力；政治学理论的哲学形态则是要论证并确立一个理想的价值标准，以说服人们信奉这一理想，按照这个理想的标准去评价政治现实，并引导人们或者维护现有的政治状况，或者改造现实社会以建立符合理想的新型社会。政治哲学为人们提供认识政治现象的价值观和方法论，处于不同阶级立场的人的政治价值观是不同的。这就是说，政治科学注重的是发现规律、预测未来，而政治哲学注重的是确立信念、批判现实。前者注重认知，后者注重实践。政治科学和政治哲学的任务不同，决定了它们需要解决的问题也不同。政治科学的要求是客观性，它要解决的是“真与假”问题，或者说是“主观如何符合客观”的问题；政治哲学要解决的是“好与坏”的问题，或者说是“客体如何服务于主体”的问题。

第三，二者的研究方法不同。在政治科学研究中，那些以发现规律为目标的政治科学家，一般注重观察、调查和描述，在此基础上提出假说，然后再用事实进行验证。那些以预测未来为主要任务的政治科学家，则主要以公认的规律性认识为参照，通过对历史和现状的分析，揭示出事态发展的可能性方向。政治科学研究广泛采用现代科学的研究成果和理论方法，形成了诸如权力结构分析、个体心理分析、群体行为分析、系统功能分析、角色分析、博弈分析、传播分析等具体的研究分析方法，力求客观描述政治现象的本来面目，对个体政治行为和政治活动的具体过程进行定量分析，力求使政治理论研究精确化。但是，在政治哲学研究中，那些以确立信念为目标的政治哲学家，一般首先注重的是一个形而上学的前提假说的确立，然后再用逻辑演绎、概念分析等方法，引申出想得出的政治

① ［美］阿兰·艾萨克：《政治学的视野与方法》，5 页，南京，南京大学出版社，1988。

② 杨光斌：《政治学导论》，4 版，16 页，北京，中国人民大学出版社，2011。

结论。而对那些以批判现实为己任的政治哲学家来说，他们或者主要通过逻辑的分析和概念的澄清来反驳论敌的理论观点，或者以自己的信念为前提来批判自己认为不合理的政治现实。

第四，二者的研究结论不同。政治科学家由于强调从政治事实出发，所以尽管得出的政治结论是普遍的，但一般都有事实范围的边界限定，亦即它所表达的政治规律性知识，一般指的是某一类政治现象的运动规律，诸如民主政治的运行规律、贵族政治的运行规律或君主政治的运行规律等。对以确立信念为目标的政治哲学家而言，由于常常从一个形而上学的抽象前提出发，所以，得出来的政治结论一般是较少界限的普遍性结论，从而表征着政治哲学命题所特有的理性特质。研究结论的具体性与抽象性，反映了政治规律的特殊性与普遍性，从而构成了政治科学与政治哲学的理论区别。

3. 传统思想与现代学科

由于中西方文化基因的差异，西方政治学理论和中国政治学理论形成了不同的表现形态。西方政治学学科的形成，建立在政治学传统研究的基础之上。西方政治学理论的历史研究传统，都同当时的社会政治问题紧密相关。根据西方社会的历史分期，将西方政治学的研究传统进行划分。

古希腊是西方政治学理论的发源地。古希腊时期政治学理论的典型代表，是亚里士多德对政治学理论所做的经典研究。他在总结 158 个城邦国家治国经验基础上写成的《政治学》，被公认为西方政治学理论的开山之作，他也因此被称为“西方政治学理论之父”。古希腊时期政治学理论与伦理学事实上尚未分离，因而政治学理论研究虽然提出了许多政治学基本概念，但具有浓厚的伦理主义色彩。在中世纪，基督教神学在意识形态领域占统治地位，政治学理论沦为神学的婢女，形成了神学政治论。神学政治论的主要代表人物是奥古斯丁和托马斯·阿奎那，其基本思想是神创等级论和君权神授论。

近代以来，西方政治学理论发生了历史性转折，政治学理论逐步摆脱了宗教神学和传统伦理道德的束缚，形成了近代资产阶级的政治学理论。马基雅维利率先把政治研究与伦理研究区别开来，并且提出了“政治关系的基础是财产关系”的著名论断，使政治学理论真正成为独立的研究领域。另一位法国著名政治思想家布丹则研究了国家与主权的关系，创立了近代国家主权学说。随后政治学理论适应时代的发展需要，集中批判了封建政治制度，为资产阶级革命进行理论论证，形成了西方政治学理论的繁荣时期。英国政治思想家霍布斯、洛克，法国启蒙思想家伏尔泰、孟德斯鸠、卢梭，美国政治思想家杰弗逊、潘恩、汉密尔顿等，都是当时政治学研究的集大成者。他们提出了自由、平等、正义的政治理念，形成了天赋人权学说、分权制衡学说、社会契约论和民主理论等一系列政治理论，为资产阶级政治革命奠定了理论基础。18 世纪末到 19 世纪中期，资本主义制度在西方确立，资产阶级成为统治阶级并与无产阶级发生了尖锐的矛盾。这一时期形成了以英国功利主义哲学家边沁和密尔为代表的功利主义和自由主义政治思想，以法国实证主义哲学家孔德、英国社会学家斯宾塞为代表的社会实证主义政治学理论。与此同时，无产阶级政治学理论也开始萌芽，出现了以法国空想社会主义者圣西门、傅立叶和英国空想社会主义者欧文为代表的空想社会主义学说。

在此基础上，19 世纪后期西方政治学的现代学科开始发展，以美国“哥伦比亚大学政治研究院”的创立为标志。1880 年，美国的哥伦比亚大学在政治学理论学者柏吉斯的倡议下，成立了政治研究院，这不仅使政治学理论获得了独立的学科地位，而且标志着西方政治学理论研究进入了现代学科发展时期。从此之后，西方政治学理论不仅研究领域较为明确，而且研究的继承性和阶段性都很明显，从而形成了 20 世纪西方现代政治学理论的繁荣时期，彰显着西方现代政治学发展的学科特色。

中国古代政治学的历史研究传统，是同中国古代的政治结构和政治体制紧密联系在一起的。在中国古代，君主专制是基本的政治制度。因此，中国古代政治学理论着重关注如何治理国家，如何“治国”“平天下”等问题。同时，为了维持社会等级结构的相对稳定，中国古代政治学理论带有突出的伦理色彩。在丰富多彩的政治思想中，处于主导地位的是儒、法、道三家。儒家政治学理论以孔子、孟子的政治思想为代表，最主要的是“为国以礼”与“为政以德”的思想，孔孟创立并发展了“以德行仁”的“王道”统治方略，与法家“以力假仁”的“霸道”思想直接对立。“儒家思想从某一角度看，主要是伦理思想；而从另一角度看，则亦是政治思想。伦理与政治不分，正是儒家思想的特色。”① 法家政治学理论的核心是“霸道”。法家坚决反对儒家的“仁政”和“王道”，主张在国家治理中要采取“霸道”，要“以法治国”，倡导“法”“术”“势”并用的“霸道”治国理论。道家政治学理论的核心是“无为而治”。老庄从“法自然”的思想出发，认为通过“无为”而达到“道治”，才是顺乎自然的高明统治。

中国政治学的现代形态伴随着外来文化的引入而产生。严复、康有为、梁启超、谭嗣同等人把西方的进化论、社会有机体论、天赋人权论、主权在民论等政治理论介绍到中国。梁启超的《论立法权》《论政府与人民之权限》等论著，推介西方的君主立宪论。孙中山则提出了“三民主义”的政治学理论，进行了“五权宪法”的政治设计。1917 年俄国十月革命以后，马克思主义政治学理论开始在中国传播。恽代英的《政治学概论》、邓初民的《政治科学大纲》和《新政治学大纲》、李剑农的《政治学概论》等一批著作，对马克思主义政治学理论的基本原理进行了系统介绍。在西方政治学理论传入的同时，中国政治学的学科发展也有了显著的进步。1903 年，北京大学前身京师大学堂在中国最先设立了政治法律科，开设了政治学课程。此后，中国的许多大学陆续设立了政治学系或政治学专业，各种政治学理论教材和著作也纷纷出版。1932 年，中国政治学会在南京成立。至 1949 年，全国 200 多所高校中约有 40 所设有政治学系。

中国的现代政治学是在 1980 年以后通过恢复重建政治学理论而形成和发展起来的，成为中国政治学理论现代形态的新发展。在 1952 年的全国高校院系调整中，政治学专业及课程被当作资产阶级的伪科学取消了。1979 年邓小平做出“政治学……需要赶快补课”的指示后，中国开始了恢复和重建政治学的进程。1980 年 12 月，中国政治学会在北京成立，这标志着中国政治学者共同体的正式恢复。经过 30 余年的重建和发展，中国政治学在教学研究和学科建设等方面取得了巨大的进展，并逐步趋于成熟。当代中国政治学理论研究的重点，是如何建立中国特色法治国家和国家治理体系现代化问题。在建设法治国家的基础上，又提出以德治国的思想，这充分体现了现代西方政治思想和

---

① 黄克剑、林少敏：《徐复观集》，551 页，北京，群言出版社，1993。

我国传统政治思想的双重影响：以法治国是建设现代国家的根本，它侧重制度建设，其思想理念源于西方；以德治国侧重思想道德教育，乃是中国传统政治文化的题中应有之义。

政治学理论研究在中国还很薄弱，同我国政治现代化要求相比还有很大差距。创建中国特色马克思主义政治学理论，乃是中国政治学理论研究的时代使命。纵观中国现代政治学的发展逻辑，从学理性研究走向现实性研究、从单学科研究走向多学科研究、从封闭式研究走向开放式研究，乃是当代中国政治学理论研究取向的基本特征。

二、政治学的学理体系

20 世纪中期的国际政治学大会将政治学分为政治理论、政治制度、政治主体和国际政治四大领域；20 世纪末国际政治学会编写的《政治学手册》，又将政治学分为八大块，即政治理论、政治制度、比较政治、政治行为、政治经济学、公共政策和公共行政、国际政治、政治学方法论。国内陈振明教授将当代西方政治学分为政治理论、本国政治、比较政治、公共政策、公共行政、国际政治、政治经济学和政治学方法论八大块。[①] 一般而言，政治学的学理体系都是采用板块结构，并强调板块结构之间的内在关系。

我们认为，政治学理论应抓住政治中最根本的问题——国家政权——作为主要研究对象，所以政治学理论是研究以国家政权为核心的政治现象及其发展规律的学说。依据政治学研究对象自身的逻辑结构，可以推导出政治学理论的学理体系。从人类社会政治生活的逻辑构架看，马克思主义政治学理论主要包含以下五大层面：

第一，政治存在论。政治学理论首先要研究政治存在，它既是政治运动的基本前提，也是政治理论的逻辑起点。政治存在包含三个方面的内涵：首先是政治实践，它是政治主体以满足政治需要为目的所进行的社会活动，包括国内政治实践和国际政治实践，国内政治实践主要指政治革命和政治改革，国际政治实践乃是不同民族国家的政治互动。其次是政治主体，它是人类社会政治实践活动的能动承担者，主要是指阶级、国家、政府、政党、政治社团等群体性主体和公民、政治家、行政官僚等个体性主体，政治能动性是政治主体的根本属性。最后是政治关系，它是政治主体在从事政治实践过程中所形成的稳定联系，是政治实践的历史沉淀和政治过程的结构浓缩，主要指政治权力和政治权利，其社会基础是政治利益。政治实践、政治主体和政治关系三位一体，构成了人类社会政治存在的客观形态。

第二，政治意识论。人类社会的政治系统可分为政治存在和政治意识两大部分。如果说，政治存在标志着人类社会政治生活的物质方面和物质过程，那么，政治意识则标志着人类社会政治生活的精神方面和精神过程。政治存在是政治意识的根源，政治意识是政治存在的反映。政治意识中的初级形态是政治心理，其理论化和系统化为政治思想的形成奠定了基础。政治思想是政治意识的高级形态，它是政治意识理性化的逻辑产物。政治思维是政治实践过程的思维内化，影响着人类社会政治主体的政治行为。政治意识的表现形式是政治文化，政治心理和政治思想构成了政治文化的基本内容。政治思想与政治权力的有

---

① 参见陈振明：《政治学：概念、理论和方法》，13 页，北京，中国社会科学出版社，2006。

机结合，构成了特定社会的意识形态，意识形态代表着上层建筑的思想内容。政治意识集中体现了政治主体的主观能动性，从而构成了政治主体能动性的逻辑起点。

第三，政治制度论。政治制度是政治意识的外化延伸，是人类社会政治生活的行为规范，它是政治意识与政治存在互动发展的历史产物。政治制度是政治主体规范政治行为的技术手段，标识着人类社会政治文明的核心内容。政治制度首先是一个国家的政治制度，政治国家是开展一切政治活动的基本前提，国家制度代表着一个国家的政治框架，规定着国家政权的运行轨道，从而构成了传统政治学理论研究的基本对象。国家制度、政党制度和政府制度，是现代政治制度的基本内容。人类社会政治制度的历史形成，目的在于契合政治运行的客观规律，寻找整合不同利益集团的政治途径，建构政治主体治理社会的政治方式。制定适应历史进步需要的政治制度，从而创新解决复杂政治现象的政治技术，乃是人类社会政治制度设计的永恒主题。

第四，政治行为论。政治行为是政治主体围绕政治权力开展的社会活动，是人类社会政治关系的动态表现。政治行为构成了政治制度的规范对象，也成为推动人类社会政治发展的主体力量。人们对于政治行为有不同的分类标准，从主体维度可分为个体政治行为和群体政治行为，从合法维度可分为合法政治行为和非法政治行为，从作用维度可分为直接政治行为和间接政治行为，从表现维度可分为显性政治行为和隐性政治行为。从政治生活的常态来看，政治行为主要表现为政治统治、政治管理和政治参与。政治行为有上层行为和下层行为之分，逐渐整合为人类社会政治生活的互动行为。政治治理代表着人类当代政治生活的政治互动，是人类社会政治主体间性的行为表达。随着人类社会政治文明的不断发展，政治主体的政治行为逐渐走向政治自觉。

第五，政治发展论。政治发展是政治生活的历史演进，是人类社会政治文明的历史提升。在人类社会政治生活的历史演进过程中，政治生活的内容和形式也在不断地向前发展，从动态的角度来研究政治文明史，必然会提升出政治发展的基本范畴。政治发展是观察政治生活的落脚点，也是透视人类社会政治生活的制高点。政治发展以政治稳定为基本条件，又以政治民主为价值目标。政治发展的积极成果必然积淀为政治文明，从而形成了政治意识文明、政治制度文明、政治行为文明三大逻辑层面。人类社会政治生活的历史发展，既是政治民主化的历史过程，也是政治文明化的历史过程。人类社会的政治文明史，是一个从初级形态政治文明走向高级形态政治文明的历史过程。人类社会政治文明的发展过程，既是政治价值的增值过程，也是政治主体的提升过程。人类社会政治文明的不断厚植，表征了人类社会政治生活人本化的时代趋势。

政治逻辑是政治历史的思维沉淀，政治学的学理体系是人类社会政治生活内在规律的理性升华。政治存在论、政治意识论、政治制度论、政治行为论和政治发展论，五大学理板块的有机统一，形成了现代政治学理论完整的逻辑结构，从而构成了马克思主义政治学“五论合一”的学理体系。

第一篇

政治存在

政治存在是政治体系的客观基础，也是政治发展的物质承担者。政治实践、政治主体和政治关系，构成了政治存在的“三环结构”。政治实践是建立在经济实践基础之上的社会实践，其主要任务在于处理人们之间的政治关系。政治主体是政治实践活动的能动承担者，包括群体主体和个体主体，政治主体的根本属性是政治主体性。政治关系是政治实践活动的历史积淀，它既是过去人们政治实践活动的历史产物，也是未来人们政治实践活动的作用对象。政治实践、政治主体和政治关系的三位一体，构成了人类社会政治存在的有机系统，从而成为人类社会政治运动的历史起点。

政治实践

政治实践在宏观层面是连接经济实践和文化实践的纽带，在中观层面是连接政治价值和政治文明的桥梁，在微观层面是体现政治主体性和政治客体性的统一。政治实践作为人类社会三大实践活动之一，对改造政治关系、派生政治认识和提升政治文明具有十分重要的价值意义。政治革命和政治改革是政治实践的两大基本形态。①

第一节 政治实践的内涵

人们的物质实践活动和物质生活关系构成了社会历史的基础，政治关系根源于物质生活关系，生成于人类社会的政治生活实践，并归根结底为经济生活服务。这就决定了政治是一种实践活动，是一种适应物质实践活动和物质生活关系及其变化要求的现实运动。政治实践是政治主体为实现政治利益而自觉运用政治中介作用于政治客体的物质活动，这构成了马克思主义政治观的理性坐标。

一、政治实践的含义

政治实践是政治生活的本体所在，它构成了政治生活历史生成的物质基础。马克思主义经典作家把实践原则作为马克思主义政治学的基本原则，并且特别关注人类社会政治实践的时代特征，从而形成了马克思主义政治实践观的科学形态。

1. 政治实践是政治主体的存在方式

实践是人的存在方式，政治实践自然就构成了政治主体的存在方式。人本身就是政治实践的历史生成物，政治实践是政治主体能动表达的历史确证。只有参与到现实的政治实践活动中，人才能获得政治实践能力，成为现实的政治主体。组织化的政治主体，本质上也是现实的人的存在方式。没有人类社会政治实践的历史生成，也就不会有组织化的政治

① 本章参见刘吉发：《政治实践论：基于马克思主义的广义视角》，北京，人民出版社，2010。

主体。因而，政治组织本身也是政治实践的历史生成物，同时又以政治实践活动的方式而存在。

政治主体是以参与政治实践的形式而存在的，没有政治实践的历史存在，也就无所谓政治主体。政治实践作为现实的人的感性活动，体现着政治主体按照一定的政治价值对政治客体进行的能动改造。政治主体在政治实践中依据特定的政治目的，充分发挥政治主体的主观能动性，以创新的政治理念变革现存的政治关系，从而创造出具有全新意义的政治文明成果。在人类社会政治实践的历史过程中，政治实践主体不仅能够调整自身以适应政治期望，而且具有打破传统政治规范、重塑社会政治理念、改造既定政治关系的政治能动性。

政治主体是指处在现实政治关系中的人，他们既支配政治又被政治支配，从而形成能动与被动相统一的政治人格。马克思指出："人是最名副其实的政治动物，不仅是一种合群的动物，而且是只有在社会中才能独立的动物。"① 政治主体性是指政治主体的本质属性，集中表现为政治能动性。政治主体性是政治主体之为政治主体的内在规定性，政治实践正是政治主体性的生成过程。政治主体的政治主体性，从一开始就是在政治实践中生成的，离开政治实践就无政治主体性可言，没有政治主体性也就没有政治主体。在政治实践的历史进行过程中，政治主体不断使政治实践人格化，不断提升政治实践主体的政治能力，不断创新政治实践的政治方法，不断培育政治实践的政治理念。政治主体所具备的这些主体性因素，都是在政治实践中成长起来的。政治实践是政治主体性的生成机制，而政治主体性又是政治主体的内在规定。由此可见，政治实践是政治主体历史性的存在之基，从而构成了政治主体历史性的存在方式。

2. 政治实践是经济实践的立体上升

人类在一定历史条件下从事的经济实践，是人类社会最为基本的社会实践活动，从而结成一定的人与人之间的生产关系，生产关系的本质是一种经济主体之间的利益关系。在经济实践中利益矛盾的历史产生，就需要诉诸一种新的实践方式来加以协调，于是人类社会政治实践应运而生。人类社会政治实践的历史使命，就是调控人类社会的生存利益关系。列宁在长期的革命斗争中得出"政治是经济的集中表现"的科学论断，并且把它提升到"马克思主义的最起码的常识"② 的显著位置。

社会形态是经济基础和上层建筑的矛盾统一体，我们习惯于把经济基础和上层建筑二者关系抽象为经济与政治的关系。马克思主义唯物史观认为，经济是政治的基础，政治是经济的集中表现，政治对经济有反作用。马克思指出："人们在自己生活的社会生产中发生一定的、必然的、不以他们的意志为转移的关系，即同他们的物质生产力的一定发展阶段相适合的生产关系。这些生产关系的总和构成社会的经济结构，即有法律的和政治的上层建筑竖立其上并有一定的社会意识形式与之相适应的现实基础。"③

对于人类自身来说，只有首先通过经济实践活动解决物质需要问题，才可能从事政

---

① 《马克思恩格斯选集》，2版，第2卷，2页，北京，人民出版社，1995。
② 《列宁选集》，3版修订版，第4卷，407页，北京，人民出版社，2012。
③ 《马克思恩格斯文集》，第2卷，591页，北京，人民出版社，2009。

治、文化等其他实践活动。经济实践的历史发展，形成了人类生存的利益矛盾，于是调控利益关系的政治实践，就随着经济实践的全面开展应运而生。政治实践在阶级对立社会主要表现为阶级之间的斗争。在剥削阶级作为阶级消灭之后，社会主义历史阶段的政治实践主要表现为调整人民内部关系和管理公共事务的社会活动。人类社会政治实践的历史产生和不断发展，归根于人类社会经济实践的历史发展。人类社会政治实践的时代转型和社会回归，同样也是人类社会经济实践发展的历史结果。

3. 政治实践是政治关系的调控活动

政治关系是政治主体在政治实践中形成的稳定联系，它“以围绕特定权力活动的集中方式，体现和反映着经济关系的根本要求，并且对于经济关系起着反作用”①。政治关系的动态平衡是社会稳定的前提和基础，政治关系的客观载体是社会生活所建立的政治制度。政治制度既是人类社会政治生活的基本规范，也是人类社会政治关系的固化形态。

一方面，随着人类历史的不断演进，政治主体间力量对比状况必然发生变化，这就要求对现存政治资源进行重新分配，变革现存的政治制度。因此，对制度化的利益分配格局必须进行变革，方能满足变化着的政治主体的价值诉求。政治主体必然通过政治实践，争取与政治力量对比相适应的政治权力和政治权利，从而推动实现政治主体间政治关系的动态平衡。另一方面，政治是经济的集中表现，随着生产力的发展和生产关系的变革，当现存政治关系阻碍了社会发展时，政治主体就会遵循政治关系发展的内在规律，按照政治主体自身所构建的政治理想，通过政治实践能动地改造政治关系，全面推进政治体制改革，不断扬弃旧的政治关系的历史局限，实现现存政治关系的优化升级，进而释放政治体系内所积累的政治能量，使得整个政治系统能够得到良性发展。

随着人类社会政治实践的不断发展，政治实践各主体之间力量对比必然发生变化，顺应这种政治力量对比的不断变化，各政治主体间的政治关系通过政治实践达到新的动态平衡，相应的整个政治体系的关系结构也随之发生变化。社会的政治关系是一个庞大而复杂的政治关系网络系统，由众多错综复杂的政治关系网络组成。这个网络中最重要的有阶级关系、民族关系和公民关系等典型形态。对于社会主义社会的政治关系来说，达成政治关系的和谐是最佳的政治状态，具体表现为利益关系均衡、权力关系合理以及权利关系公正。

4. 政治实践是政治认识的物质基础

人类社会政治生活本质上是实践的，政治主体对政治实践本质规律的主观把握，必然形成政治主体认识活动的逻辑过程。政治认识作为政治主体通过政治实践获得政治知识的逻辑途径，是政治主体以观念形式把握政治关系运动规律的思维过程。政治实践是政治认识思维过程的客观来源，政治认识是政治实践本质规律的观念反映。

政治实践作为政治认识的客观前提，能动地提升着政治认识的思维水平。首先，以追求政治理想为目标的政治实践，要求政治主体形成关于政治实践的真理性认识，以确定政治实践活动的行为方案，这就产生了政治认识的客观需要。其次，政治实践利用政

---

① 王浦劬：《政治学基础》，2版，7页，北京，北京大学出版社，2006。

治中介作用于政治关系，从而显现出政治关系的本质规律，使之能被政治主体的观念所把握，从而使政治主体尽可能获得关于现实政治关系的经验知识。最后，政治实践活动推动政治主体认知能力的不断发展。人类在长期的政治实践中所获得的政治知识，以逻辑的方式沉淀为政治主体的政治认知结构，通过不断发展的政治实践的逻辑内化，政治主体的政治认知结构也不断得以重构。政治主体通过政治实践而获得政治认识，进而以政治理论方式反作用于政治实践活动，从而形成了政治实践和政治认识的互动共进。

辩证唯物主义政治认识论，在批判唯心主义先验论和旧唯物主义反映论的基础上，提出了辩证唯物主义政治实践真理论，并指出只有政治实践才是检验政治真理的唯一标准。“人的思维是否具有客观的真理性，这不是一个理论的问题，而是一个**实践的**问题。人应该在实践中证明自己思维的真理性，即自己思维的现实性和力量，自己思维的此岸性。关于思维——离开实践的思维——的现实性或非现实性的争论，是一个纯粹**经院哲学的**问题。”① 只有主观与客观相符合的政治认识，才是具有真理性的政治认识，因此，在人类社会的政治生活中，人们的政治认知只有具备与政治客体本质规律相符合的客观内容才是政治真理。这样就必然得出，只有将政治认识与政治客体联系起来的政治实践，才能作为检验政治真理的客观标准。政治实践本身就是客观的物质性活动，它具有直接现实性。理论本身不具有客观现实性，将政治理论变成客观的直接现实性，正是由人类社会的政治实践来完成的。将政治理论变成客观现实性的过程，也是政治实践检验政治真理的过程。因此，政治实践决定政治认识，这是唯物主义政治认识论的基本命题。

5. 政治实践是政治发展的内生动力

人类社会政治实践的历史发展，勾勒了人类社会政治发展的历史轨迹。人类社会政治实践的内在矛盾，根源于社会生产力发展在特定经济关系基础上产生的利益矛盾运动，其主导力量是代表生产力发展要求的政治力量，一般表现形态是政治变革，其实质是政治关系的优化过程。恩格斯在《共产党宣言》的序言中指出，“每一历史时代的经济生产以及必然由此产生的社会结构，是该时代政治的和精神的历史的基础”②。

人类社会政治生活的历史发展，本质上是政治关系的发展过程。人类社会政治关系的发展过程，包含着政治关系的量变和质变两种形式。政治革命是政治关系的质变过程，政治改革则是政治关系的量变过程。随着社会生产力和经济关系的历史发展，在特定的经济关系基础上形成的利益矛盾运动会不断发生，从而导致政治权利和政治权力的变革和调整，这种变革和调整的过程就是政治发展的过程。政治关系的变革和调整是政治发展的本质内容，同时也是政治实践价值目标的实现方式。政治革命是社会历史运动的推动力量，其根本原因在于生产力与生产关系的矛盾运动。政治改革作为政治发展的动力机制，是基于特定经济关系基础上的利益矛盾，从而形成了对政治关系所进行的“量变”调整。

---

① 《马克思恩格斯选集》，2版，第1卷，55页，北京，人民出版社，1995。

② 同上书，252页。

对于不同的民族国家，其政治发展遇到的现实情况不同，从而形成的发展模式也有所不同，这就表现为发展程度的差异性和发展方式的多样性。政治实践的这种差异性和多样性，是正确理解民族国家政治实践的客观前提，也是推动政治生活自觉发展的必要途径。由于政治发展的生态环境是具体的，政治发展必然内含着特殊性和偶然性因素。因此，政治实践作为政治发展的内生动力，必然决定着政治发展是一个多样性与阶段性相统一的历史过程。

6. 政治实践是政治价值的生成机制

人类社会政治实践的发展过程，本质上是政治价值的生成过程。政治价值就是“政治客体对政治主体所具有的意义”①。一方面，政治价值力图给政治生活以理想和憧憬，给人类改造政治现实以勇气和力量；另一方面，它将剥离套在政治生活中的神圣光环，使政治事务真正成为人民共同的事业。政治不是万能的，它只不过是人类为有意识地去解决集体生活的各种难题而做的尝试。人们拒绝神化政治，但却并不妨碍人们去追求一个公正的社会环境和一个文明的政治模式。政治实践既体现着特定主体所追求的政治价值，又彰显着政治实践过程中对政治真理的理性追求，政治价值与政治真理统一于人类社会政治实践的历史过程。

社会主义政治实践是“人民本位”的政治实践，它坚持人民利益的政治价值取向。社会主义政治生活的根本使命，就在于保障和维护广大人民群众的根本利益。在当今我国社会主义市场经济条件下，人民利益的保障体现为合理配置社会资源，从而促进社会主义政治生活的最大效益，充分体现了社会主义以人为本的政治理念。科学发展观把“以人为本”作为社会主义发展的价值目标，进而引导中国特色社会主义的和谐社会发展，这体现了当代中国人民型政治实践的价值追求。人民性政治价值的生成规律，正是当代中国马克思主义政治学研究的时代主题。

政治文明是政治主体在追求政治价值过程中所取得的积极成果，它代表着政治生活的进步状态和文明程度，代表着人类政治实践过程的价值沉淀。政治文明作为政治实践对政治生活能动改造的积极成果，是人类社会政治价值的存在形式，政治实践正是政治文明的生成机制。一方面，政治实践以变革不合理的政治关系为政治目标，通过革除现有政治体系的不完善之处来缓和社会矛盾，优化政治生活秩序，提高政治体系效能，最终实现政治理想的现实化运动。另一方面，政治主体通过政治实践的全面展开，不断提升政治主体的政治认知能力，形成崇高的政治理想，培育文明的政治人格，从而推进政治现实的理想化运动。

二、政治实践的演化

政治实践的发展史，也是政治存在的发展史，更是人类社会的发展史。广义而言，政治实践与人类社会同步产生，人类社会本身就是政治、经济、文化的统一体。人类社会政治实践的历史产生，标志着人类从“自然人”向“社会人”的历史转型，现代人的出现是社会人形成的历史标志。人类社会政治实践的历史产生，从现代人的进化活动算起，也大

---

① 丁志刚：《政治价值研究论纲》，载《政治学研究》，2004（3）。

致“在50万年前至3.4万年之间”①。也就是说，人类社会政治实践至少已有数万年的发展史。

1. 氏族型政治实践

人类社会第一个历史阶段的政治实践，是以氏族群体为政治主体、以氏族制度为组织形式的社会实践，因此可称之为“氏族型政治实践”。原始社会的人类，个体主体性尚未形成，人类社会活动需要以群体的面目而出现。这样就弥补了个体力量的天然不足，形成了主体力量的累加效应。原始社会的政治生活，建立在以氏族为社会组织形式的基础之上，氏族构成了人类社会最早的政治共同体，从而形成了原始社会政治生活最为典型的群体主体。从这个意义上讲，原始社会的政治实践，就是以氏族为政治主体所进行的政治实践。

人类的原始社会没有阶级也没有国家，人类原始社会的政治实践，是以血缘关系为社会纽带、以氏族乃至部落为政治空间的社会实践，它表征着个体政治主体性尚未形成的历史阶段。“母系氏族制既是人类社会原初形态的社会体制，也是人类社会原初形态的政治体制。”② 由于原始社会没有阶级的历史分化，也没有国家的历史产生，其社会分化程度总体上尚处于平面形态，因而原始社会的政治实践只是社会层面上的政治实践，不带有阶级政治的性质，也没有国家政治生活的特点，因此也可称其为社会性政治实践。原始社会的政治实践，标识着政治生活寓于社会生活之中，政治实践与社会实践尚未分化，政治生活与社会生活合而为一。政治实践以社会实践的面目出现，这表征了政治生活尚未形成独立领域的原始特征。因此，这种原始形态的政治实践，构成了人类社会政治实践的原始形态，代表着人类原始社会非国家形态的政治生活。

2. 阶级型政治实践

人类社会第二个历史阶段的政治实践，是阶级对立社会的政治实践，它是以阶级群体为政治主体、以国家制度为组织形式的社会实践，因此可称其为“阶级型政治实践”。“所谓阶级，就是这样一些集团，由于它们在一定社会经济结构中所处的地位不同，其中一个集团能够占有另一个集团的劳动”③。列宁进一步指出：“政治就是各阶级之间的斗争，政治就是无产阶级为争取解放而与世界资产阶级进行斗争的关系。”④ 随着人类社会经济实践的不断发展，社会物质生产力水平的不断提高，劳动产品除了消费之外还有剩余，因而出现了剩余产品。随着剩余产品的出现，私有制开始形成，社会逐渐由平面式结构向立体式结构转型，社会成员也由此分裂为两大对立阶级，剥削阶级也由经济强势发展成为政治强势。强势主体与弱势主体之间的对立和斗争，成为阶级对立社会政治实践的基本内容。

统治阶级进而拥有国家这种暴力工具，实施对被统治阶级弱势人群的压迫和剥削，这就实现了“政治关系国家化”的历史转型，以维护公共利益为职能的公共权力，也就随之转化为维护强势主体利益的国家政权。这样，社会公共权力就被强势阶级“特殊化”，变成了统治阶级压迫被统治阶级的暴力工具，具有了强势阶级身份认同的阶级属性。在阶级

① ［英］理查德·利基：《人类的起源》，63页，上海，上海科技出版社，1995。

② 刘德厚：《广义政治论》，26页，武汉，武汉大学出版社，2004。

③ 《列宁全集》，中文2版，第37卷，13页，北京，人民出版社，1986。

④ 《列宁全集》，中文2版，第39卷，406页，北京，人民出版社，1986。

对立社会，统治与反抗相伴而生，从而构成了两大对立阶级的历史互动，对立阶级成为政治互动的典型主体。政治主体的阶级性，构成了阶级对立社会政治实践的根本特征。阶级型政治实践始终以阶级对抗的面目出现，它表征了人类社会政治实践发展到了自觉形态。国家是阶级统治的工具，国家政权是阶级争夺的对象。阶级对立社会的政治实践，都始终围绕着国家政权而展开，因而阶级型政治实践，本质上属于国家政治生活的历史范畴，从而标识着人类社会政治生活进入了国家形态，这就奠定了马克思主义经典作家“阶级性国家政治观”的实践基础。

3. 人民型政治实践

人类社会第三个历史阶段的政治实践，特指社会主义社会的政治实践。社会主义社会的政治生活，代表了人类社会当代政治实践的主流模式。在社会主义社会，对立的阶级已经消失，但阶级的残余还将长期存在，阶级斗争虽然不是政治生活的基本主题，但阶级斗争还将长期存在。为此，列宁曾强调指出：“对抗和矛盾完全不是一回事，在社会主义下，对抗将会消失，矛盾仍将存在。”①

社会主义历史阶段，阶级矛盾已经不是主要矛盾。社会主义的根本任务是发展经济社会事业，提高社会主义国家的综合实力。如果说阶级对立社会的国家被阶级化，国家成为统治阶级压迫被统治阶级的暴力工具，那么社会主义社会的国家则被人民化，国家成为推动人民事业发展的组织形式。社会主义历史阶段的政治实践，其阶级性在不断下降而人民性在不断上升。政治主体的人民性，构成了社会主义社会政治实践的根本特征，社会主义政治实践因此可称为“人民型政治实践”。人民性是社会主义历史阶段阶级性和民族性的高度融合，它标识着社会主义政治生活的根本特质。依靠公共政策来发展国内民族经济，依据国际准则来处理国际民族事务，是社会主义国家两大基本的政治职能。阶级对立社会的国家是被阶级化的政治国家，而社会主义社会的国家又被人民化，人民是社会主义国家的主人，这体现了社会主义国家政权的人民回归。随着国际社会从革命时代向发展时代的历史转型，政治国家也必然由阶级性国家向人民性国家转型，人民性是社会主义政治生活的根本属性，这是当代人类社会政治生活发展的必然趋势。

从历史阶段的宏观定位来看，社会主义社会就是从阶级社会向无阶级社会过渡的历史阶段，整个社会主义社会都具有过渡的性质，社会主义政治生活也具有历史转型的政治特点。在整个社会主义历史阶段，政治实践都具有从阶级对立社会的“阶级型政治实践”，向未来共产主义社会“人类型政治实践”转型的基本性质。整个社会主义历史阶段的政治实践，带有协调不同政治主体利益关系的基本属性。因此，社会主义社会的政治实践，具有协调国际民族国家利益关系和国内多元主体利益关系的双重职能，因之也属于“利益性政治实践”的历史范畴。社会主义“人民型政治实践”，集中表现为从传统政治建设向经济建设、政治建设、文化建设、社会建设和生态建设五位一体的时代转型，具有“走向社会政治实践”的基本趋势，表现出被“国家化”了的政治关系又重新被“社会化”的回归趋势。随着社会主义社会从国家政治形态向社会政治形态的历史转型，政治实践的社会空间也日益从国家生活向社会生活拓展。

---

① 《列宁全集》，中文2版，第60卷，281～282页，北京，人民出版社，1990。

4. 人类型政治实践

共产主义社会是人类社会政治生活的第四个历史阶段，也是人类社会发展的最高历史阶段。共产主义社会的政治实践是以全体人类为政治主体、以自由联合为组织形式的社会实践，因此可称之为“人类型政治实践”。未来的共产主义社会，以人类社会的公共利益为政治诉求，以维护人类社会的整体利益为政治原则。如果说社会主义社会的政治实践是一种利益性政治实践，那么共产主义社会的政治实践则是完全意义上的公益性政治实践，公益性政治实践是利益性政治实践发展的未来趋势。公共利益是人类社会政治生活的最高价值，共产主义公益性政治实践是利益性政治实践的最高境界，它标志着阶级型政治实践通过人民型政治实践的时代转型，最终达到了人类型政治实践的社会回归。因此，共产主义社会的政治实践，是人类社会共同参与的社会性政治实践，是真正意义上的全人类共同体的社会实践。

如果说原始社会的政治实践，是以氏族社会为政治空间的狭义社会性政治实践，那么共产主义社会的政治实践则是以人类社会为政治空间的广义社会性政治实践。未来共产主义社会的政治实践，作为最高意义上的广义社会性政治实践，表征着人类社会政治实践的真正自觉，体现了人类政治实践价值本位的社会回归，同时也标志着全人类共同体的真正形成。社会性政治实践本身就是公共性政治实践，公共性政治实践是生成人类社会公共价值的动力机制。

从公共权力运动的历史逻辑来看，原始社会的公共权力维护着氏族共同体的公共利益，体现了原始社会公共权力的社会本性，这是人类社会公共权力的本然形态。而阶级对立社会的公共权力，被强势阶级主体据为己有，变成了维护自身利益的国家政权，发生了公共权力的国家化转型，从而形成人类社会公共权力的扭曲形态。社会主义社会的国家政权，是实现人民群众根本利益的政治工具，社会主义国家政权的人民特质，表征着社会主义国家政权的人民回归，形成了人类社会公共权力的回归形态。共产主义的公共权力，维护着人类公共体的公共利益，彰显了共产主义社会公共权力的社会本性，从而真正形成了人类社会公共权力的应然形态。人类社会公共权力运动的四大历史阶段，经历了公共权力国家化和国家政权社会化两次转型，实现了人类社会公共权力运动的两大飞跃，最终将走向公共权力人类化的大同社会。

政治实践本质上是一种社会性政治实践，它有其自身发展变化的历史过程，从而展现了其自身发展的内在逻辑。从立体结构层面来看，政治实践的历史发展表现为：“社会性政治实践—国家性政治实践—社会性政治实践”否定之否定的历史轨迹。从政治主体层面来看，政治实践的历史发展表现为：“氏族型政治实践—阶级型政治实践—人民型政治实践—人类型政治实践”整合性推进的历史沿革。构建人类社会命运共同体，是人类社会政治生活发展的未来指向，也是人类社会政治生活发展的历史逻辑。

第二节　政治实践的形态

在人类社会的历史发展过程中，政治实践主要表现为政治革命和政治改革两大基本形态。政治革命是阶级斗争的最高形式，也是政治发展的质变形式。政治改革是强势主体的自我调适，是政治发展的量变形式。

一、政治革命

政治革命作为人类社会历史发展的重要动力，是人类社会历史发展的必然现象。在我国，“革命”一词出自儒家经典《易经》中的“汤武革命，顺乎天而应乎人”（《易经·革卦·象》）一语，是“改朝换代”或“变革天命”的意思。而具有现代意义的“革命”一词，实际上来源于西方。从一般意义来讲，革命是指事物的根本性变革，是事物从旧质向新质的飞跃。从社会意义来讲，革命主要是指政治革命。

1. 政治革命的含义

关于政治革命的定义，列宁有过明确的解释，他指出：“从马克思主义观点来看，革命究竟是什么意思呢？这就是用暴力打碎陈旧的政治上层建筑，即打碎那种由于同新的生产关系发生矛盾而到一定的时候就要瓦解的上层建筑。”① 纵观马克思主义经典作家的论述，我们可以从三个方面把握政治革命的本质内涵。首先，政治革命的实质是先进阶级推翻反动阶级的统治，打碎旧的政治上层建筑，用先进的社会制度代替腐朽的社会制度，实现政治制度的根本变革。因此，马克思主义认为“每一次革命都推翻**旧政权**，就这一点来说，它是**政治的**”②。其次，政治革命的根本问题是国家政权问题，政治革命一般是通过暴力手段来实现的，这就是所谓的“枪杆子里面出政权”。最后，生产力与生产关系的矛盾运动是政治革命的根本原因。在阶级社会中，这种矛盾集中表现为阶级斗争，所以政治革命也是阶级斗争发展的必然结果，是阶级斗争的最高形式，其最终目的是要解放生产力，确立新的生产关系。为了给政治革命以宏观定位，我们还必须将政治革命与经济革命、文化革命和政治活动进行比较。

其一，政治革命不同于经济革命。自从人类进入政治时代后，人类社会生活的整体结构具有三个基本维度，从而构成了经济、政治、文化的三维结构。生产方式代表着人类社会的经济结构，其中生产力是其主导轴心。人类社会的经济革命本质上是生产力革命，生产力革命又表现为从科技革命向产业革命的历史推进。科技革命就是科学技术的飞跃形式，它内在地包含着科学革命和技术革命的结构形态，人类历史上先后发生了三次科技革命。产业革命是人类社会生产力飞跃的重要标志，产业结构的历史提升，则是产业革命的基本特征。农业革命构建了古代社会的农业生产力，工业革命构建了近代社会的工业生产力，信息革命又构建了现代社会的信息生产力。如果说，生产力飞跃是经济革命的核心，那么，政治制度变革则是政治革命的核心。经济革命是政治革命的根源，政治革命则是经济革命的结果。

其二，政治革命不同于文化革命。广义的文化是指人化自然过程和结果的总和，而狭义的文化是指人们的观念形态。作为人类社会三维结构之一的文化，是指狭义层面的文化。文化的外延大于社会意识形态，但其主体部分仍属于思想上层建筑。观念是对存在的反映，作为观念形态的文化，本质上是人类存在方式的逻辑内化。随着社会生产力的不断

① 《列宁选集》，3版修订版，第1卷，631页，北京，人民出版社，2012。
② 《马克思恩格斯全集》，中文2版，第3卷，395页，北京，人民出版社，2002。

发展，人类社会的存在方式也随之发生变化，那么，人类社会的精神生活必然要发生变革。文化革命实质上就是人类精神生活的飞跃，不仅包括心理层面的变革，而且包括思想层面的变革，其中思想变革则是文化革命的核心。如果说，文化革命是人类社会思想关系的变革，那么，政治革命则是人类社会政治关系的变革。文化革命是政治革命的思想前提，政治革命是文化革命的逻辑延伸。

其三，政治革命不同于政治活动。进入阶级社会以后，人类社会生活就历史地分化出政治生活的独特领域。政治活动本质上是围绕着政治权力而进行的社会活动，是人类社会政治实践的表现形式。阶级是政治活动的基本主体，统治阶级为巩固政权而进行的政治统治，是阶级对立社会政治活动的首要层面；被统治阶级为了推翻统治阶级的政治统治，以夺取政权为目的而进行的政治斗争，则是政治活动的基本内容。阶级斗争并不都是政治活动，唯有政治斗争才称得上是政治活动。政治斗争的形式具有多样性，而政治革命则是政治斗争的最高形态，也是阶级斗争的最高形式。政党作为政治文明发展到近代的历史产物，是现代化政治活动的典型主体，但政党不是独立的革命主体，只是阶级主体的领导力量。可见，政治革命只是政治活动的特殊形式，是先进阶级政治活动的最高形态。

2. 政治革命的条件

政治革命是社会历史运动的必然结果，其根本原因在于生产力与生产关系的矛盾运动，但就具体的政治实践来说，历次革命的爆发都有具体的主客观条件。

第一，政治革命产生的客观条件。政治革命是政治发展的质变形式，也是社会进步的必然现象，政治革命的爆发有其深刻的社会根源和特定的社会形势。

一方面，政治革命的社会根源是生产方式的矛盾运动。社会基本矛盾是社会发展的根本动力，而物质资料的生产方式，是生产力和生产关系的对立统一体，生产方式的矛盾运动则是社会基本矛盾运动的逻辑起点。在生产方式的基本矛盾运动中，贯穿着生产关系一定要适合生产力发展要求的客观规律，这正是政治革命最深刻的社会根源。政治革命就是要消灭束缚生产力发展的旧的生产关系，建立适合于生产力发展的新的生产关系，以解放生产力和发展生产力。然而，为了消灭旧的生产关系，建立新的生产关系，又必然要通过政治革命这一手段，推翻维护旧生产关系的上层建筑。也就是说，政治革命是社会革命的突破口，政治革命既是生产方式矛盾运动的必然结果，又是解决生产方式自身矛盾的根本途径。

另一方面，政治革命的客观形势是阶级矛盾的极端激化。在阶级对立社会里，社会基本矛盾集中表现为阶级矛盾。占统治地位的反动阶级总是利用国家政权维护旧的生产关系，而新生的先进阶级则顺应生产力的发展要求，致力于摧毁旧的政治制度，建立新的生产关系，从而解放社会生产力，推动人类社会进步。当阶级矛盾处于一般对立状态时，对立阶级尚能共处于特定政治秩序范围之内，而当阶级矛盾发展到极端激化的程度时，对立阶级之间的冲突达到不可调和的地步，政治革命就会爆发。在此情形下，统治阶级已经不能再照旧维持自己的政治统治，被压迫阶级和人民大众也不愿再以旧的方式生活下去，此时，政治革命的客观条件已经具备。

第二，政治革命产生的主观条件。任何社会现象的发生，都是主观因素和客观因素共同作用的结果，政治革命也是如此。因此，政治革命的发生，不仅需要客观条件，而且需要主观条件。

首先，被统治阶级形成统一的革命意识。尽管革命的客观形势已经具备，但是如果革命的阶级没有形成统一的革命意识，政治革命仍然不可能爆发。革命意识是革命阶级对自己根本利益的自觉认识，它不仅包括对革命阶级社会地位和历史使命的认识，而且包括对革命实践本质规律的认识。如果说革命阶级是政治革命的物质力量，那么革命意识则是政治革命的精神力量。没有精神力量武装的物质力量是自发的力量，有了精神力量武装的物质力量才是自觉的力量。在政治危机中，被统治阶级只有形成革命意识，具有高度的革命觉悟，才能从自在阶级上升为自为阶级，进而凝结为摧毁反动政权的革命力量。物质力量与精神力量达到高度整合，才是政治革命的真正力量。

其次，革命分子建立领导革命的政治组织。政治革命不仅需要有革命的精神力量，而且需要有革命的组织领导。没有先进分子组成的革命组织及其革命领袖的组织领导，政治革命难以发生，即使发生也难以发展。正如列宁所言："任何革命运动，如果没有一种稳定的和能够保持继承性的领导者组织，就不能持久"①。一般而言，革命组织是政治革命的准备者、发动者和领导者，肩负着传播革命思想、提出革命口号、选择革命道路、制定革命战略的历史重任。革命组织是在革命意识不断浓缩和革命思想日益成熟的背景下建立的政治组织，它是政治革命的物质力量和精神力量的结合载体，也是政治革命主观条件最终形成的客观标志。革命组织是政治革命的领导力量，也是革命思想的能动主体，它的产生是政治革命的组织准备。革命人民只有在革命组织的发动和领导下，才能掀起轰轰烈烈的政治革命运动。

3. 政治革命的特征

马克思主义认为，政治革命作为社会革命的特殊形态，是阶级斗争的最高形式，是推动社会形态质变的根本动因。政治革命与其他革命相比，具有以下几个基本特征：

第一，政治革命以革命阶级为政治主体。政治革命不同于政治领导层自上而下推行的政治改革，也不同于少数军人或政治派别发动的政变，更不同于部分政治力量掀起的叛乱，它是一个阶级推翻另一个阶级的政治斗争，是社会阶级之间大规模、有组织的政治较量。在革命过程中，社会成员被分成两大阵营，亦即进步的革命阶级和腐朽的统治阶级。政治革命就是进步的革命阶级推翻腐朽的统治阶级，建立新的政治制度的政治实践活动。而反动阶级对革命政权的篡夺，则被称为政治复辟。

第二，政治革命以夺取政权为首要目标。国家政权是上层建筑的核心部分，其基本功能是维护自己的经济基础，谁掌握了社会的政治权力，谁就占据了社会政治生活的统治地位。因而，权力的归属决定了政治体系的本质，革命阶级要改变旧的生产关系，就必先夺取国家政权。政权问题之所以成为革命的根本问题，是因为被压迫阶级只有掌握了国家政权才能上升为统治阶级，才能用暴力剥夺生产资料，建立新的生产关系，实现自身政治解放。作为新生产力代表的被压迫阶级为了获得自身解放、建立新的社会体系，都要把自身的利益说成是社会全体成员的利益，并联合一切非统治阶级，以采取最有利的革命行动，

① 《列宁选集》，3 版修订版，第 1 卷，404 页，北京，人民出版社，2012。

推翻统治阶级。

第三，政治革命以政治变革为主要内容。政治革命的主要内容，是对旧的政治体系进行全面深刻的变革，建立一种适应社会生产力发展的政治体系，亦即重新建立政治要素相互作用的有机整体，促成政治存在与政治意识的重新整合。换言之，政治革命意味着政治体系的根本变革，标志着政治结构和政权性质的根本转型，代表着人类社会政治生活形态的根本变革。

第四，政治革命以暴力行动为基本方式。政治革命的目的是推翻反动阶级的政治统治，而任何反动阶级不仅不会自动退出政治舞台，而且还企图以反革命的暴力来镇压进步阶级的革命。因而，革命阶级就必须凭借暴力手段，以革命的暴力对付反革命的暴力，这是人类社会政治革命的基本特征。当然，从逻辑的角度来看，政治革命可分为暴力与和平两种形式，但历史上的政治革命，很少采取和平过渡的方式，即使采取和平过渡方式，也要以暴力做后盾，否则和平过渡只能是幻想。

4. 政治革命的功能

革命是政治进步的强大推动力，是实现政治形态质变的决定性手段。每当社会政治经济发展需要抛弃旧的社会制度，建立新的社会政治经济秩序时，政治革命就要到来并发挥其巨大的推动作用。

第一，政治革命对社会生产有解放作用。生产力发展到一定阶段，会遭到落后生产关系的阻碍，遭到反动上层建筑的钳制，因而需要通过革命来推翻旧的上层建筑，改变旧的生产关系，建立新的社会形态。政治革命正是通过改变政治制度来解放社会生产力，以推动社会生产力发展的。解放生产力和发展生产力，是政治革命的根本目的。政治革命正是通过改变上层建筑来解放生产力，进而推动人类社会物质文明的快速发展，政治革命是物质文明建设历史飞跃的上层动力。

政治革命还能够教育和锻炼群众，造就一批革命领袖。革命的主体是人民群众，人民群众在任何时候都不能够像革命时期这样，以新社会秩序积极创造者的身份出现，焕发出革命的热情和理想，表现出创造历史的力量和智慧，同时，“革命之所以必需，不仅是因为没有任何其他的办法能推翻**统治**阶级，而且还因为**推翻**统治阶级的那个阶级，只有在革命中才能抛掉自己身上的一切陈旧的肮脏东西，才能成为社会的新基础”①。历史上许多有才能的革命家，都是在革命斗争中成长起来的，他们带领群众前进，建立丰功伟绩。

第二，政治革命对政治制度有更新作用。政治革命是政治发展的质变形式，其根本内容是变革政治制度。建立在旧生产关系基础上的旧政治制度，发展到了衰败的地步，运用自我修复方式已无法起死回生。在此情况下，只有通过政治革命，实现政治制度的彻底更新，才能为政治发展开辟道路。政治革命是通过国家政权由腐朽阶级向先进阶级的转移来实现的。政治革命通过更新政治制度来提升政治文明，从而使新的政治制度更加接近政治发展的目标，更能促进经济社会的快速发展。

政治革命不仅意味着政治制度的更新，还意味着与政治制度相联系的政治体系的全方位更新。一方面，政府的政治控制更多地由直接控制转化为间接控制，也就是通过诸如市

---

① 《马克思恩格斯全集》，中文1版，第3卷，78页，北京，人民出版社，1960。

场机制、中介组织等方式来实现。另一方面，政府制度功能更加专业化，如公民权利保障制度、国家公务员制度等。政治制度功能的专业化，有利于增强制度的政治适应性，同时也有利于民众创新能力的有效发挥，更有利于增强政治系统对利益主体的包容能力。

第三，政治革命对思想文化有构建作用。如果说，政治革命对经济生活和政治生活的重新构建，表现了政治革命的刚性作用，那么，政治革命对文化生活的重新构建，则表现了政治革命的柔性作用。政治革命的目的是解放生产力，而解放生产力又必须通过变革政治制度去实现。然而，没有革命的理论，就没有革命的行动，政治革命往往以思想革命为先导。在变革政治经济制度的过程之中，思想文化建设需要与之配套，以形成精神文明建设促进政治文明建设的良性机制。这样才能以最小的革命成本，获得最大的革命效益。

思想文化建设贯穿政治革命的全过程，这不仅表现在思想文化革命是政治革命的先导，而且也表现在思想文化建设是政治革命的提升。先进阶级夺取国家政权，建立了新的经济政治制度，这标志着政治革命的主体工程基本完成。然而建设与新的政治体系相适应的新型文化，又成为政治革命的后继任务，集中表现在先进阶级意识形态的社会化。一般而言，政治体系变革是急剧的，而思想文化建设则是缓慢的。在思想文化重新构建过程中，要充分发挥环境优化、思想引领、精神培育、理论创新的综合作用。

二、政治改革

政治改革是政治发展的变量形式，也是政治生活发展的重要动力，它是政治主导力量适应政治发展的客观要求，对政治制度体系进行自我调适的政治实践。

1. 政治改革的含义

政治改革就是对政治事物的改造和革新。与政治革命改变政权性质不同，政治改革是在政治体系根本性质不变的情况下，使社会朝着更加公平、正义、和谐的方向发展变化，本质上是对原有社会有条件的扬弃。政治改革与政治改良也有区别：政治改良是统治阶级在维护其统治的前提下，对政治体系做出点滴的调整，使其发生一些细微的量的变化；而政治改革则更为深刻和广泛，不仅有量变，而且包含部分质变，是对政治体系的调整和完善。由此可见，所谓政治改革，就是统治阶级根据社会矛盾状况，适应社会发展要求，依靠现有社会制度本身的力量所进行的改进政治体制、调节政治关系、完善政治功能，从而巩固和加强其政治统治的政治过程，其实质是政治制度的自我发展和自我完善。

政治改革体现了政治发展的渐进性和连续性，它不是政治形态的根本质变，而是政治发展的量变过程。政治改革作为政治发展的量变形式，同样有其深刻的社会根源。政治改革的内部根源，在于利益主体之间的矛盾性，这种矛盾不仅表现在原有政治力量对比状况的发展变化，而且还表现在新的政治力量的不断产生。政治力量来自这两方面的发展变化，都要求对原有的政治关系进行调整。政治改革的外部根源，在于国家利益之间的矛盾性，这种矛盾不仅表现在国内政治关系方面，而且还表现在国际政治关系方面。国际关系的变化，也要求对原有政治关系进行调整。总之，利益矛盾是政治改革的深层根源。

就其实质而言，政治改革是政治集团对政治关系的调整。在政治利益关系方面，政治改革不仅调整统治阶级内部不同集团的利益关系，以解决它们之间的利益矛盾，而且调整统治阶级和被统治阶级之间的利益关系，通过对被统治阶级做出必要的让步来缓和阶级矛盾。在政治权力关系方面，政治改革不仅通过政策的重新制定来平衡新的政治力量结构，而且通过权力的重新分配将新生的政治力量纳入自己的权力体系，以巩固其统治地位。在政治权利关系方面，政治改革根据政治力量的对比状况和社会发展的客观要求，对政治权利关系进行重新界定，通过对社会各阶层劳动群众政治权利的普遍认可，以扩大政治统治的社会基础。

2. 政治改革的条件

政治改革是在一定的政治条件成熟后进行的政治实践活动。因此，政治改革的实施必须以成熟的政治条件为前提，针对不同的政治条件提出不同的实施策略，从而推动政治改革的顺利进行。

第一，客观条件。

同政治革命一样，政治改革的根源也在于社会基本矛盾运动，所不同的是矛盾运动尚未达到极端激化的程度。政治改革是一项艰巨而复杂的社会系统工程，必须具备一定的客观条件。

首先是经济条件。经济发展为政治改革提供必要的物质资源，从而成为政治改革得以顺利进行的物质保障。因而，改革者要想成功地推进政治改革，必须掌握并不断扩大社会经济资源，以便为政治改革提供必要的物质条件。经济改革不仅是政治改革的先导，而且也是政治改革成果得以巩固的保障。政治改革是新旧政治势力反复较量的过程，改革者不仅要从经济改革中汲取力量来推进政治改革，而且需要把政治改革的内容纳入经济生活之中，并用经济形式使其固定。只有在经济上得到体现的政治改革，才是一种稳固的政治改革。

其次是文化条件。政治改革必须在一定的文化背景中进行，社会成员必须具备与政治改革相适应的文化素质。在这种“改革推进型”文化体系中，全社会对政治改革的认知能够形成普遍共识，这是政治改革进行的文化心理基础。传统文化往往成为“革新”文化形成的障碍，这种障碍主要表现于文化心理和文化思想两大维度。从文化心理维度来看，社会成员长期形成的安于现状、求稳怕乱的文化心理，构成了政治改革的心理障碍。从文化思想维度来看，社会成员早已接受了统治阶级原有的政治意识形态，而传统的政治思想往往成为他们政治生活的理性准则，从而构成了政治改革的思想障碍。政治改革要求改革者通过强有力的政治宣传工具，使政治改革观念深入人心，同时在全社会大力提倡解放思想、大胆探索、开拓创新、与时俱进的文化风尚，从而为政治改革营造良好的文化环境。

最后是社会条件。政治改革的社会条件，主要指政治改革必须具备稳定的社会环境。政治改革是以和平方式进行的循序渐进的政治变革活动，因而需要有一个稳定的社会环境。在一个社会冲突接连不断、暴力事件层出不穷、军事政变时有发生、抗议活动此起彼伏、生活局面混乱不堪的社会环境下，改革计划的有效贯彻和连续实施是不可想象的。然而，政治改革本身就是对旧的政治体系的调整和变革，这势必触及某些社会力量的既得利益，改变长期形成的利益结构，打破社会秩序的平衡状态，从客观上造成一种新的社会不稳定。对此，政治改革者必须在“稳定—不稳定—再稳定”的动态平衡中推进政治改革，正确处理改革、发展和稳定三者之间的辩证关系，这对于政治改革的顺利推进至关重要。

第二，主观条件。

与政治革命相比，政治改革是一种难度更大的政治变革，它的顺利进行和最终成功，不仅取决于客观条件，而且取决于主观条件。

首先，政治改革需要有锐意改革的领导集团。政治改革就是政治领导集团所推行的政治革新活动，这项复杂的社会系统工程首先要有坚强的领导集团。能否出现一个具有改革意识和改革能力的政治领导集团，对于政治改革至关重要。改革必须要有改革的倡导者和领导者，他们需要兼有理论家和政治家的双重品格，不仅要对本阶级的根本利益和历史地位有深刻理解，对社会经济形势的发展变化有清醒认识，对现有政治体系的各种弊端能够做出正确分析，而且需要具有献身改革的精神和领导改革的能力，并能够调动社会成员的积极性，使其成为推动改革的政治力量。整个改革的成功与否，都与领导集团的改革意向和改革能力有密切关系。

其次，政治改革需要有合理可行的改革目标。政治改革的目标就是政治改革所要完成的任务和达到的目的，这是政治改革的战略定位，它不仅规定着政治改革的根本方向，而且也规定着政治改革的实施方案。因此，政治改革的目标对于政治改革的成功与否具有极为重要的意义。与政治革命的目标有别，政治改革的目标是既要维护现有政治制度的基本框架，又要对现有政治制度进行调整，使之达到优化状态。政治改革目标的确定应坚持合理性和可行性两大原则。合理性原则就是政治改革所要达到的目标，必须能够有效地解决社会政治生活中的现有矛盾，能够全面提高政治权力体系的实际效能，能够更好地维护政治统治的利益要求。可行性原则就是不仅使政治改革目标与客观实际相结合，实现政治改革力度同社会承受强度的有机统一，而且要使政治改革目标具有可操作性，亦即要能把政治改革目标转变为具体政策措施，在贯彻政策措施过程中落实改革目标。

再次，政治改革需要有协调配套的实施方案。政治改革涉及政治生活的各个方面，需要各项措施的相互配套。因而，在政治改革推行之前，改革者必须根据政治改革的总体目标，结合国际国内的客观形势，全面把握能够利用的各种资源，确定改革进程的分步计划，制定协调配套的实施方案。政治改革实施方案的着眼点在于改革应具备的主客观条件，这就意味着政治改革要把握时机，在主客观条件具备时，要不失时机地推进改革。而在主客观条件尚未具备时，要积极创造条件，促使主客观条件的早日成熟。一旦条件具备，就要全力推进改革。

最后，政治改革需要有社会力量的积极支持。政治改革作为政治发展的基本形式，需要具有深厚的社会基础和广泛的社会支持。因而，改革者必须把政治改革和广大人民群众的利益联系起来，充分调动他们的创造性，使他们真正从自身利益出发支持改革，成为推动改革的政治力量。政治改革涉及政治生活的各个方面，需要全社会成员的广泛参与，因而政治思想舆论能够起到思想动员作用。也只有通过政治社会化的途径，才能把改革理念变成全体社会成员的共识，进而升华为社会的主流意识形态，以达到精神力量与物质力量的有机结合。

3. 政治改革的形态

政治改革是一项复杂的社会系统工程，其实践形态具有多样性，并有其历史形态与逻辑形态之分。

第一，政治改革的历史形态。政治改革的历史形态，就是从历史维度对政治改革所进行的形态区分。

首先，奴隶社会的政治改革。奴隶社会的政治改革就是奴隶社会的统治阶级为了巩固其统治地位，对当时的政治关系所进行的改善和革新。在漫长的奴隶社会，先后进行过多次政治改革，其中影响较大的有公元前 6 世纪古希腊的梭伦改革和克利斯提尼改革，公元前 6 世纪古波斯的大流士一世改革，公元 3 世纪古罗马的戴克里先改革等。这些开明的领导者能够正确地分析当时政治制度的弊端，从本阶级的根本利益出发，提出了进步的改革主张。这些主张的实施和推行，对改善当时奴隶社会的政治制度，巩固奴隶主的政治统治起到了极其重要的作用。

其次，封建社会的政治改革。封建社会的政治改革就是封建地主阶级为了巩固其统治地位，对当时的政治关系所进行的改善和革新。在长达数千年的封建社会中，有过多次政治改革，其中影响较大的有 17 世纪俄国的彼得一世改革，11 世纪的王安石变法、16 世纪的张居正改革等。领导这些改革的是封建皇帝或封建大臣，他们从本阶级的根本利益出发，针对当时政治关系的弊端，提出了进步的改革主张。这些主张的实施和推行，对于调节封建社会的政治关系，巩固封建主的政治统治具有十分重要的作用。

再次，资本主义社会的政治改革。资本主义社会的政治改革就是资产阶级为了巩固其政治统治，对当时的政治关系所进行的改善和革新。在数百年的资本主义社会中，有过多次政治改革，其中最有影响的有 19 世纪英国的三次议会改革、19 世纪日本的明治维新、20 世纪墨西哥的卡德纳斯改革等。通过改革进一步健全了资产阶级的民主政治制度，巩固了资产阶级的政治统治。当代资本主义社会所进行的政治改革，进一步促进了资本主义政治运行机制的不断优化，有效地推进了资产阶级民主政治的发展，从而使资产阶级政治统治的阶级本质更加隐蔽。

最后，社会主义社会的政治改革。社会主义社会的政治改革就是社会主义政治制度的自我发展和自我完善。早在 20 世纪 50 年代中期，苏联和东欧一些社会主义国家就开始进行政治体制改革，80 年代达到高潮。我国从 50 年代中期开始，也进行了政治体制改革的初步尝试，但全面的政治体制改革则是从 1987 年党的十三大开始的。以党的十八大为标志，我国又进入了全面深化改革的新时期。社会主义社会的政治改革，是在挫折中不断前进的。20 世纪 80 年代末 90 年代初，苏联和东欧的社会主义国家，其改革偏离了社会主义方向，抛弃了共产党的领导和社会主义的根本制度，从而断送了社会主义事业。与剥削阶级所进行的政治改革相比，社会主义的政治改革，是在坚持社会主义基本制度的前提下所进行的政治改革，其目的是为广大人民群众谋利益，推进社会主义的全面发展。

第二，政治改革的逻辑形态。政治改革的逻辑形态，就是从逻辑维度对政治改革所进行的形态区分。

首先，局部性改革和全局性改革。这是就政治改革不同范围所做的区分。局部性改革就是统治阶级在迫不得已的情况下，对政治生活的某些方面所做的局部性改善，从而使政权运行方式发生局部性改变。这种改革往往带有点滴性、表层性和单纯量变性特征，人们通常称之为政治改良。它虽然能够带来某种程度的社会进步，但这种进步往往是非常有限的。历史上剥削阶级所进行的政治改革，大都属于这种局部性改革。全局性改革就是对整个政治体制所进行的整体更新，从而使政治结构和政治功能发生系统性改变。这种改革往往带有全面性、深刻性和部分质变性特征，因而也可称之为“革命”，它能够带来政治生活的深刻变革。

其次，政策性改革和体制性改革。这是就政治改革不同对象所做的区分。政策性改革就是以规范政治生活的行为准则为改革对象，对政治生活的施政纲领和重大决策进行调整，以引导社会成员的政治行为。这种改革一般不触动政治体制，容易进行且见效较快。党的十一届三中全会的召开，改革开放政策的推进，标志着我国政策性改革的全面启动。然而，如果政治生活的弊端主要不在于政策性问题，而在于体制性问题，那么仅仅进行政策性改革就难以取得改革的成功。苏联领导人赫鲁晓夫和勃列日涅夫，就是在旧体制下所进行的政策性改革，尽管一时有效，但不能持久。体制性改革就是以政治制度的组织形式为对象，革除政治体制的各种弊端，完善政治体制的结构形式，从而达到推动政治发展的目的。一般而言，体制性改革难度较大，所产生的影响较为深刻，因而需要有领导、有步骤、有秩序地进行。我国目前所进行的政治改革，是典型的体制性改革。

最后，同步性改革和分步性改革。这是就政治改革不同方式所做的区分。同步性改革就是指全部改革目标的同步实施和整体推进，力图在较短时间内实现对旧体制的改造，使改革一步到位。这种改革往往以强制性变革来加快改革步伐，它有利于缩短新旧政治体系转换的阵痛期，但却极大地增加了社会阵痛的强度，常常招致过多的反对而使改革受挫。因而，只有在领导核心团结凝聚、政治局势相对稳定、民众心理能够承受的条件下，这种改革才是可行的，否则政治改革就难以成功。分步性改革就是合理分解改革目标，分段规划改革进程，分步实施改革方案。这种改革一般遵循由易到难、循序渐进的原则，它虽然在短时间内难以见效，却有利于化解不利因素、减少改革阻力、调整改革计划，避免重大损失。历史上成功的改革，大多数采取的是分步性改革。

4. 政治改革的特征

政治改革能使政治体系得到充分发展，进而推动社会生活不断进步，同时也形成了自身独有的本质特征。

第一，政治改革以现有制度为基本框架。从目标追求来看，政治改革与政治革命有本质区别。政治革命的目标是实现政治制度的更新，而政治改革则是以现有政治制度的基本框架为前提，力图通过政治体制和政策体系的调整和革新，来巩固和加强统治阶级的权力基础，以提高统治阶级政治权力的实际效能，其目标是现有政治制度的全面优化。

第二，政治改革以自上而下为运行机制。政治革命是自下而上发生的，其主体一般是被统治阶级，并有广大劳动人民的积极参与，从而构成了声势浩大的政治大变革运动；而政治改革则是自上而下进行的，它以统治阶级中的政治领导层为主体，整个过程被置于较为严密的组织计划之中。政治改革实质上是政治领导层所推行的政治革新运动，他们对社会的利益结构及其发展趋势有深刻认识，并能够制定出完整可行的改革方案，以使政治改革自上而下地有序进行。

第三，政治改革以和平推进为实现方式。政治革命虽然不排除和平过渡的可能，但绝大多数以激烈的暴力方式来进行，掀起疾风骤雨式的大革命运动，力求在较短时间内促成整个政治制度的根本变革；而政治改革则采取非暴力的和平方式，通常表现为缓慢的量变过程，虽然改革中难免会出现一些矛盾冲突，但改革方案本身能够使其化解而不致激化，而且政治改革有政治领导的精心设计和组织领导，能够以和平方式平缓地向前推进。

第四，政治改革以经济改革为实践先导。邓小平指出，“政治工作要落实到经济上面，政治问题要从经济的角度来解决”①，并提出了“用经济政策来解决政治问题”的战略思路。政治改革根源于经济利益结构的变化，而经济利益驱动首先引起经济改革，从而对经济利益实现方式进行调整。随着经济改革的展开，必然引起社会成员对阻碍经济发展的政治关系的变革要求。可以说，政治改革是经济改革进一步发展的历史产物。同时，经济关系的调整带动对政治关系的调整，利益关系的调整带动对权力关系的调整，这样能够减小政治改革的社会阻力，降低政治改革的政治成本。

第三节　政治实践的生态

政治实践的生态环境是指与政治实践相联系的各种政治条件的总和，是人类社会政治生态问题的实践表征。政治生态是一个政治生活的关系范畴，其本质是指政治系统与政治环境的关联互动。优化人类社会的政治生态，是人类社会政治实践发展的时代内容。政治实践的生态环境是政治实践发展的必要条件，也是构成政治实践发展的现实性因素，它对政治实践的历史进程和客观效果具有重大影响。

一、政治实践的内生态

政治实践的内生态环境，是指政治实践活动自身所依存的内部政治环境，特指构成政治实践的基本要素及其组成方式，它是政治实践系统内部各种条件的总和。政治实践活动的现实运行，除了政治主体、政治客体和政治中介三大基本要素之外，还必然存在其所依存的内部条件。

1. 政治资源

任何政治实践系统，都存在可供政治主体挖掘和利用的政治资源，从而才能使政治实践活动得以顺利进行。政治资源就是政治主体所能运用的各种因素和条件的总和，是政治实践能动力量的基本源泉，有物质性政治资源和精神性政治资源之分。

物质性政治资源是政治实践得以进行的基本条件。政治实践本身就是人类社会的物质性活动，对物质性政治资源的开发是政治实践活动的首要环节，经济保障和技术条件是物质性政治资源的核心内容。没有物质条件的保障，就不会有人的存在；没有物质资料的供给，也就不会有政治主体自然性的可持续发展，从而也就不会有政治实践活动的可持续发展。与此同时，政治实践是建立在政治生产力的基础之上的，在科学技术快速发展的时代背景下，没有技术条件支持的政治实践是难以想象的。随着政治实践的不断发展和科学技术的不断进步，物质技术条件越来越成为现代政治实践的核心支柱。因而，现代政治实践

① 《邓小平文选》，2版，第2卷，195页，北京，人民出版社，1994。

越来越依赖于技术实践。

精神性政治资源同样也是政治实践得以进行的基本条件。作为政治主体的政治人，不仅是一种物质性存在，而且也是一种精神性存在，意识性是政治人的基本属性。列宁告诉我们“没有革命的理论，就不会有革命的运动”①。这就说明了精神性资源的开发，对政治实践的进行至关重要。在改造政治客观世界之前，必先改造人们的政治主观世界，以发挥“精神变物质”的能动作用。我国春秋战国时期的诸子百家学说，西欧近代的人文主义启蒙思想，特别是马克思主义学说，都起到了社会变革的思想动力作用。

2. 政治模式

政治模式是政治实践运行机制的历史定型，是政治实践构成要素的结构方式，它表征着政治实践构成要素的稳定联系，从而构成了政治实践活动的具体样式。政治实践具有历史性和多样性特征，不同时代和不同民族的政治实践，因各种主客观因素的影响，特别是受当时经济发展水平的制约，会形成不同的政治模式，从而构成了政治实践的内生态环境。政治模式又分为政治管理模式和政治变革模式两种。

政治管理模式是政治实践的常态形态，一般会形成自己的制度化政治形式。政治实践是个历史性范畴，随着人类社会政治生活的不断演进，人类政治管理依次形成了传统政治管理模式和现代政治管理模式两种历史形态。传统政治管理模式是建立在自然经济基础上的集权模式，具有专制时代的人治特征；而现代政治管理模式是建立在商品经济基础上的分权模式，具有民主时代的法治特征。

政治变革模式是政治实践的非常态形态，一般是通过非制度化的方式来进行的，它特指对既有政治关系的变革。政治变革本身就是以政治制度作为政治客体的，因此作为政治客体的政治制度不能作为政治变革的行为模式，从而决定了政治变革的非制度化特征。当然，随着政治变革实践的不断进行，变革本身也有一个从非制度化向制度化转型的过程。

3. 政治局势

政治局势就是政治实践活动进行的持续状态和发展态势，是政治实践历史发展的基本走势，它反映着政治实践未来发展的可能指向，是政治实践面临的各种主客观因素的综合性表征。政治局势可分为政治管理局势和政治变革局势两种。

政治管理局势就是政治管理实践所面临的基本政治形势，又分为稳定局势和不稳定局势两种。政治稳定局势就是指政治管理实践结构要素排列的有序性及其运行的通畅性，是政治系统构成要素的动态平衡。它是政治管理实践的常态形态。政治稳定局势并不是静态的稳定，而是一种动态的稳定；并不是封闭的稳定，而是一种开放的稳定。政治稳定局势并不是意味着政治系统中没有矛盾和冲突，而是指矛盾和冲突处于可控状态。政治不稳定局势就是指政治管理活动难以维系的无序状态，是政治管理实践所面临的非常态形势。政治动乱是政治不稳定局势的极端化状态，它是政治管理实践体系各种因素综合导致的结果。一旦政治不稳定局势发展到危及政治主体根本利益的时候，政治主体就会调动政治资源，整合政治力量，不惜成本地加以控制。

---

① 《列宁选集》，3版修订版，第1卷，153页，北京，人民出版社，2012。

政治变革局势就是政治主体从事政治变革实践所面临的基本政治形势。一般而言，政治变革实践所面临的政治局势，是由政治主体与政治客体的相互关系所决定的。代表没落势力的政治保守力量，是不会主动让出自己的既得利益的，它必然要与代表进步势力的新兴力量进行较量，这就形成了“敌我力量”的对比状况，据此可以把政治变革局势分成以下两种：

一种是“敌强我弱”型政治变革局势，这种局势对于变革主体“我”方来讲是不利的，直接对抗会付出沉痛的政治代价。面对此种局势，变革主体的主要任务是积聚政治能量、壮大政治实力、优化政治环境、把握政治机遇。无论是政治革命还是政治改革，都会必先遇到这种政治局势。因此，审时度势乃是政治变革主体必备的政治智慧。另一种是“敌衰我盛”型政治变革局势，这种局势是政治变革主体长期期待的政治局势，也是政治变革主体积极努力的政治结果。这种局势也可能“敌”方表面上还比较强大，但实质上已处于衰败状态，经不起进步势力的正面对抗。这时，政治变革主体就应顺势开展正面攻势，不给“敌”方以可乘之机，一鼓作气，达到目标。这样既鼓舞了政治士气，又快速壮大了政治力量，从而使政治变革主体处于不败之地，进而构建出自己新型的政治管理实践体系。

二、政治实践的外生态

政治实践的外生态环境，是指政治实践活动所依存的各种外部条件的总和，它是支配政治实践系统进行物质、能量和信息交换的基本方面，也是政治实践系统依存的外在条件。

1. 自然环境

自然环境是指政治实践所依赖的各种自然条件的总和，是政治实践所依存的自然条件，它不仅包括政治实践所处的地理位置，而且还包括植被、土壤、地貌、矿藏、气候、海域和领空等自然因素。自然环境是政治实践得以进行的各种自然条件的综合立体结构，它构成了政治实践进行的直接条件。为此，孟德斯鸠精辟地指出：“不同气候的不同需要，促成不同的生活方式，不同的生活方式，导致不同种类的规律。”① 可见，自然环境是政治实践不可或缺的重要条件。自然条件是政治实践得以进行的物质基础，任何政治实践都得依存于一定的地理位置和自然条件，不依赖自然条件的政治实践是无法想象的。

自然环境影响着政治实践主体的政治决策。自然环境是政治实践所依存的天然条件，它深深影响着政治主体的政治决策。在政治变革实践中，特别是在革命战争年代，地形和地貌等天然条件，对军事指挥和战役胜负有着最为直接的影响。即使在和平年代的政治实践中，可以让自然条件优越地区优先发展，实行“优越地区的先富政策”。但在优越地区率先发展起来之后，就得实行自然条件“劣质地区的开发政策”，给予自然条件劣质地区以更大的扶持倾斜。使自然条件与发展政策进行错位补偿，否则就会形成贫富差距的不断扩大，从而影响政治局势的稳定。

---

① ［法］孟德斯鸠：《论法的精神》，上册，235页，北京，商务印书馆，1997。

2. 社会环境

马克思指出：“各个人借以进行生产的社会关系，即**社会生产关系，是随着物质生产资料，生产力的变化和发展而变化和改变的。生产关系总合起来就构成所谓社会关系，构成所谓社会，并且是构成一个处于一定历史发展阶段上的社会**，具有独特的特征的社会。”① 人的社会性是人区别于动物的根本标志，也是政治主体的本质所在。社会环境是指政治实践系统所依存的社会条件的总和，其本质是人类社会的社会关系。这种社会条件主要指经济实践所构建的经济存在，其主要内容是指物质资料的生产方式，包括物质力量和物质关系两个方面。

社会环境的物质力量，特指社会物质生产力，包括人的方面和物的方面。人的方面构成了经济生活的主体因素，其实质是经济实践的经济主体。经济主体是物质生活的能动因素，其主体性的有效发挥，推动着物质生活的不断演进。物的方面构成了经济主体的支配条件，包括经济客体和经济中介两部分。经济客体是经济实践的作用对象，而经济中介是指经济主体所运用的工具系统。工具是物质生产力发展水平的客观尺度，也是经济主体能动作用有效发挥的物质载体，它表征着物质生活的发展水平，构成了社会发展的物质实力。社会环境的物质关系，是指经济主体在经济实践进行过程中所形成的稳定联系，也就是历史唯物主义所讲的生产关系。这种物质关系既是经济实践的历史产物，又是经济实践得以进行的社会形式。它既是社会关系的母体，又是社会形成的标志，构成了政治实践最为直接、最为重要的客观因素，成为经济实践和政治实践联系的社会纽带。

国际社会是社会环境的重要内容。社会环境不仅包括国内社会，同时也包括国际社会，特别是在民族化政治实践过程中，国际社会已越来越成为民族政治实践的重要社会环境。随着全球化进程的不断推进，政治实践已由阶级型实践向民族型实践转型，国际社会已构成了现代国际政治实践的社会空间。当代的每个民族都融入了全球化的时代浪潮，每个民族的政治实践，都越来越受到国际社会的影响和制约。发达国家往往凭借着自身强势占据着更多的人类资源，发展中国家在自身的发展实践中，必须面对发达国家的重重阻力。合理协调国际关系，积极主张合作共赢，全面构建和谐世界，乃是发展中国家在全球化进程中的战略选择。

3. 意识环境

意识环境是指人类社会各种主观因素的总和，是政治实践所依存的精神条件，它构成了政治实践所进行的精神条件。意识的内容是客观的而形式又是主观的，意识主体的历史差异性决定着意识内容的主体多样性。任何政治实践的进行，都面临着复杂多样的意识环境。“有政治主体，就必然会产生政治意识。政治意识是一种观念形态，是人们关于社会和政治制度、政治生活以及国家、阶级、社会政治集团及其相互关系问题的观点。”②

“一定的文化是一定社会的政治和经济在观念形态上的反映”③，文化根源于经济和政

① 《马克思恩格斯文集》，第1卷，724页，北京，人民出版社，2009。

② 戚衍：《政治意识论》，2页，杭州，浙江人民出版社，1995。

③ 《毛泽东选集》，2版，第2卷，694页，北京，人民出版社，1991。

治的历史发展，从而构成了人类主观意识的存在方式，文化环境就成为意识环境的表现形式。虽然文化和意识都是观念的因素，但意识是文化的思想内容，而文化是意识的表现形式。主观意识需要通过语言这种文化符号加以表达，也只有通过表达的意识才能成为社会化了的意识，进而成为政治意识“客观化”了的主观环境。意识不仅需要通过文化符号加以表达，而且还需要通过文化模式加以承载，从而使具有特定意识的文化模式得以传承。在现代化政治实践中，国际文化思潮是一种重要的意识环境，无论对政治管理实践抑或对政治变革实践，都会产生重大的政治影响，这也是现代政治实践主体必须面对的时代课题。

政治实践环境是政治实践生存和发展的基本条件。政治实践与实践环境是一种相互影响和相互作用以求得动态平衡和协调发展的互动关系。首先，政治环境作为政治实践活动的客观条件，是政治实践存在的前提基础。但是，政治实践绝不是政治环境的附属物，它会依据自身运行的规律来选择运行模式，以适应环境并对环境产生巨大的反作用。其次，政治环境能够促进政治实践模式的优化。适应政治环境发展的政治实践模式，既是社会政治生活良性运行的重要标志，又是政治实践不断发展的基本目标。再次，政治环境为政治实践主要任务的解决提供条件。政治环境要素是广泛而多样的，对政治实践的作用也是普遍而复杂的，因此，深刻把握环境要素的本质属性及其发生作用的基本特点，是解决政治实践基本任务的先决条件。最后，政治环境对政治实践可持续发展有重要作用。政治实践的稳定持续发展，除了取决于政治实践内部矛盾运动的整体状况之外，还受制于政治实践与政治环境关系的协调状况和互动程度。政治实践必须根据政治环境的不断变化，不断进行自我调适的政治改革，使政治实践始终能够适应政治环境的客观发展要求，这是政治实践实现持续发展的基本保证。

政治主体

政治主体是政治实践活动的能动承担者，亦即处于现实政治生活之中，具有一定政治实践能力并从事政治活动的现实的人。但人与政治主体是不能等同的，任何形式的政治主体都是由人构成的，但人不一定都是政治主体。只有参与到现实政治实践活动中的人，才能获得政治实践性的本质特性，从而获得人的政治主体性，政治实践构成了政治主体的存在方式。从社会构成来看，政治实践主体主要分为群体主体形式和个体主体形式两种。

第一节　政治主体的内涵

主体是具体的、历史的、发展的，必然在社会实践中不断完善，从而不断生成全新的时代内涵。“人是天生的政治动物”，人的政治性生成是政治主体生成的逻辑前提。人只有生成了从事政治实践的政治性，才能称得上政治主体，从而才能具有政治主体性。政治空间本质上是公共空间，政治主体自然属于公共生活领域，应当具有公共领域实践主体的基本特征。政治主体不是一个恒定不变的政治状态，而是一个不断发展的政治过程，政治主体随着政治实践的发展而不断发展。

一、政治主体的含义

政治人是政治实践的历史生成物，只有在政治实践中政治人才能作为政治主体而存在，才能体现出政治主体的本质特征，政治实践是政治主体的存在方式。政治主体本质上是政治实践活动的能动承担者，是具有一定实践能力并从事社会政治活动的现实的人。从事政治实践不仅构成了政治主体存在的价值意义，而且也是政治主体能动存在的现实表征。没有政治实践就没有政治主体，政治实践构成了政治主体能动性的表达形式。一方面，政治主体只有在政治实践中，通过对政治客体的能动改造，才能表征政治主体所特有的政治能动性，政治实践构成了政治主体能动性发挥的政治空间；另一方面，政治实践是政治主体性的生成机制，没有人类社会政治实践的历史发展，就不可能有政治主体性的历史生成。

1. 政治主体是政治文明的创造者

政治世界不是自然世界，而是人所创造的人化世界，是政治人通过自身的能动作用而创造的有为世界。政治世界的一切政治事物都生成于政治实践，都是由政治主体通过政治实践活动创造的。从人类社会政治过程的视角看，政治主体创造政治世界表现为两种模式：一种是外在的政治行为模式，表现为人类社会政治生活的物质过程，体现了人类社会政治生活的组织化程度；另一种是内在的政治思维模式，表现为人类社会政治生活的精神过程，展示了人类社会政治生活的理性化程度。政治思维模式与政治行为模式的互动共进，体现了人类社会政治生活主观能动性与客观能动性的高度融合。从人类社会政治结果的视角看，政治主体创造世界形成了两种成果：一种是政治主体所追求的政治利益，表现为能够满足政治主体需要的价值载体，它承载着政治主体创造政治世界的政治诉求；另一种是政治主体所运用的政治工具，表现为能够用以创造政治价值的基本手段，它表征着政治主体用以改造政治客体的政治中介。

政治主体创造政治世界，生成了政治主体所特有的政治主体性，形成了政治主体创造政治世界的政治生产力。政治工具是衡量政治生产力发展水平的客观尺度，政治产品是表征政治生产力综合实力的效能量度。从人类社会政治生产的视角看，政治创造就是把来自民众的政治诉求加工成政治产品的实践过程。人类社会政治生产的政治产品，集中表现为人类社会政治实践成果的四大形态：其一是政治人才，它代表着政治创造的主体成果，表征着政治生产的人才产品；其二是政治制度，它代表着政治创造的技术成果，表征着政治生产的制度产品；其三是政治理论，它代表着政治创造的思想成果，表征着政治生产的理论产品；其四是政治文化，它代表着政治创造的秩序成果，表征着政治生产的文化产品。政治世界就是人类社会政治生活的人化世界，政治主体创造了丰富多彩的政治世界，从而成为主宰政治世界文明成果的能动主体，民主政治体现了人民主导政治生活的人本理念。共创政治文明，共享政治价值，乃是人类社会人本政治实践的价值逻辑。

2. 政治主体是政治活动的从事者

人类社会的政治活动可分为政治实践活动和政治认识活动两大类型。政治实践是政治认识的基础，政治实践决定政治认识；而政治认识派生于政治实践，又以其自身的能动本性反作用于政治实践，从而使人类社会的政治实践不断走向政治自觉。政治主体首先要从事政治实践活动，改造客观的政治客体，使政治客体向符合政治主体意志的方向发展。然而，政治客体具有不依政治主体意志为转移的客观本性，这就要求政治主体把握政治客体的客观本性和本质规律，于是政治认识就成了政治主体的基本任务，政治实践主体就相应转化为政治认识主体。政治主体正是通过政治实践活动，不断获得了政治认识的感性材料，通过“去粗取精、去伪存真、由此及彼、由表及里”的改造制作，从而形成了反映政治客体本质规律的理性认识。政治主体在改造政治客体的实践过程中，不断总结改造政治客体的实践经验，形成反映政治客体本质规律的政治理论。政治主体的认识任务，不仅在于反映政治客体的本质规律，而且也在于反映政治主体的政治目的，从而形成对政治规律性与主体目的性的二维自觉。

政治主体通过政治认识活动的思维加工，把政治客体规律性和政治主体目的性融入政治理想，从而形成了政治主体从事政治实践的目标指向。政治理想是政治主体从事政治实践的政治蓝图，政治实践的过程就是把政治理想变成政治现实的过程。政治主体通过政治实践活动实现了政治理想，也就完成了政治实践活动所确立的根本任务，政治主体也因此产生了政治实践价值生成的获得感。政治主体正是通过政治实践与政治认识的双向互动，推动了政治现实理想化和政治理想现实化的价值互动，从而实现了人类社会政治生活的价值生成。

3. 政治主体是政治关系的调控者

人类社会的政治存在首先是一种主体性存在，从而形成了政治生活多元共生的政治生态。人类社会政治主体的多元并存，必然形成多元主体之间的相互关系。政治主体之间所形成的稳定联系，就是生成于人类社会政治实践的政治关系。政治关系生成于人类社会的政治实践，并由现实政治生活的多元主体来承担，政治主体就成为政治关系的能动承担者。从人类社会政治现实的视角看，政治主体承担着特定的政治关系，也体验着特定政治关系在自我实现过程中的不完满性。于是，人类社会政治利益的原始驱动，就使政治主体产生了变革政治关系的政治意图。然而，政治生活的政治主体是多元的，特定政治关系的承担者是不同的意志主体，意志主体的政治势能必然存在现实差异，从而形成强势主体与弱势主体政治关系的非对称性。政治关系的利益倾向始终是倾斜于强势主体的，这就形成了“弱者欲变革而强者欲维护”的政治对抗，这本身就表现了政治主体对政治关系的调控意向。

政治生活多元主体的政治博弈，形成了政治生活多元互动的主体间性。政治主体间性的政治表达，表征着人类社会政治关系的调控过程。人类社会的政治主体间性，抵消了不同政治主体的各自差异性，沉淀着多元政治主体的利益共同性，从而构成了政治共同体公共利益增益的主体能动性。厚植人类社会政治共同体的公共利益，是人类社会政治主体公共本性的时代表征，也体现了政治主体调控政治关系所共同追求的价值取向。

政治主体既承担政治关系又改造政治关系。一方面，在人类社会的政治实践中，政治主体必然处在一定的政治关系格局之中，这种政治关系有可能是政治生活的历史沉淀，也有可能是政治制度的现实框定，总之任何人都处在一定的政治关系格局之中，都是现存政治关系的能动承担者；另一方面，政治主体在政治实践中，必然要求改变现存的政治关系，以适应新的政治环境发展变化的政治需要。人类社会政治生活旨在追求共同体的公共善，必然在政治实践中体现为对弱势群体的政治保护。因此，处于弱势地位的政治主体必然要求通过政治实践活动，对现存政治关系进行变革，从而实现对政治价值资源的重新配置。政治价值均等化，构成了政治主体调控政治关系的价值取向。

二、政治主体的特征

政治实践是政治主体的存在方式，对政治主体的理解和把握，必须置于人类社会的政治实践之中。政治实践是解读政治主体的一把钥匙，也是分析政治主体性的逻辑起点。

1. 政治自觉性

政治自觉性是政治主体的首要属性，也是政治主体性的逻辑起点。政治主体是具有政治意识的能动主体，意识性是政治主体的根本属性。政治主体的意识首先是自我意识，它表征了政治主体的目的性，也意识到实现政治主体目的的手段性，从而观念地把握了政治生活的内在逻辑，达到了对政治实践本质规律的理性自觉。马克思主义经典作家认为，政治自觉性作为政治人的能动表达，只有在改造世界的政治实践中才能实现。政治主体的自觉性首先表现为对人类社会政治实践的自觉意识，进而形成了正确反映政治实践本质规律的政治自觉性。

作为具有现代意识的政治主体，它的自觉性主要体现为对政治共同体公共性的理性自觉。公共性是政治主体自觉性的时代延伸，是政治公共体主体目的性的集中表现，主要指政治主体在政治实践中把握政治主客体关系，选择政治实践的合理方式，使政治客体为政治共同体服务，满足人类社会政治生活的公共需要，进而形成政治共同体的公共利益。社会价值资源的有限性决定了配置方式的竞争性和选择性，从而导致了配置结果的非均等性。政治作为对社会价值资源进行权威性分配的基本手段，必然促使人们为了获得有利于更多人生存和发展的价值资源，而从公共目的出发选择政治实践的路径来参与政治生活，以获得政治共同体的公共利益。政治主体的实践活动以民众的需求为基础，进而确定自身活动的政治动机，这正是政治主体实践活动合目的性原则的体现，也是政治主体赋予政治客体价值取向的体现。人类社会政治生活的公共性，旨在实现政治共同体的公共利益，从而厚植政治共同体的公共价值。在政治主体的自觉意识中，政治主体只有意识到公共性，才能真正懂得人类社会政治生活所追求的“公共善”。

政治自觉性还表现为政治主体在现存世界中，摆脱“异己”力量的束缚而达到身心愉悦，这是政治主体个体性的体验自觉，表征着政治主体精神世界的政治体验，从而构成了政治主体理性自觉的精神补充。人们不再直接获取满足自己必要的物质生活资料，而是自觉地从事政治生活，并在政治生活实践过程中形成平等的主体间关系，在劳动生存利益关系中表现出政治获得感。共产主义，就是“以每个人的全面而自由的发展为基本原则的社会形式”①，“人……作为一个完整的人，占有自己的全面的本质”②。因而，政治自觉性是理性自觉和体验自觉的辩证统一。

正如马克思所言，“只有在现实的世界中并使用现实的手段才能实现真正的解放”③。这种现实活动来自政治主体自身的能动性创造，“对**实践的**唯物主义者即**共产主义者**来说，全部问题都在于使现存世界革命化”④，也就是说政治主体要主动投身于政治实践中，去能动地改变政治存在，使政治主体从观念自觉走向实践自觉。

2. 政治自为性

政治自为性是政治主体的根本属性，也是政治主体性的基本内容。政治主体的自为性，就是表现在政治实践中的实践能动性，集中体现了政治主体的政治创造性。政治人是一种积极的能动性存在物，能够自觉地感受政治现实与政治理想的矛盾反差，并依据政治现实的客观条件，建构政治理想的生存方式，通过政治实践将政治理想转化为政治现实，从而实现政治主体自我追求的理想生活。

恩格斯在批判自然主义历史观时指出：“自然主义的历史观，如德雷帕和其他一些自然科学家或多或少持有的这种历史观是片面的，它认为只是自然界作用于人……它忘记了

---

① 《马克思恩格斯选集》，2版，第2卷，239页，北京，人民出版社，1995。

② 《马克思恩格斯文集》，第1卷，189页，北京，人民出版社，2009。

③ 同上书，527页。

④ 《马克思恩格斯选集》，2版，第1卷，75页，北京，人民出版社，1995。

人也反作用于自然界，改变自然界”[①]，列宁曾指出：“人决心以自己的行动来改变世界。”[②]毛泽东也认为：“做或行动是主观见之于客观的东西，都是人类特殊的能动性。……是人之所以区别于物的特点。”[③] 政治主体必然拥有人之为人的能动本性，而且是表现于政治生活之中的政治能动性。政治主体的能动性，主要指政治主体能够在正确认识政治实践本质规律的基础上，通过政治理论与政治实践的有机结合，有目的、有计划地作用于现实政治生活，从而实现对人类社会政治生活的能动改造。

政治主体的创造性是指政治主体通过发挥自身的主观能动性，改变现有的政治存在，使政治客体符合政治主体的意志需要，并在对象性政治实践活动中所展示的政治主体性。政治主体创造性是政治能动性的集中表征，政治实践是政治主体创造性的最高表达。在人类社会政治实践过程中，政治主体作为政治实践中的能动性要素，能够根据自身的政治价值诉求，以创新性精神调动一切有利因素去变革政治客体，从而创造出具有全新价值内涵的政治产品。在这一政治实践过程中，政治主体表现出强烈的政治生态适应性和政治关系变革性，进而形成政治主体创造政治生活的新样态。政治主体的创造性是政治主体能动性最富有历史意义的政治表现，是推动人类社会政治文明历史提升的内在动力。政治主体只有在对象性政治实践中，打破原有政治关系的政治束缚，创造出符合政治主体目的的对象世界，才能展示出政治主体自身特有的能动本性。

政治主体的创造性和能动性密不可分。政治创造性来源于政治主体的能动性，政治能动性体现于发挥政治创造性的实践过程，政治创造性确证着政治主体的政治能动性。政治主体的能动性和创造性的辩证统一，是在人类社会政治实践过程中完成的。在新民主主义革命时期，中国共产党发挥主观能动性，将马克思主义革命理论与中国革命实际相结合，创造性地走上了“农村包围城市，武装夺取政权”的革命道路，从而领导中国人民真正成为中国革命的主人；在社会主义现代化建设过程中，中国共产党始终强调发挥能动性和创造性，推动了马克思主义中国化、时代化和大众化，创造性地开辟了中国特色社会主义政治道路。

3. 政治自主性

政治自主性是政治主体的最高属性，也是政治主体性的价值旨归。政治主体的自主性，就是指在人类社会政治实践过程中，政治主体具有主宰政治生活的本质力量，自觉从事政治实践活动的自我决定性和价值享有性。政治实践同一般的物质生产实践不同，虽然都需要依赖一定的物质环境，但是政治实践本身就是人的对象性活动，政治世界本身就是政治主体自主性实践活动的政治产物。在人类社会的政治实践过程中，政治主体的自主性表明，政治主体是政治实践的发动者、政治过程的操纵者与政治关系的调控者，政治生活本身就是政治主体自觉自主地把握政治对象化活动的实践过程。

政治主体的自主性，不仅表现为政治主体对政治实践过程的主导性，也表现为政治主体对政治价值世界的主导性。人类社会的政治实践本质上是政治价值的生成过程，政治主

---

① 《马克思恩格斯文集》，第 9 卷，483～484 页，北京，人民出版社，2009。
② 《列宁专题文集：论辩证唯物主义和历史唯物主义》，138 页，北京，人民出版社，2009。
③ 《毛泽东选集》，2 版，第 2 卷，477 页，北京，人民出版社，1991。

体通过政治实践创造了政治价值，生产出承载政治价值的政治产品，其目的是为了政治主体自身的价值享有。若政治主体只主导了政治实践活动过程，而尚未主导自我创造的政治价值世界，那最多只能算是“半截子”政治自主性，未能达到政治主体应有的政治自主性。人类社会的政治生活，本身就包含着政治价值创造和政治价值享有双重含义。只有政治价值创造而没有政治价值享有的政治生活，是政治主体不完整的政治生活，政治价值享有是人类社会政治生活的最终旨归。

马克思主义政治观是人民政治观，是人民政治实践观与人民政治价值观的有机统一。马克思主义政治学既是人民权力政治学，也是人民权利政治学，更是人民价值政治学。人民型政治实践，本身就是人民民主实践与价值共享实践的有机统一。“权为民所用、情为民所系、利为民所谋”，正是马克思主义人民权力观与权利观的辩证统一。“发展为了人民、发展依靠人民、发展成果由人民共享”，表征了当代中国马克思主义政治价值观，这正是中国人民政治自主性的生动体现。价值共创，利益共享，已成为当代中国政治生活的全民共识。价值共享的发展理念，已构成了中国特色社会主义的政治原则，构筑了社会主义人民型政治实践价值坐标。

政治主体的自主性是政治主体的最高属性。政治主体在自由劳动基础上能动地创造政治世界，进而能够自觉地主导政治世界，从而彰显政治主体所特有的政治自主性。人类社会政治生活既是一个民主化的政治过程，也是一个人本化的政治过程，其本质是人类社会政治主体的自主化过程。

第二节　政治主体的形态

人是天生的社会动物，又是文明时代的政治动物。政治主体在人类社会政治生活中占据着主体地位，它推动着政治世界的价值创造。人类社会所有的政治实践活动，都要依靠现实的政治主体来进行。从社会构成来看，政治主体的存在形态有群体和个体两种形态。

一、群体形态

群体形态的政治主体，代表着人类社会政治主体的基本形态。阶级、政府和政治团体，标识着群体政治主体的典型形态。

1. 阶级

阶级不是从来就有的，也不会永远存在下去，它与生产发展的一定历史阶段相联系。在漫长的原始社会里，生产力水平低下，生产工具极其简单，没有剩余产品，没有生产资料私有制，不具备人剥削人的物质条件，因而也就没有阶级的存在。直到原始社会末期才逐渐具备了产生阶级的条件：一方面，由于金属工具的使用，生产力有了一定发展，能够提供剩余产品，为阶级的产生提供了可能性；另一方面，随着社会分工的发展，出现了生产资料私有制，使一部分人能够凭借生产资料剥削另一部分人，于是阶级的产生便具有了现实性。

奴隶主和奴隶，是人类社会最早出现的两个对立阶级。奴隶主阶级的形成有两个途径：其一是在原始公社中担任维护公社共同利益的氏族族长、酋长、军事首领和祭司等。这些人本来是为社会服务的，但随着剩余产品的出现和财富的增加，他们逐渐利用手中的职权，侵占部分公共财产，并利用战争掠夺的机会发财致富，逐渐由社会的公仆变为社会的主人，成为具有特权的统治人物，这些统治人物又逐渐集结成为一个统治阶级。其二是随着社会分工和交换的发展，氏族内部发生了贫富分化，有的家庭达到一定的富裕程度，就有可能吸收一个或几个家庭之外的劳动力供他们剥削，从而产生剥削者和被剥削者。

阶级关系是阶级社会政治关系的本质内容。阶级关系确定人们不同的政治地位，产生不同的政治利益，规定不同的政治权力，形成不同的政治意识，从而构成了不同社会特定的政治系统。阶级的发展，表现为从不成熟到成熟的过程。阶级只有发展到能够意识到自己的客观存在和根本利益，并作为人群整体在政治上自觉起来的时候，才是一个成熟的阶级。阶级的消灭是一个漫长的历史过程，社会主义社会正是一个逐步消灭一切阶级和阶级差别的社会。

有阶级存在必然有阶级斗争。阶级斗争是阶级矛盾的表现形式，本质上是指对立阶级之间的矛盾和斗争，表现为经济斗争、政治斗争和思想斗争三种基本形式。政治斗争是阶级斗争的最高形式，而政治革命又是政治斗争的最高形式。阶级斗争的最终矛头是指向统治阶级的，统治阶级总是想方设法把阶级斗争控制在一定的范围之内，于是作为统治阶级暴力工具的国家就应运而生。国家是阶级矛盾不可调和的产物，是一个阶级镇压另一个阶级的暴力工具。国家的本质就是以暴力为后盾的阶级专政，是维护统治阶级利益的权力组织，阶级性是国家的本质属性。

现代意义上的国家更多是指民族国家，包括单一民族国家和多民族国家。民族国家作为一种历史现象，是人类社会发展到近代的历史产物。民族国家是指那种相对于前资本主义社会的教权国家、诸侯国家和封建国家而言的，建立在以国家为标识的民族基础上的主权国家。随着资本主义的殖民扩张，资产阶级现代国家和政权组织形式也逐渐向全球扩展，这就使民族国家获得了普遍性的政治价值。民族国家的基本特征主要有：国家主权的独立性，国家领土的完整性，国家权力的世俗性，政治文化的民族性，民族市场的统一性。

多民族国家和单一民族国家在本质上是相同的，唯一不同的是单一民族国家的民族只有一个，单独掌握国家政权；而多民族国家的民族是两个或两个以上，国家政权由多个民族共同掌握。在当代政治发展进程中，国家的政治经济生活越来越强烈地影响着国民的文化生活，从而使国民的生活方式和价值观念越来越趋同化，呈现出国家民族化的基本趋势。随着阶级对立社会向阶级消亡社会的过渡，国家阶级专政的职能在下降而民族代表的职能在上升，这是当代政治发展的基本规律。随着全球化的日益推进，民族国家也日益成为国际政治生活的基本主体。

马克思主义政治学的最大贡献，就是抓住了阶级这个政治关系的本质，从经济的维度来透视政治，科学地揭示了政治的深层内涵。列宁 1919 年在《伟大的创举》中给阶级下了一个著名的定义："所谓阶级，就是这样一些大的集团，这些集团在历史上一定的社会生产体系中所处的地位不同，同生产资料的关系（这种关系大部分是在法律上明文规定了的）不同，在社会劳动组织中所起的作用不同，因而取得归自己支配的那份社会财富的方式和多寡也不同。所谓阶级，就是这样一些集团，由于它们在一定社会经济结构中所处的地位不同，其中一个集团能够占有另一个集团的劳动。"① 也就是说，阶级是在特定社会关系中处于不同地位的社会集团。对生产资料的占有关系是阶级最根本的特征，是划分阶级的基本依据，阶级政治观是马克思主义政治观的经典形态。

2. 政府

"政府"一词的含义有广义和狭义之分。广义政府泛指一切国家政权机关，包括立法机关、司法机关、行政机关以及其他一切公共机关。狭义政府专指一个国家中央和地方的行政机关。

国家的职能只有通过一定的国家机关才能得以实施，这些根据国家本质和基本制度建立起来的、用于履行国家职能的机关，通称国家机器，也就是广义层面上的政府。在古代社会，履行国家职能的国家机关体系几乎是合一的，一切皆从属于王权。所以，在古代社会并不存在狭义的政府。只有到了近代，国家机关才明显分化，大多数国家都设置五种国家机关，即立法机关、国家元首、行政机关、司法机关、暴力机关。近代以来，一般是从狭义层面来理解政府的，即政府就是国家行政机关。我国宪法中的"人民政府"采取的就是狭义政府的含义，特指各级行政机关。

第一，阶级性。政府的阶级性是由其赖以建立的社会关系和社会环境所决定的，是国家的阶级性在政府基本特性方面的体现。国家的阶级性决定了政府的阶级性，这是阶级社会政治生活的基本特征。政府的阶级性决定了其本质上是统治阶级实行阶级统治的工具，政府活动按照统治阶级的利益要求对社会进行政治管理。作为政府的本质特征，阶级性对于政府活动具有主导作用，并且贯穿政府的机构构成、制度设置、政策制定、价值倡导等环节之中。就此而言，阶级性是政府的灵魂，统治阶级的性质构成了政府的基本性质。

第二，公共性。政府本质上是统治阶级的统治工具，但是，在剥削阶级统治的社会，统治阶级为了保证其统治的稳定性和有效性，往往不得不以形式上的中立者和公共利益的代表者面貌出现，而政府就是实现这种表面上公共性的基本载体，体现着"为公众服务""对公众负责"的基本理念。在社会主义社会里，国家是最广大人民利益的代表者，政府是公共利益的代表者，因此，政府的作用必须通过一定的程序，把自己的主张上升为对普遍的公共利益的诉求，以公共利益的名义行使权力。

第三，权威性。政府的权威性是国家强制性与合法性的有机结合。一方面，政府以法律制度为基础，以暴力手段为后盾，具有凌驾于社会之上的普遍强制力，这是国家权力给政府的合法赋予。另一方面，政府又必须得到多数社会成员的认同，只有这样，政府才能有效地进行管理，这是国家权力合法性在政府特性方面的延伸。国家权力特性在政府运行中的这种体现，形成了政府特有的权威性，即政府权力与社会成员之间的"命令服从"关系。正是政府的权威性，保证了政府职能的顺利实现。

第四，整体性。政府机关按照一定的原则和程序结成一个有机的整体系统，统一协调各种政治资源，以保证统治阶级意志的贯彻实行。同时，政府是以组织化的形式运行的，这些组织由特定的人、财、物等要素按照特定的原则构成，政府权力依托这些统一

① 《列宁选集》，3版修订版，第4卷，11页，北京，人民出版社，2012。

的组织机构，并按照这些组织的运行程序实施管理。与传统政府相比，现代政府主要体现出劳动分工、层级结构和依法行政等现代化特征，其基本宗旨是政府权力为公共利益服务。

3. 政治团体

当分享共同利益的人们组织起来、相互作用，并在政治过程中谋求共同目标的实现时，就产生了政治团体。当代社会主要的政治团体有政党、政治社团、利益集团三类。

其一，政党。政党是指代表一定阶级或阶层的根本利益，以夺取政权和巩固政权为目标而形成的政治组织，它是民主政治的历史产物，是现代政治的核心力量。列宁说："在以阶级划分为基础的社会中，敌对阶级之间的斗争在一定的发展阶段上势必变成政治斗争。各阶级政治斗争的最严整、最完全和最明显的表现就是各政党的斗争。"① 可见，政党是阶级斗争的历史产物，也是政治斗争的政治工具，现代政治则是政党政治。

政党按其阶级属性可分为资产阶级政党和无产阶级政党。最早产生的政党是资产阶级政党，资产阶级政党的产生有其特定的经济政治条件。在市场经济条件下，资产阶级内部必然形成不同的利益集团，这些不同的利益集团为了自身的利益，在政治上联合起来组成政党以求在议会中获胜。无产阶级政党后于资产阶级政党而产生。1847 年 6 月，马克思和恩格斯创建了第一个国际性的无产阶级政党——共产主义者同盟，从而标志着无产阶级政党的历史产生，构成了无产阶级革命实践的领导力量。20 世纪 70 年代以来，出现了一种新的政党——跨国政党，构成了现代政党的新形态。所谓跨国政党，是指在两个以上的国家发挥政治作用的党派组织。在当代政治生活中，还大量存在着一种非典型性的政党组织，可称之为"准政党"或"类政党"，从而成为当代政党政治的新常态。

政党属于上层建筑，但它有别于国家政权机关；政党属于社会组织，但它又不同于一般社会组织；政党代表着一定社会集团的利益，但它又不是利益集团。因此，政党作为政治组织是政治性最强、组织化程度最高的政治团体，因而也是最稳固和最成熟的政治团体。

随着人类社会民主政治进程的不断推进，政党在政治生活中的地位和作用也日益凸显，它肩负着实施政治领导、表达政治利益、进行政治动员、传播政治文化、培育政治精英、维护政治体系的时代重任，在当代政治生活中发挥着关键性的政治作用。

其二，政治社团。政治社团是指具有基本相同的政治要求的社会成员，为实现特定的政治目标而组成的社会组织。政治社团的利益要求、组织活动和实现目标都具有政治性，因此政治社团的根本特点就在于实现其政治目标。政治社团不同于国家机关，也不同于政党，它是作为部分社会成员和群众利益的代表而存在的。从政治社团的组织机构来看，它是"群众团体"而不属于"政府机关"，没有国家政权所具有的权威性和强制性。政治社团虽然对其成员也规定了行为规范和权利义务，但只在该组织内部起作用，而对社会成员没有制约性。从政治社团的组织目标来看，它也不具有政党争夺执政权的功能，它只能成为不同政党的支持者，也没有政党严明的组织纪律。政治社团代表的利益、追求的目标及其活动的形式等具有多样性的特点：有的具有长期性和稳定性，有的则具有短期性和临时

① 《列宁选集》，3 版修订版，第 1 卷，676 页，北京，人民出版社，2012。

性；有的代表公共利益，有的则代表特殊利益；有的是一种国内组织，有的则是一种跨国组织；有的成员很多，有的成员则很少；有的是一种正规的组织，有的则是一种非正规的组织。总之，政治社团组织形式各不相同。

在现代社会，随着社会利益的多元化、政府管理的柔性化及政治生活的民主化，政治社团得到快速发展，其功能日益凸显，主要表现为：第一，政治社团充分利用组织力量，通过多种利益表达方式，运用各种政治手段彰显成员的利益要求，推动政府解决有关涉及成员利益的社会问题。第二，政治社团以政治途径来实现成员利益，以国家政策法规作为活动目标，以影响公共政策的制定过程作为主要活动，为公民政治参与提供了一个全新的有效渠道。在政治生活中，政治社团通过多种方式和途径，向党和政府反映本社团成员的呼声，影响相关政策的制定。第三，政治社团的活动，客观上形成了一种新的权力制约监督机制，使公民能够通过政治社团监督政府及其公职人员。第四，政治社团处于公民和政府之间，通过中介性的联系和对话，能够有效地缩短决策者和公民之间的距离，促进政府和社会成员之间的沟通。

其三，利益集团。人的社会需要本质上有形成利益集团的自然趋势，因为人们的很多需要无法单独实现，必须结成一定的协作关系，这种协作关系表现在政治生活中就是利益集团。利益集团就是社会成员基于共同利益而结成的社会群体。利益集团直接表达特殊社会群体的利益要求，它们通过提供政治资源和倡导社会利益等方式追求集团利益。

社会利益不断分化是社会现代化的必然趋势，任何一个现代化的社会都是利益多元化的社会，而社会利益的分化正是利益集团产生的直接原因。在多元化的利益诉求中，社会成员利益的某种一致性，会形成成员之间共同的利益关系，进而形成明确的群体意识，利益集团随之应运而生。利益集团的群体意识包括对共同利益需求的政治愿望和由此而形成的政治心理。一旦出现集团的利益主张和利益代表，利益集团也就正式产生。社会利益的高度一致是传统社会的重要标志，而社会利益多元诉求则是现代社会的基本特征，因此，利益集团的历史形成和迅速发展，符合人类社会发展的内在规律。利益集团的政治诉求和利益互动，标识着政治文明发展的内生动力。

现代社会的利益集团主要包括以下几种类型：首先是经济利益集团。也就是以追求经济利益为主要目标的利益集团。其次是政治利益集团。直接以追求政治利益为目标的社会组织。再次是公共利益集团。以维护公共利益为目标的社会组织。它们的共同特点是代表全体社会成员的某些利益，而不是某些社会成员的全部利益。最后是特殊利益集团。指那些具有特殊社会背景的利益组织。这些利益集团的共同特征是，它们会随着社会背景的变化而随时产生和消失。

二、个体形态

个体形态的政治主体，是人类社会政治主体的重要类型，公民、政治家和行政官僚，构成了人类社会个体政治主体的重要形态。

1. 公民

“公民”一词最早出现于古希腊，并为古罗马所沿用。在雅典城邦制国家所建立的奴隶主民主制度中，奴隶主和自由平民在法律上享有特权，自由民被称为“公民”，奴隶只是“会说话的工具”。“公民”直接与“城邦”相连，公民的生活取决于城邦的生活。古希腊以城邦制度为背景形成了“公民”观念，后来古罗马则突破狭隘的整体城邦观念，从共和国公民权利义务出发阐释国家的本质。古罗马人在其政治实践中，培育了以公民自由为核心的共和精神，又以共和精神为动力建立了共和制度。中世纪以后，公民更多地被臣民取代。真正意义上的公民概念直到资产阶级革命胜利后才得以形成，且概念的外延扩大到全体民众。

公民与私民、臣民、人民有着不同本质。私民是指个别存在的自然人，是以其个人的私益以及因自然人身份而衍生的人际关系作为处世原则的个人，故“私民无他”，只有个人的“私利”，没有对他人及社会的责任和义务。而公民是社会性存在的人，参与社会公共事务是公民的本质内容。臣民亦称“子民”，是与传统社会等级制相伴随的政治产物，具有依附性和从属性等特征，故“臣民无我”，只有对统治者的责任和顺从，没有个人的权利。当个人在政治中不具有自主性时，就只是臣民；只有个人在政治中获得了自主性，才能作为公民而存在。人民是现代政治生活的基本概念，马克思主义认为，人民是对历史发展起推动作用的所有人们，是不同历史时期居民中的大多数。人民作为一个整体概念，强调的是人的社会态度、政治立场及其阶级属性，是由公民集合而成的共同体。公民和人民是一个问题的两个方面，只有个人对于政治国家具有公民身份，才可能有人民的存在；也只有公民集合成人民，个人才能真正具有自主性。

在政治实践活动中，公民表现出自身独特的主体性特征：其一，公民是个性自由发展的个体，并且在这种发展中造就出一种独立的政治人格。只有个性自由且具备独立人格的公民，才能适应现代社会发展的需要，才能使现代社会充满活力。其二，公民具有强烈的自我选择、自我负责的自主意识和主体能力。公民不仅具备强烈的权利意识，以及实现自己权利的行为能力；同时还具有强烈的责任观念，勇于承担自身行为所带来的一切后果。其三，公民具有强烈的参与意识和行为能力。思想独立、人格健全和道德自律不是“独善其身”，也不是不问世事，而是在此基础上积极地参与社会政治生活。

公民是权利和义务的统一体。公民政治权利是指公民参与政治生活的权利。我国公民享有法律规定的权利，主要有平等权、宗教信仰自由、人身自由、社会经济和文化教育权利等政治权利。同时，在享有权利的同时，公民必须遵纪守法，尤其是在行使权利时，不得损害国家、社会、集体的利益和其他公民合法的权益。

2. 政治家

在人类社会政治生活实践中，人们对政治家的理解有广义和狭义之分。广义的政治家是指国家最高权力机关及政治集团的领导人；狭义的政治家则仅仅指拥有国家政治权力并对社会发展发挥积极作用的国家领导人。具体而言，政治家就是指那些在长期的政治实践中涌现出来的具有一定政治远见和政治才能，掌握着政党或国家的领导权力，并对社会历史发展起着重大影响作用的领导人物。① 政治家一般都掌握核心权力，是政治管理主体的统帅，由此决定了政治家是政治力量的组织者、政治关系的协调者以及政治决策的制定者。同时，政治家一般都具有较高的战略思维水平，能够提出先进的政治理论，从而构成

① 参见杨光斌：《政治学原理》，261页，北京，中国人民大学出版社，1998。

政治力量的指导思想。纵观人类社会发展史，凡是重大的政治运动，都有政治家进行思想启蒙和组织领导。因此，历史便是政治家的舞台。

要正确认识政治家，还必须进一步分析政治家与政客、政治活动家、政治学家之间的区别。首先，政治家和政客不同。政客虽也以政治为职业，但他是为了个人或小集团的利益，热衷于政治投机，玩弄政治权术；而政治家则是代表阶级或国家利益从事政治实践的人。其次，政治家和政治活动家也不同。政治活动家往往没有自己的政治见解和政治纲领；而政治家都具有较高的理论水平，能够根据政治形势提出先进的政治理论以指导政治实践。最后，政治家与政治学家也不一样。政治学家是政治思想家和政治理论家，主要靠理论创新来影响社会，其任务是立足于政治科学进行学术研究；而政治家则注重将政治理论运用于政治实践，以达到改造现实政治关系的政治目的。

政治家的产生是时代的需要，纵观古今中外，政治家的产生主要有以下几种方式：其一是通过革命产生，即通过革命方式谋取政权而成为政治家，这类政治家以转换而来的军事家居多；其二是通过政变产生，它是政治领导集团内部斗争的必然产物；其三是通过实力产生，即通过自己的政治才干被群众推举为政治领导；其四是通过任命产生，如国家元首直接任命；其五是通过世袭产生，这是专制社会政治家的产生方式；其六是通过竞选产生，这是现代社会政治家的产生方式。不论何时的政治家，都是适应历史发展要求而产生的，是“时势造英雄”和个人主观努力相结合的结果。

作为政治生活中一支独立的政治力量，政治家在长期的政治实践中形成了自己的特征：首先，政治家是一定阶级利益的代表者和阶级斗争的领导者；其次，政治家一般都担任一定政治组织或国家机关的领导职务；再次，政治家以主导政治生活作为自己的终身职业；最后，政治家都具有远大的政治理想、高超的政治策略和出众的领导才能。

社会发展是社会矛盾运动的客观必然性和人的主观能动性共同作用的结果，因而，政治家在人类社会发展历史上起着至关重要的作用。但由于政治家各自代表的阶级利益不同，他们各自的世界观及其主客观条件也不同，因而他们的历史作用也各不相同，既可以加速社会的发展，也可能改变社会发展的方向，或者延缓社会发展的进程，甚至还可能使社会产生倒退。资产阶级政治家在一定历史时期能够代表进步的阶级，顺应社会历史的发展进行政治实践活动，从而推动了人类社会的进步，在促进民族解放运动的过程中起过积极的作用。无产阶级政治家的作用主要表现在以下几个方面：首先，用革命理论教育和武装无产阶级和人民群众，为他们指明前进的方向；其次，组织和领导无产阶级和劳动群众，根据客观形势的发展需要，制定出正确的路线、方针和政策；最后，在维护国家独立和世界和平方面发挥着重要作用。

3. 行政官僚

官僚一词最早出现在18世纪的法国，最初指所有的政府官员，而在西方文官制度建立后，它一般指非经选举的、通过考试进入政府、不受政府更迭影响的政府官员。

政治学意义上的官僚有两层含义：其一是指那些受过专门训练，履行国家职能的政府官员；其二是指所有大型组织中由受过训练的专职人员组成的行政机构。此处的官僚特指政府官员，其政治活动的主要内容是政治管理。行政官僚进入政治权力体系的主要通道是政治录用，即政治系统对社会成员和组织进行选择，包括政治系统通过选举、委任等方式使某些社会成员或组织担任适当的政治角色，以及政治系统给予某些社会成员一定的鼓励，促使其参与政治实践活动，担任必要的政治角色。

在许多西方国家里，政治家和公务员的角色有非常大的区别。一般来说，政治家是通才，关心权力的操纵、利益的平衡、意见的形成及其政策的制定，他在权力场中或升或降。相反，公务员被期望保持政治中立，他被期望从政治压力中摆脱出来，在拥有各种各样政治观点的政治家中间履行其职责，并根据各种原则被任命，基于普遍的限定资格得到提升，他的工作一般被限定于某些特定的任务。

马克思主义的国家学说认为，氏族社会的社会公仆到了阶级社会蜕变成社会的主人，官僚的出现标志着作为特殊利益阶级的“社会主人”的产生。社会主义公有制的建立，却从根本上动摇了“社会主人”存在的基础。社会公仆是社会主义国家公职人员的本质特征，充当社会公仆还是社会主人，是无产阶级专政同剥削阶级专政的根本区别。尽管社会主义国家也存在官僚主义的可能，但社会主义必定是消除官僚主义的历史阶段。我国长期推行的国家干部制度以及现在所实行的国家公务员制度，都是按照人民公仆的角色要求每一位国家机关工作人员的。

政治关系

政治关系是指政治主体之间围绕国家政权进行政治实践而产生的社会关系，是政治主体在政治实践中形成的稳定联系，其核心是政治权力和政治权利。在阶级对立社会，政治关系的实质是阶级关系，其他政治关系本质上都是阶级关系的社会延伸。从阶级对立社会向社会主义社会过渡的历史阶段，政治关系的重心有一个发展变化的历史过程，呈现出从国内政治关系向国际政治关系的位移，从阶级关系向民族关系的转型。

第一节　政治权力

政治关系是围绕着国家权力而形成的社会关系，"围绕国家权力"是政治关系的根本标志，离开国家权力就谈不上政治，离开国家权力所形成的关系本质上也不是政治关系。因此，政治权力是政治生活的核心，只有把握了政治权力的本质，才能把握政治关系的本质。从政治权力历史发展的轨迹来看，原始社会的公共权力演化为阶级社会的国家权力，再到社会主义社会国家权力的社会回归，勾勒了公共权力演进的历史逻辑。

一、政治权力的内涵

权力作为一个历史范畴，具有明显的时代烙印，在不同的历史阶段，权力有着不同的内涵。从词源学上讲，"政治权力"源自"权力"一词，而"权力"源于法语 pouvoir，而法语的渊源为拉丁文 potestas，意指"能力"，作为词根的 potere 其本意是"能够"。① 近代以来，西方政治思想家给政治权力一词下了多种定义，概括起来主要有以下两种基本观点：

一种是"能力说"。其基本观点认为，政治权力是处于政治系统的政治人将自己的意志强加于他人的一种力量，它的核心要素是能力，强制性是其最显著的特征。亚里士多德是这一观点最早的倡导者，他在《政治学》中指出，权力不仅是某些人统治另一些人的权

① 参见［英］戴维·米勒、韦农·波格丹诺：《布莱克维尔政治学百科全书》，595 页，北京，中国政法大学出版社，1992。

利，而且是某种实际的力量，这一主张对其后的政治学研究产生了重大影响。文艺复兴之后，西方学者都致力于从此角度阐释政治权力。霍布斯把“权势”理解为“一种实际的力量”，把作为国家“政治权力”象征的“伟大的利维坦”理解为“运用全体的力量和手段的一个人格”。洛克把“政治权力”称为“共同体的力量”①。卢梭认为“国家权力”是“一切个人力量的联合”，是“一种普遍的强制性的力量”②。马克斯·韦伯则主张，“权力意味着在一种社会关系里哪怕是遇到反对也能贯彻自己意志的任何机会，不管这种机会是建立在什么基础之上”，因此，“政治权力”就是“统治”，它被国家这种“强制性”机构垄断。③ 新马克思主义者波朗查斯认为，政治权力标志着“一个社会阶级实现其特殊的客观利益的能力”④。在国内，这种主张也有代表，如杨百揆认为政治权力就是“人为地影响或支配他人的行为的强制性力量”⑤；李景鹏认为政治权力就是“政治主体对一定政治客体的制约能力”⑥。

另一种是“关系说”。其基本观点认为，政治权力是一个关系范畴，它表示的是政治权力主体同政治权力客体间的主动意志施加与被动意志接受的关系，主客体双方的关系状态是最重要的因素。纯粹法学派创始人凯尔森就主张，“一个人有控制另一个人的社会权力这一事实，体现了前者有能力使后者按照前者所希望的行为行动。但是社会意义上的权力只有在调整人的行为的规范性秩序的体制内才是可能的。……社会的或政治的意义上的权力，意味着权威和上级与下级之间的一种关系”⑦。而这种关系就是政治秩序内的命令—服从的关系，它是政治权力的核心。英国著名教育社会学家马丁认为，“权力是指表示非利己行为，表示对非利己行为本身的服从的各种象征”，“权力关系直接取决于两个因素：不对称依赖和难以摆脱控制”⑧。美国思想家阿道夫·贝尔、西奥多·A·哥伦比斯和杰姆斯·H·沃尔夫等也持这种主张。在国内，持这种观点的往往把它同能力中心说结合在一起运用。如北京大学政治学学者王浦劬先生认为：“政治权力实际上是在特定的力量对比关系中，政治权力主体为了实现和维护自身的利益而拥有的对政治权力客体的制约能力。”⑨

以上两种观点虽着眼点不同，但都从不同角度揭示了“政治权力”的本质特征。但“能力说”实际上只强调权力主体的意志强加性，而忽视了政治权力本质上是一种关系这一事实，政治权力的意志强加性是建立在权力主客体双方处于一定关系状态的前提下的。同前者相比，“关系论”实际上隐含着这么一种发展方向，即一定条件下权力主体与权力客体的命令服从关系会发生变动，甚至会有反向的“权力线”，亦即客体对主体施加“权力影响”现象的存在。

我们认为，政治权力是政治生活中带有强制性的一种影响与被影响、支配与被支配、

---

① ［英］洛克：《政府论》，4、95 页，北京，商务印书馆，1964。
② ［法］卢梭：《社会契约论》，2 版，41 页，北京，商务印书馆，1980。
③ 参见［德］马克斯·韦伯：《经济与社会》，上卷，81、82、263～264 页，北京，商务印书馆，1997。
④ ［希腊］尼科斯·波朗查斯：《政治权力与社会阶级》，108～109 页，北京，中国社会科学出版社，1982。
⑤ 杨百揆：《现代西方国家政治体制研究》，3 页，北京，春秋出版社，1988。
⑥ 李景鹏：《权力政治学》，33 页，哈尔滨，黑龙江教育出版社，1995。
⑦ ［奥］凯尔森：《法与国家的一般理论》，213 页，北京，中国大百科全书出版社，1996。
⑧ ［英］罗德里克·马丁：《权力社会学》，105～106、121 页，北京，生活·读书·新知三联书店，1992。
⑨ 王浦劬：《政治学基础》，2 版，65 页，北京，北京大学出版社，2006。

制约与服从的关系。应该从如下三个维度全面把握政治权力：首先，政治权力是一种公共权力，是公共权力在政治领域中的特殊表现，反映的是政治主体之间的不平等关系，代表的是人对人的一种带有强制性的支配与服从的关系。其次，政治权力主体是占有或行使权力的政治人，主要是指国家，即统治阶级和具体的体现者——政府。最后，政治权力的目的主要表现为利益，这种利益可能是物质的，也可能是精神的，或二者兼而有之。利益诉求在实际政治过程中转化为权力主体的政治意志，从而施加于权力客体。

政治权力的根本性质取决于特定社会关系的性质，就全社会范围来讲，政治权力的根本性质和特定的社会形态联系在一起，这表明政治权力的本质属性是阶级性，其具体特征主要包括以下几个方面：

第一，强制性。政治权力的强制性表现为政治权力主体可以运用国家暴力机关依法强制执行自己的政治意志。正如恩格斯所言，“构成这种权力的，不仅有武装的人，而且还有物质的附属物，如监狱和各种强制设施”①。强制性确保了单向性，政治权力对任何个人都具有强烈的支配作用，而个人对公共权力则只能服从。第二，工具性。政治权力总是在主体利益的驱动和主体意志的指导下实施的，因而具有服务于主体目的的工具性。相对于政治权力主体的根本目的而言，政治权力本身则只具有工具性的意义，是实现主体利益的工具。第三，稳定性。政治权力一旦获得，政治主体必然要以各种手段将这种权力关系尽可能长久地维持下去，以保证政治主体的意志能够持续地发生作用。第四，组织性。政治主体为了实现某种政治目的，总是要建立一种政治组织，并赋予这些组织政治权力。政治组织的权力具有整体性，它的威力比一般社会权力要大得多，因而成为政治主体争夺的主要对象。

另外，政治权力还具有垄断性和公共性等特征。垄断性是指政治权力只能由专门机构和特定社会成员独享；公共性是指政治权力存在于社会的公共领域，以处理公共事务为基本内容，并以全体成员为服务对象。

二、政治权力的构成

政治权力的构成是指具有自我运行能力的政治权力的构成要素。一般而言，政治权力包含着以下要素：

第一，政治权力的主体和客体。在一定的政治关系中，处于主动和支配地位的政治主体是政治权力主体，而处于被动和被支配地位的政治主体是政治权力客体，两者是相对存在的。一般来说，政治权力主体主要是国家。此外，各社会阶级、政治集团和社会集团、有组织的和无组织的群众、各种政治个体等，也可以成为政治权力主体，同时也可以成为政治权力客体。在某种特定条件下，通过互相作用，权力主客体的地位可以互易。

第二，政治权力的目标和中介。政治权力主体通过政治权力所要实现的目标，集中表现为政治权力主体所要实现的政治利益。这种政治利益构成政治权力运行的内在动力，使政治权力主体的政治意志不断转化为支配意志而施加于政治权力客体，以期得到其所追求

---

① 《马克思恩格斯文集》，第4卷，190页，北京，人民出版社，2009。

的政治利益。政治权力中介是在政治权力主体和客体之间起信息和能量传递作用的权力媒介。

第三，权力作用的方式和程序。这是政治权力构成的形式要素。政治权力主体对政治权力客体作用的方式和手段是多样的。强制性的支配，可以是直接采用暴力的方式镇压反抗，或是以暴力为后盾的威慑手段，或以威慑为后盾的法律制裁，或以法律为后盾的行政命令等。半强制性和非强制性的支配，可以是依靠财富实行的奖惩，或依据宗族制度进行的支配，或依靠人们对权威的崇拜施加的影响，或运用咨询性的知识施加的说教等。因此，政治权力主体必须建立政治权力正常运行的规则和程序，以防止权力运行的混乱和失灵。

政治权力作为一种支配和控制力量，构成了人类社会政治生活的核心内容。从政治关系来看，政治权力是实现政治主体利益要求的政治工具，是人们获得政治权利的必要条件和力量后盾。政治权力是人类社会政治生活的核心内容，人们的政治行为都以政治权力为中心内容展开。政治统治和政治管理都是运用政治权力来实现的，人们的政治参与都是通过特定方式影响政治权力来实现自身利益要求的。因此，“政治权力不过是用来实现经济利益的手段”①。社会政治体系是以政治权力为核心力量的，它极大地推动了社会生产力的快速发展，社会政治文化就是以政治权力为价值取向的，因此，政治权力是主导人类社会生活的政治轴心。

三、政治权力的运行

政治权力的运行是指政治权力系统各要素相互作用的动态过程，是权力运行规律性与权力主体能动性的有机统一。

1. 政治权力的运行方式

政治权力的运行方式包括表现方式和作用方式两个维度。政治权力的表现方式主要有两个方面：一方面是体现国家意志的法律、政策和命令。政治权力要发挥作用就要依靠一整套运行程序和制度，而制度化的运行常常表现为法律规定，同时又依靠政策来维持。另一方面是实施政治意志的政治机构。政治权力的力量往往通过法律政策的制定和执行才能表现出来，这就需要具体的制定和执行法律政策的机关，即军队、警察、法庭和行政机构等，潜在的权力只有通过这些工具才能显现出来。

政治权力作用方式有三种，即和平方式、暴力方式和准暴力方式。和平方式是政治权力作用的主要方式，主要包括：发表政见，选举活动，院外活动以及日常管理和奖励措施等。在一般情况下，政治权力是不使用暴力的，只有当和平方式不能奏效时才使用暴力。暴力方式主要包括：武装起义、暴力革命、军事政变以及篡权暗杀等恐怖活动。准暴力方式又称为压力方式，它介于上述两种方式之间，常常通过一定途径来显示自己的力量，造成一种压力，迫使对方服从自己的支配，如国家众多的惩罚措施，政党社团组织的集会、游行、罢工等均属此类。

---

① 《马克思恩格斯文集》，第4卷，305页，北京，人民出版社，2009。

2. 政治权力的运行过程

政治权力的运行过程是指政治主体为了维护和实现自己的政治利益，通过自身的努力而获取政治权力、行使政治权力和维护政治权力，直至政治权力的终结的过程。

第一，政治权力的获取。政治权力的运行是从政治权力的获取开始的。总的说来，政治权力获取的方法可以分为暴力和非暴力两种方式，具体表现主要有革命、政变、篡权、委托、契约、继承、任命等方式。现代政治生活的政治权力，更多的是通过政治竞争方式获取的，这是现代社会政治权力获取的主流方式。

第二，政治权力的行使。政治权力是在使用过程中发挥作用的，它构成了政治权力运行的主要环节，可分为强制性行使和诱导性行使两种方式。强制性行使权力是指政治主体采取诸如刑罚、禁锢、流放、死亡威胁等手段，对权力客体进行威胁迫使其接受权力的指向，从而服从权力的支配，这是一种单极单向的权力关系。诱导性行使权力具有管理权力的特征，要求系统完整的权力制约机制与之伴随，可分为物质诱导和精神诱导两类。在政治权力的诱导性行使过程中，政治权力主体和客体之间形成双边控制关系，在权力行使过程中有权力客体的意志介入。

第三，政治权力的维护。政治权力在运行过程中会受到来自系统内外的各种挑战和威胁，因此政治权力主体需要维护自身拥有的政治权力。维护和巩固政治权力是获得政治权力的继续，也是行使政治权力的保证。政治权力主体维护政治权力的方法具有多样性，主要有打击政治对手、强化权力基础、调整权力关系、建立统一战线等。

第四，政治权力的终结。政治权力的终结是指政治权力主体失去了对政治权力的拥有和控制，丧失了政治权力的主体性地位，它仅是特定的政治权力主体失去拥有权力的资格，而不是政治权力本身被消灭。从政治实践维度看，政治权力的终结大体可分为被迫式、主动式和按既定程序移交式等方式。其中，被迫式有革命方式和政变方式；主动式也有辞职方式和禅让方式；按既定程序移交式主要表现为选举制。

四、政治权力合法性

政治权力主体在获得政治权力并对客体施加影响时，必须经过权力客体的认同和支持，必须对自身做出说明和论证，为此产生了政治权力的形成基础问题，即政治权力的合法性问题。所谓合法性，就是指政治权力客体对政治权力主体的认可和服从，其关键是政治权力主体“为何”获得政治权力，以及“如何”获得政治权力等问题。

政治权力合法性是一个历史的范畴，随着政治实践的不断发展和政治文明的历史提升，政治权力合法性基础逐渐呈现出由刚性基础向柔性基础转化、由人治基础向法治基础转化、由单一基础向多元基础转化的历史趋势。

在古代社会，压力征服和强制统治一直是统治者取得和执行政治权力的主要途径和方式，但赤裸裸的强制措施在事实上并不能获取合法性基础；在中世纪的欧洲和封建社会的中国，统治者借助“君权神授”，从神灵那里获得了神圣的终极合法性基础；随着启蒙运动和现代科学的发展，神圣合法性逐渐被抛弃，合法性基础由意识形态为主的古典型让位于实际绩效为主的现代型，绩效成为现代社会合法性基础的直接来源。由于绩效不具备“长期有效性”，因此，在当代西方发达国家的政治实践中，政绩合法性基础逐渐被法理合法性基础取代，法理合法性成为最强势的政治资源。然而，20世纪资本主义面对经济危机和世界大战，法理合法性在终极意义上发生了重大危机，民众对统治者期望值空前增加，法理合法性遭到质疑。

面对法理合法性资源的困境，西方学者开始修正现代性“祛魅”在合法性基础问题上的缺失，一方面将政治权力合法性基础的来源选择同一定社会的发展水平联系起来；另一方面将政治权力的合法性基础进行多元整合，抛弃以前的单一性基础。一般来讲，政治权力的合法性基础来源有以下几个方面：

第一，政治主体的政治成就。政治权力的合法性不在于统治者说了什么，更重要的是在于统治者实际上做了些什么。人们对政治权力的认可是由于人们认为政治系统能给他们带来持续的经济增长，相信能够得到实际的经济利益。由此可见，对于渴望满足物质生活欲望的阶层，绩效资源是执政者取得合法性基础的直接途径。

第二，意识形态的政治训导。政治权力主体利用统治阶级的意识形态中介，实现对整个社会思想意识的支配与控制，从而在人们的理性信仰方面获得对于政治权力的普遍认可。同时，政治权力主体通过意识形态把自身的利益说成是全社会的公共利益，从而使执政者的政治权力获得民众的认同，最终实现合法化。

第三，政治活动的既定规则。执政者并不是获得了政治权力就具有了合法性，政治权力的获得和运行还必须遵循既定规则。在传统社会，皇帝的加冕标志着权力的有序转移；在现代社会，这一合法性通常由法律制度提供，人们信任法律的正当性，他们服从的是法律而不是执政者。另外，人们愿意信任受到制度保证的政治权力，并且政治制度越复杂，政治体系越稳定，政治合法性更容易得到认同。

第四，政治生活的民主机制。处于社会等级底层的政治主体如果没有机会向上流动，就会产生不满。这些被排斥在高层政治资源范畴之外的政治主体，将会变得难以控制并且不愿接受现存体系的传统权威。民主的政治生活以法律形式规定人民行使的权力和享有的自由，民众既可以依法参与政权，也可以依法监督政权运行。因此，只有建立起完善的民主机制才能赢得人民的广泛信任，从而自觉地把对政治权力主体的服从当作自己的义务。

第五，政治领导的个人魅力。在现实政治实践中，公共权力是由扮演公共角色的官员来执行的，必然要求其成为人民真正的仆人，才能受到人民的信任。因此，政府官员的权力地位之所以具有合法性，其原因就在于政府官员使公民所具有的权利有了实现的可能。① 首先，政府官员作为具体权力的执行者，必须具有相应的职权；其次，现代科技的发展必然要求政治领导具备相应的现代素质，以适应其职位的需要；最后，具有良好品质的政治领导往往会成为公众支持的对象，进而形成一种有助于增强亲和力和感召力的个人权威。

在政治多极化进程中，国家之间的政治互动，发达国家往往把自己的政治价值观强加给发展中国家。而发展中国家的执政主体要巩固执政地位，就必须把各种合法性资源进行整合以弥补各自的局限。只有这样，才能有效构筑政治权力主体的合法性基础，巩固政治权力主体自身的执政地位。

---

① 参见［美］丹尼斯·朗：《权力论》，39页，北京，中国社会科学出版社，2001。

第二节 政治权利

政治权利作为政治生活的基本内容，归根到底是由一定社会的政治权力决定的，它随着政治权力的产生而产生，又随着政治权力的发展而发展，并且以政治权力的获得为实现自身的前提条件。

一、政治权利的内涵

“权利”一词是人类文明史上的古老概念。虽然古今中外对权利的定义各有所指，但归纳起来，权利本质上是一种社会利益的分配关系。政治权利作为权利的最高层面，有其自身的特殊内涵。

1. 政治权利的含义

在中国的典籍中，权利主要是指权势和财物；西方语境中的权利有两层含义：一是正确的、正当的；二是指某种资格。近代以来，由于人权成为资产阶级反对封建统治、维护自身利益的思想武器，因此西方对权利的解释也日益增多，形成了天赋权利说、权利自由说、权利利益说、权利力量说、权利平等说等。但由于其阶级局限性，这些观点都未能准确阐释权利的本质内涵。

马克思主义经典作家在批判资产阶级权利观的过程中，阐明了科学确定权利内涵的基本原则。首先，权利是人们之间关系的法律形式。权利是在特定的社会经济基础上，由社会公共权力确定的社会成员获取自身利益的特定资格。权利归根到底是由一定的社会经济结构和社会关系决定的。其次，权利有其具体的历史内容和运动本性。人权不是天赋的，而是历史地产生的。[①] 权利总是有其具体的社会历史内容，权利在阶级社会中表现为阶级内容和阶级属性，权利随着社会历史的发展而与时俱进。最后，权利是统治阶级意志在法律中的体现，是政治权力的历史延伸，反映了统治阶级的利益需求。同时，权利和义务是辩证统一的，**“没有无义务的权利，也没有无权利的义务”**[②]。

根据上述原则，我们可以将政治权利界定为社会成员实现利益分配的政治资格。这种政治资格，可从以下几方面理解：

第一，政治权利本质上是政治权力主体成员个体利益与全体成员共同利益之间的关系。任何政治权利都是根据政治权力主体成员个体利益与全体成员共同利益的关系构成的，单个成员实现政治权利就是从这种关系中去争取和实现自己的利益。

第二，政治权利是政治主体政治权利和政治义务的有机统一。政治权利和政治义务是不可分割的对立统一体。首先，从利益实现来看，政治权利表现为社会成员为实现自身利益在法定范围内拥有进行政治活动的自由；政治义务则是社会成员在实现自身利益过程中对社会和他人承担的职责。其次，从政治活动来看，政治义务是实现政治权利的基础，政治权利则是履行政治义务的前提。再次，政治权利与政治义务在量上是等值的，且都需要

---

① 参见《马克思恩格斯全集》，中文1版，第2卷，146页，北京，人民出版社，1957。

② 《马克思恩格斯选集》，2版，第2卷，610页，北京，人民出版社，1995。

有强制的法律做保证。最后，政治权利和政治义务的最终指向都是政治利益的实现。

第三，政治权利是对社会成员一种特定的身份规定。政治权利的内容就是参加政治“共同体”，人们有资格在政治共同体的政治生活中进行活动，要求自己的利益得到政治权力的保障。另外，政治权利是在政治生活中实现利益要求的身份和资格，而不是利益本身。

第四，政治权利以政治权力为先决条件和后盾力量。政治权利是政治权力在其主体成员政治身份资格上的体现。因此，政治权利的获得必须以特定政治权力的确立为先决条件，其政治权利的实现也必须由政治权力来保障。

2. 政治权利的特征

政治权力的根本性质决定着政治权利的根本性质，政治权利还体现了不同于政治权力的本质特性。

第一，规范性。政治权利的规范性主要体现在以下几个方面：首先，法律所规定的政治主体允许做什么和不允许做什么，表明了政治活动的范围、方式和性质。其次，政治权利规范主体成员之间的关系，凡是规定为特定政治主体的政治权利，其他主体成员不得侵犯，并不得妨碍特定政治主体政治权利的行使。最后，政治权利的确立，意味着对公民与国家、公民与政党、政党与国家、国家与国家等关系的规范。任何公民、官僚、政党都不得侵犯特定主体的政治权利。

第二，自主性。政治权利主体既可以是个体也可以是群体，但无论是个体还是群体都具有自主性。所谓自主性，就是指权利是否行使、如何行使完全由权利主体来决定。权利主体是从自身利益出发来行使权利的，没有自主性，也就没有了政治权利。

第三，发展性。政治权利是随社会生活的发展而不断发展变化的。比如对国家直接管理的权利就经历了“政府自命→议会选举→全民公决”的发展过程。另外，政治权利只有与所有权等经济权利相结合，才具有实际意义。

第四，工具性。政治权利作为一种工具性价值，体现为对人的关怀和关注，体现了正义、平等、公正、自由的政治理念。政治权利是人的全面发展的表现，是人民当家作主的体现，又是获取其经济社会利益的手段，为最终达到人的全面解放提供了前提。

二、政治权利的构成

政治权利作为一个历史概念，其内容随时代的发展而发展。同时政治权利作为人们参与政治生活的价值目标，其内容是具体的而不是空洞的抽象物。具体而言，政治权利的内容主要包括以下几个方面：

1. 对公共事务的决定权

所谓公共事务，是指由个体（公民）集合而成的共同体的事务，关涉每一个体而又非个人事务，亦即“公民的共同事务”。公共事务应该按少数服从多数的原则由公民共同决定，由此形成公民对公共事务的决定权。由公民决定的公共事务主要有：

选择公共权力的行使者。共同体中需要分离出少数人来具体行使公共权力以处理公共事务，因此在共同体中存在对公共权力行使者的选择。这是最基本的一项公共事务，选举权就是用来决定这一项公共事务的权利。

决定公共利益分配。分配利益是另一项基本的公共事务，必须采取制度化的分配方式，制度设计本身就是公共事务。现代社会利益分配更多采取的是法律形式，因此，决定利益分配的权利更多表现为立法活动。

决定特定事项。决定资源增益是决定特定事项的主要内容。一定社会资源的既有总量相对于主体需要总是匮乏的，因此，在以法律形式分配利益之后，还需要做出资源增益的决定，以使利益得到最大程度的实现。通常资源增益的决定是由代议机关做出的，但有一部分被认为极为重要的资源增益决定，不由代议机关做出而是由公民投票加以决定。

由公共权力行使者的选择权、公共利益分配权、特定事项决定权构成的公共事务决定权，乃是公民政治权利最为基本的内容。

2. 对国家权力的监控权

国家权力的实际运行存在着违背共同体意愿的可能性，因而有必要对国家权力实际运行加以监控，从而尽可能避免国家权力运行损害公共利益，或在损害发生之后降低和减少损害的程度。监控权具体表现为：

罢免权。这是当公职人员平庸无能甚至渎职枉法时，公民以共同意愿剥夺国家公职人员作为国家权力行使者资格的权利。

复决权。这是公民对代议机关的立法行为加以纠正的权利。公民通过投票以最终决定，由代议机关通过的法律能否具有法律效力。这是制约代议机关职权运行的政治权利。

请愿权。也可称之为批评建议权。这是公民向国家机关及其公职人员就其权力行使行为提出异议并希望其改进，或提出建议并希望其采纳的权利。

3. 担任国家公职的权利

公民参与政治生活并不限于参与对公共事务的决定，还包括担任国家公职等内容。每一公民都有权根据自己的意愿依照法定标准并经法定程序，使自身成为公共权力的行使者，从而参与国家权力的运行，这就是公民担任国家公职的权利。由于国家权力的运行，直接关系到公共利益与个体利益的实现状况，因此，公民参与国家权力的运行，具有参与决定公共事务所不可替代的意义。

4. 公民联合行动的权利

公民不仅可以纯粹以其个人行为参与政治生活，也可以与具有共同意愿的其他公民联合参与政治生活，这就是联合行动权。联合行动不仅使公民在政治参与中具有影响政治生活的更大可能性，而且可以在参与中获得归属感。具体的联合行动权有：

政治结社权。即公民出于政治目的，以共同的政治意愿组织或参加政治团体的权利。政治结社是具有持续性的联合行动，能使公民更有效地参与政治生活。

游行示威权。这是不特定的多数公民出于共同的政治目的，对外尤其是向国家机关表达其共同意愿的权利。

发表政治见解权。这项权利是公民以个人行为即可行使的权利，似乎与联合行动无关。但实际上，发表政治见解的目的总是希望自身的政治见解能为他人所接受，并进而实施相同的政治行为，这是一种隐型的联合行动。

5. 政治生活知情的权利

知情权的意义在于：一方面，知情权作为手段，是公民行使其他政治权利的前提；另一方面，政治生活也就与每一个公民直接或间接相关，每一个公民都应拥有政治生活的知情权。

按照我国《宪法》规定，当代中国公民的政治权利包括平等权、选举权和被选举权、政治自由、批评、申诉、控告或者检举的权利，这是我国公民政治权利的宪法体现和法律保障。

三、政治权利的功能

政治权利作为一种重要的政治现象，在政治实践过程中，对激发政治主体参与政治生活、维护社会稳定、建设民主政治、提升政治文明等均有重要作用。

第一，政治权利有利于激发公民的政治热情和培育公民的公共精神。人类个体不仅必须向社会付出一定代价，而且也能够从社会中获得一定的利益。如果没有权利的确定，那么个人的得利，既不是合乎必然的合理要求，也不会得到法律的有效保证。个人对社会输出与输入的失衡，会从根本上挫伤人们的积极性、主动性和创造性，也会彻底瓦解人们的公共精神，并最终培育出损人利己、损公肥私的不良社会风气。政治权利的出现保证了社会输出与输入系统的平衡状态，人们对社会付出的代价，局部对整体付出的代价，最终将使社会和集体的公共财产得到增值，而增值后的公共财产又通过权利系统分配给个人或局部，而且增值的效果要远远大于个人单独为自己付出代价的收获物。在这样的社会背景下，人们的积极性、主动性和创造性就会进一步激发出来，人们也从根本上养成了维护公共财产的公共精神，人们将越来越愿意通过公共渠道的代价付出来谋求社会和个人的共同发展。

第二，政治权利有利于维护社会的和谐稳定和实现利益的深度融合。权利如果仅仅给出了人们追求利益的自由，那么，不同的权利主体就会由于利益矛盾而纷争不已，人们的生命、财产及人格尊严时时刻刻都可能由于他人的肆意妄为而不复存在，这样，人们实际上就完全失去了获得利益的任何权利。因此，权利绝不仅仅意味着自由，而且包含一定的地位和关系，使人们知道自己究竟在哪些领域、哪些方面是自由的。如果权利在给予人们追求自由的同时还给自由设立了种种限制，并且赋予自由及其种种限制以严肃的尊严和神圣不可侵犯的地位，那么人们自然就会坚持自己的自由并尊重他人的自由，人们之间的利益和地位不再依赖彼此之间弱肉强食般的无穷争斗，转而依赖于公共性质的权利规范。可见，权利不仅结束了人类社会由于利益斗争而彼此敌对，甚至四分五裂的局面，而且还把人类社会的各个部分有机地结成一个整体，更有力地维护了人类社会各个部分共存共荣的稳定局面，更加有力地推动了人类整体及其各个部分的共同发展。

第三，政治权利有利于激发公民的主体精神和构建权力的制约机制。权利主体从神圣不可侵犯的权利中获得的不仅是具体的利益，而且还获得了社会主人的主体意识，并进一步激发了权利主体以权利为依据制约权力的崇高责任感和政治主动性，从而使权利主体从维护自己的切身权利发展到维护权利本身。权利主体为了维护自己已经获得的神圣不可侵犯的利益，必然会竭力抵制权力在职能、界限和力度等方面的变更，从而对权力形成有效制约。权力主体必须在权力行使之前与权利主体进行对话和沟通，从而有利于形成权力和权利之间互动的良性社会机制。

第四，政治权利有利于形成宽容的生活方式和共建共生的政治生态。任何个人的自身追求与他人追求是等同的，必须相互尊重。承认政治权利也意味着要将“利己而不损人”作为自己行为和人际交往的基本准则，给别人一个与自己同样的生存空间，使宽容成为人的基本心态。政治权利使政治主体从损人利己的狭隘意识中解放出来，让“共存共赢”成为现代政治生活的基本理念，从而构建多元主体“政治共生”的政治生态。

第五，政治权利有利于规范国家的政治权力和建设民族的政治文明。民主政治以公民政治权利的存在为前提，以政治权利的实现为内容，不论是直接民主还是间接民主都是如此。所以，任何以民主制度自命的政治制度都必须以维护公民权利为己任，否则就会失去民主政治存在的合法性。政治权利作为当代世界各国政治发展的基本目标，意味着承认公民政治权利的客观性，也表明了国家权力的有限性，即在二者的博弈过程中对国家权力进行自觉的限制，这是当代政治文明发展的基本趋势。

第二篇

政治意识

人类社会的政治系统可分为政治存在和政治意识两大部分。如果说，政治存在标志着人类社会政治生活的物质方面和物质过程，那么，政治意识则标志着人类社会政治生活的精神方面和精神过程。政治存在是政治意识的物质根源，政治意识是政治存在的观念反映，政治存在与政治意识的双向互动，构成了人类社会政治生活的立体形态。政治思维是政治意识的理性基础，政治文化是政治意识的表现形式，意识形态是政治意识的核心内容，政治意识对政治存在具有能动的政治作用。

政治思维

政治思维作为政治研究的理性工具，是人们思考政治问题的一种思路、指向和定式，它是人们政治研究思维历程的逻辑沉淀。一般而言，研究方法是思维方式的前提和基础，思维方式是研究方法的内化和积淀。政治思维作为人们政治实践的内导力量，体现着人们对政治问题把握的基本思路，利益思维和战略思维构成了政治思维的典型代表。

第一节　利益思维

人类社会利益的最初形态是以共同利益（common good）形式呈现的，原因在于人类历史发展的最初阶段，个体意识并不存在，而是以群体意识的形式存在的。在资产阶级革命之后，个体意识开始形成，也就形成了个人利益，从而产生了近代社会个人主义思潮的生成背景。在社会空间分化后，人们对于公共（public）利益的诉求同时进行着，那么利益也表现为公共利益（public interest）形式。我们可以看出，利益的本质表现为一种社会关系，从而构成了政治关系的生成基础。

一、政治利益的本质

利益作为人的需求与人的存在相伴而生，只是在不同的时期表现为不同的形式。美国学者道格拉斯用 common good 表达利益，这是一种共同利益，表明它是一个前现代的词汇，表征着共同体的一种共同善业。common good 向共同体成员提出的要求就是，如果共同福祉与个体福祉发生冲突，那后者就要让路。当然，只有在共同体处于危机的情况下，成员才能做出牺牲，即使这种情况，也只能证明二者的密切联系，人们拥有的是共同体意识而没有个体意识。在绝对国家生成过程中，随着君主和王室攫取了共同体的主权，也随之掌握了 common good 的支配权，并把它等同于王室的特定利益，使 common good 变成王室利益的代名词。随后新兴资产阶级也发现了这其中的革命性，认为要实现自己的利益就要与 common good 相对抗，他们的武器就是反王室的 public interest。

public interest 之所以不同于 common good 的内涵，是因为两个概念建立的基础不同，前者是在个体得以解放背景下建构的概念，这点我们从启蒙思想家的研究中可以考证。霍布斯最早提出“自然状态”，即个体在追求个人利益时与他人展开了竞争，契约保证了这种竞争的秩序化，个体让渡部分权利形成主权，当一部分人被选拔出来掌握主权时，就形成了近代意义上的公共权力，这时 common 就演化成 public 属性了。近代个体之间是冷冰冰的利益关系，而之所以社会得以运行进展，是法制和契约的功劳，即人们自觉在个人利益基础上寻求公共利益。

可以看出，利益在最初是以共同福祉的形式出现的，因为没有个体意识也就不称其为近代意义上的个体利益了。作为资产阶级革命的成果，个体观念终于形成，个体利益也就具有形成的思想基础。为了保证共同体的正常运行，共同福祉在这时以另一种全新的形式出现，即公共利益。因为形成基础的不同，我们就可以判断共同福祉与公共利益的根本不同。但是，无论是以“共同利益”还是以公共利益的形式出现，总是反映了一种社会关系，或者可以说，政治利益的本质是一种社会关系。

人们对利益的认识是一个不断觉醒的历史过程，并因此而框定了不同性质的社会关系。在农业社会，如果我们将当时人们在共同体内的需求称为“利益”，那这种“利益”则是一种共同福祉，由于个体观念尚未形成，分工活动刚刚起步，人们之间的关系是同质的，亦即社会关系更多表现为这种同质性，相比较而言，此时的“利益”对社会层面的意义来讲是良性的。近代时期，在资产阶级革命和个人主义思潮的大背景下，个体意义上的利益观念开始形成。与此同时，公共作为一种价值观念，作为一个学术范式，也在现代化过程中被创设出来，从而成为近代学者用以进行理论研究的理性工具，这样就在个人利益中提炼出公共利益的共有成分。孟德斯鸠是启蒙思想家中最早根据财产权来定义公共利益的。卢梭提出了公意概念，他所理解的公共利益不是一个抽象概念，而是具有对抗特性的批判概念。总体看来，启蒙思想家所看到的不再是共同而是公共的问题，此时的利益关系也就演化成对公共利益的政治追求。

在近代时期，自我概念一直执掌着中心学术话语权，也正是自我概念的统治地位，近代社会因而被理解为单子化的社会，个人主义思潮也从此形成，这也给理论研究和实践安排带来了困境。譬如我们这里所讲的利益，诸多思想家都从个人主义出发去探讨利益问题。亚当·斯密虽然寄希望于“看不见的手”去帮助“不道德的社会”，但每个仅出于自我利益考虑的个体，进入市场后就出现了机制失灵，这种失灵是弗格森提出的恢复古代美德社会措施所无法挽救的。黑格尔懂得辩证法，用国家所代表的普遍性去纠正以往个人主义的特殊性，因而提升了国家的政治地位，从某种意义上讲，也就是提升了公共利益的政治地位。自此，公共性进入人们的学术视野，利益也就采取了一种公共形式。

可见，政治利益是一种社会关系。在阶级社会，政治利益具有强烈的阶级属性，统治阶级把共同利益变成了自身拥有的阶级利益，并以共同体公共利益的形式出现，而以国家政权作为利益维护的政治工具，这正是人类社会阶级矛盾的利益根源。人类社会的利益矛盾也从此升华为阶级矛盾，从而形成了阶级斗争的政治实践。由此可见，利益在演化的过程中表现为不同的形式，反映了不同的社会关系。因而，政治利益是人类社会政治关系的核心内容，也是人类社会政治实践的原初动因，表征着人类社会利益思维的社会基础，代表着人类社会政治意识的逻辑起点，从而构成了人类社会政治生活的价值追求。

二、利益思维的特征

利益思维是政治实践活动的逻辑内化，也是政治理论研究的思维沉淀。在人类社会历史发展过程中，利益成为政治活动的主导轴心，它内化和沉淀到思维之中，必然形成以利益为轴心的思维方式，从而形成了政治主体的利益思维。利益思维是一种典型的政治思维，其主要特征表现在以下几个方面：

1. 思维内容的客观性

利益作为人们政治行动的价值导向，构成了人们利益思维的全部内容，这种内容不是空洞的抽象物，而是现实的客观存在。人是客观的社会存在物，人的利益从产生到发展都是客观的，其发展规律也具有客观性。利益的实现有着一定的客观物质基础，它的产生来源于人的自我存在，它的存在依赖于外部自然条件。利益产生的动因、利益自身的内容及其满足需要的方式，都有其客观性。

一方面，从利益的内涵看，物质利益最基本的是衣、食、住、行等方面，是客观实在的东西，是人实践活动创造的生存条件；就精神利益而言，虽然它以主观形态而存在，但其具有崇高价值的那一部分利益的实现，却依赖于主体理性思维的客观过程，产生精神利益的原动力来自人的理性自觉，其诱发原因来自外部的人文教化。另一方面，从利益实现的方式看，人的需求愿望的产生是有目的的，而目的必然通过手段来实现。人的客观需求的满足必须通过一定的手段，才能把满足主体需求的可能性变成现实性。手段是人类社会客观实践的历史产物，它所凭借的工具是一种客观存在。从确定满足需要的可能性到应用一定手段以满足人的需求的实现过程，是一个从认识到实践的客观过程，因此，利益实现的方式更具有客观性。值得一提的是，利益实现的对象是客观世界，为使对象能满足自己的利益需求，主体首先必须面对客观条件的制约。利益的客观性就是这种内在规定性与外在制约性的统一。无论人的需要是否被意识到，它在其现实性上都是一种客观必然的东西。马克思说："作为**确定**的**人**，现实的**人**，**你**就有**规定**，就有使命，就有任务，至于你是否意识到这一点，那都是无所谓的。这个任务是由于你的需要及其与现实世界的联系而产生的。"①

2. 思维形式的主观性

思维作为人类实践活动的逻辑内化和理论研究的思维沉淀，本质上是一种主观性的精神活动。思维本身的主观性就决定了利益思维形式的主观性。人的利益具有客观的内容，但其形式却表现出主观性的特征。利益需求的产生与人的某些观念有关，也受人的心理状态和内心意志的制约。捷克斯洛伐克著名经济学家奥塔·锡克认为："尽管利益是客观决定的，而它只能是人们心理的组成部分，人们某种强烈的、复杂的意图，这种意图不仅同对自己目的的一定谋虑以及一定印象和观念的形成相联系，而且还同首先造成追求既定目的时异常明显表现出来的意志和坚定性的强烈感情冲动相联系。"②

利益需求离不开人的主观活动。一旦利益需求进入人的主观领域，并形成对利益需求

---

① 《马克思恩格斯全集》，中文1版，第3卷，329页，北京，人民出版社，1960。

② ［捷］奥塔·锡克：《经济—利益—政治》，350页，北京，中国社会科学出版社，1984。

的自我意识，这时利益需求就转化为主观上被意识到了的利益。利益需求常常通过人的意识来实现，像饥食、渴饮等生理需求，都要通过人的头脑反映出来，在这一过程中，人们不断创造出自己新的需要，而且创造出新的满足需要和实现利益的方式。这种积极能动性的根源，首先在于人的利益需求总是与人的意识相连接，并能使自己的生命活动本身按照自己的意志发生，也正是由于这一点，人才被称为特殊的生命。其次，这种能动性还在于人的利益需求直接导致人的能动的实践活动。只有通过实践活动，人的需求才能得以确立和满足，客观对象才能成为满足了愿望的利益；只有通过实践活动，需求也才能得到发展，不断创造出新的需求对象，使人的生命活动过程得以实现。在人的生命深化过程中，最崇高的利益也将应运而生。而在这脱离物欲观念驱使的生命活动过程中，作为人的本质力量表现的自由自觉的活动，也才能得到充分的展现，最终使人的需求经过能动过程变成现实的利益。

3. 思维形态的发展性

利益思维作为人们追求现实利益的实践活动的逻辑内化，必然会随着人类实践活动的发展而不断发展。因此，利益思维形态的发展性首先取决于人类利益需求的发展性。人的利益是一个不断发展的动态系统。在原始社会时期，由于社会生产力水平低下，利益依赖的客观对象往往直接取自大自然，人的利益需求也比较简单。随着人的利益范围的进一步扩大，许多利益不再直接取自自然，人为的需要对象越来越多。

利益的发展性直接体现为人的利益范围随着生产力的发展而不断扩大。不同的历史时期，主体需要的对象、内容、水平及利益实现的方式都是不同的。马克思说，“所谓的第一生活需要的数量和满足这些需要的方式，在很大程度上取决于社会的文明状况，也就是说，它们本身就是历史的产物”①。利益虽然以其自然需求为基础，但却是由社会历史环境造就出来的。人的自然需要除了由生理决定，还受自然环境和文化环境的影响。“由于一个国家的气候和其他自然特点不同，食物、衣服、取暖、居住等等自然需要也就不同。”② 人的利益需求本身具有很大的可变性和可塑性。这种需要的发展与满足需要的方式和能力相联系。人在劳动中不断提高认识自然、社会及自身的能力，开拓着认识和实践的广度和深度，人的需要对象与满足需要的工具也随之不断地扩大和更新，这是一个不断反复、永无止境的发展过程。由于人的利益在历史发展过程中不断地产生和积累，必然导致人的利益日益丰富。而且随着社会的发展，人们对精神利益的追求越来越强烈，如社会交往、感情交流、审美情趣以及自我实现等。人的利益体现了物质利益和精神利益的有机统一。随着时代的发展变化，人的利益结构也日益呈现出从物质主导型向精神主导型的重心位移。

4. 思维目标的间接性

政治利益作为人类政治实践活动的价值追求，是人类社会政治活动的最终目的，但是政治利益的获得要以政治权力的获得为前提和手段，因此利益思维就表现出以权力为思维中介的间接性。如果说利益思维是一种目的性思维，那么权力思维则是一种手段性思维。

---

① 《马克思恩格斯全集》，中文 2 版，第 32 卷，49 页，北京，人民出版社，1998。
② 《马克思恩格斯全集》，中文 1 版，第 23 卷，194 页，北京，人民出版社，1972。

政治权力是强势政治主体对弱势政治主体制约的工具性价值，它体现了政治主体之间的一种非对称关系。政治权力作为政治价值的重要构成部分，是政治主体实现政治利益的基本手段，从而构成了人类社会政治实践的手段性价值。人类社会的政治实践本质上是围绕政治权力而开展的社会活动，政治权力构成了人类社会政治实践的主导轴心。西方资产阶级政治哲学忽视手段性价值，抽象地研究目的性价值，从而使目的性价值失去了必要的实现手段。马克思主义政治哲学以实践唯物主义为理论基础，充分认识到手段性价值在政治价值体系中的重要地位，从而将政治权力作为实现目的性价值的手段性价值，纳入政治价值的理论视阈之中，弥补了资产阶级政治价值体系的理论缺失。正是由于这一工具性价值，政治权力才成为政治主体进行政治实践所追求的直接目标。

三、利益思维的基础

利益是人类社会政治生活的核心所在，人们在利益关系中形成的利益矛盾，是全部政治关系和政治生活的存在基础。利益关系的发展史，也就是政治关系的发展史。利益矛盾成为人类政治生活的历史动因，也成为人类社会关系的逻辑轴心。因此，利益思维是利益活动的逻辑内化，它表征了利益是推动政治主体进行政治实践的内生动力。

1. 利益成为政治生活的基础

任何个人的生存都必须依赖于社会有组织的力量；同时社会的生存又必须以个人的存在为基础，这就是人的生存利益的双重性，是人之为人的利益关系的对立统一。在原始社会，人对政治生活的内在渴求，是由人自身具有的劳动生存利益的二重性决定的。“一方面，人必须使自己的劳动过程服从于自己的劳动目的，即为自身生命的生存而劳动；另一方面，人在劳动过程中，又必然以维系他人的生命存在作为自己生存的前提。个人同社会发生的这种利益关系，就是社会矛盾的开始。”任何个体生命只有在为他人或社会的生存而劳动时，才有可能实现自己的生存。这样，“人在劳动交往活动中，对必然发生的种种合作与冲突（即利益关系）进行有秩序、有权威的持续调控”，即进行政治实践活动，“社会的政治生活只有在人的社会劳动利益关系中发生，从事政治活动的人，只能在人的社会劳动生存活动中造就。”① 简言之，人对政治生活的基本需求由人的劳动生存利益决定，这是政治发生的终极根源。以公共权威性力量来调控与保护社会成员劳动生存的全局性利益，成为所有社会成员对社会政治生活的内在需求。

2. 利益成为政治关系的核心

政治活动必然要形成社会的公共利益。公共利益是人与人之间所有关系的交汇点，是形成人类社会政治生活的基石，是构建人类社会政治关系的轴心。需要指出的是，公共利益并不等于政治利益，“只有那种在社会公共利益中占据支配地位的利益，体现主要矛盾或矛盾的主要方面，才会形成我们所称的‘政治性利益’”②。这样，我们就可以从广义上将政治利益理解为在社会利益关系中居于全局性、支配性、主导性地位的利益。只有当某种社会利益转化为政治主体认同的最高利益关系时，它才具有政治性。所以，并不是所有的利益关系都需要运用政治力量来调控，政治所要调控的利益关系，只是人类在劳动生存

---

①② 刘德厚：《广义政治论》，13～14 页，武汉，武汉大学出版社，2004。

过程中形成的全局性利益关系——政治利益关系。也就是说，我们不能将政治仅仅解读为国家关系或阶级关系，而必须从政治生活的实际出发，正确认识人类生存活动中全局性利益的政治地位。对于民族国家而言，全局性利益构成了国家利益，需要运用国家政策来调节。政策作为一个国家指导人们行动的准则，本质上是由公共利益所产生的共同意志决定的。在现实社会政治生活中，统治阶级为维护本阶级利益，巩固自己的政治统治，制定了经济、政治、军事、文化、社会和外交政策，并利用国家政权加以推行，进而把这些成熟稳定的政策用法律的形式固定下来。而被统治阶级也常常在不同的条件下制定出符合自身需要的政策，以进行有组织、有计划、有策略的斗争，力图掌握国家政权，使自己的利益能成为占统治地位的利益。

3. 利益成为政治实践的动因

在社会生活中，人们之所以从事政治实践，其根本动因在于人们实现自身利益的要求。"每个场合都证明，每次行动怎样从直接的物质动因产生，而不是从伴随着物质动因的词句产生"①。人们进行政治斗争本质上是为了自己的利益而斗争，不同的政治主体参与政治同样是为了通过影响国家政治来获得自己的政治权利，并实现有利于自己的政治利益分配。以观念形态存在的政治意识，归根到底也反映着人们的利益要求，并服务于一定的政治利益，从而为政治实践进行思想动员。可见利益构成了政治实践的目标，人类社会的全部政治活动都是由利益支配的。

虽然利益是一切政治现象产生和发展的基础，但政治并不是完全被动地受其支配，它在一定程度上也反作用于利益的实现。政治一方面保障利益关系的动态平衡，另一方面又不断对利益关系进行调整以适应社会的有序发展。首先，国家政权是实现利益的工具。任何政治主体只有掌握和运用国家政权，才能保证自身利益的最大化。因为国家拥有军队、警察等暴力机构，并可以动用社会一切人力、物力、财力强化自身，以便保证政治行为的顺利进行。当统治阶级的利益受到损害或威胁时，可以利用国家政权的各种机器来捍卫。其次，政治关系的变革是实现利益的前提。社会发展到一定阶段，如果不对旧的政治上层建筑进行变革，不对旧的政治关系进行调整，就难以打破旧的利益分配方式，此时，政治关系的变革就成为利益关系变革的前提条件。再次，政治对利益的实现起巨大的指导作用。在一定的历史时期，政治主体为实现其利益就必须制定政治路线以指导实践，此时的政治路线代表了政治主体的利益要求，关系到整个事业的成败和全局利益得失。政治路线对利益的保障作用，集中表现在对人们实现利益的实践活动所产生的强大的指导作用。最后，政治是实现利益的保障。政治主体要实现其利益，不但要有正确的政治路线做指导，而且必须运用正确的政治策略，策略是实践活动的具体方法和具体措施。只有采取正确的政治策略，并正确把握政治主体所面临的政治形势，做出正确的政治判断，才能保证其利益的有效实现。

社会主体之间因利益而结成复杂的社会关系，但不管他们之间是何种复杂的利益关系，政治主体总是需要通过社会把这种利益关系控制在有利于自己的秩序范围内，或者期望社会把这种利益秩序调控在自己认为公平的范围内。要实现对利益关系的控制，其方式

---

① 《马克思恩格斯选集》，2版，第2卷，39页，北京，人民出版社，1995。

和途径是多种多样的，但最根本、最有效的就是政治主体通过国家政权争取对利益进行有利于自身的权威性分配。因此，政治主体为了实现自身利益，就要为获得国家政权或者参与国家政权而进行政治实践活动。社会主体一旦为了利益而参与到政治领域进行实践，他们就由利益主体转变为政治主体，他们之间的关系也由利益关系转化为政治关系。因此，政治主体的政治思维必然以利益为思维的逻辑指向，利益思维成为政治思维的逻辑起点。

第二节　战略思维

战略思维以其全局性和长期性特质而与战术思维相区别，战略思维是一种宏观性思维，而战术思维是一种微观性思维。人类社会的战略思维，乃是一种典型的政治思维。

一、政治战略的本质

随着人类社会政治生活的不断进步，政治问题日益成为社会生活的根本性、宏观性、全局性和前瞻性的重大问题。对于当代的政治问题，必须进行战略层面的思考，这对当代政治思维提出了新的要求，从而产生了战略思维的时代命题。

“战略”一词首先产生于军事斗争的实践中，《中国军事百科全书》对“战略”所下的定义是：“筹划和指导战争全局的方略”①，并将“战略”与“军事战略”等同起来。这一定义虽然抓住了宏观军事活动的本质特征，但作为宏观政治活动的普遍本质，该定义略显狭窄。

“战略”一词的出现，在西方可追溯到东罗马拜占庭时代。公元 578 年，东罗马皇帝莫里斯著有《用兵之道》，总结当时战争的经验教训，用来教育他的高级将领，其中用到了“战略”一词。公元前 471—前 400 年，古希腊名将修昔底德在其著作《伯罗奔尼撒战争史》中，已有较完整的军事战略思想的论述。在中国，公元前 500 年左右，春秋末期的孙武著有《孙子兵法》，集我国古代用兵之大成，成为我国最早也最杰出的战略理论名著。而正式提出“战略”这一概念，是在西晋时期的司马彪所著的《战略》一书中。从《孙子兵法》直到 19 世纪，传统的古典“战略”概念一直局限于战争研究。

进入 20 世纪以后，随着现代武器的出现和战争样式的变化，战争也随之空前复杂化。两次世界大战的实践表明，军事因素更明显地受制于经济、政治、科技、心理等非军事因素，这就促使人们重新思考战略问题。英国军事理论家利德尔·哈特在《战略论》中分析了 2 500 年来的大量战例，提出了“大战略”理论，将“大战略”与“军事战略”区分开来，形成两个不同层次的概念。“大战略”已不再是一个军事术语，更不只是一个战时概念，而是上升为根本的治国之道。美国学者柯林斯在 20 世纪 70 年代中期撰写的《大战略》一书中，将“大战略”定义为：“在平时和战时综合运用一个国家的各种力量以实现国家的利益和目标。”② 这一定义与英国早已使用的“大战略”概念内涵基本相同，都着

---

① 参见《中国军事百科全书》，第 3 卷，699 页，北京，军事科学出版社，2002；《中国大百科全书·精华本》，军事卷，1800 页，北京，大百科全书出版社，1989。

② ［美］约翰·M·柯林斯：《大战略》，北京，中国人民解放军战士出版社，1978。

眼于全面运用国家的各种力量，以确保国家战略目标的实现。

实践表明，战略范畴的内涵随着战略环境的变化而不断扩展。战略范畴内涵的扩展主要表现在以下几个方面：第一，从“战时战略”变成“平时战略”。和平与发展已成为当今世界的两大主题，各国特别是各大国都认识到今后发生世界大战的可能性微乎其微，因此，逐步由“战时战略”向“平时战略”过渡，由军事竞争转向综合国力竞争。第二，从军事领域变成政治领域。“战略”走出以战争为中心的神秘殿堂，越来越具有广泛的政治内涵。战略不仅是军事家的专利，而且也成为政治家注意的焦点。此外各行各业都在纷纷制定自己的战略。一时间，形形色色、大大小小的各种“战略”随处可见，出现了经济战略、科技战略、文化战略、外交战略等众多新概念。第三，从手段运用变成科学体系。战略的制定过程，越来越成为一个科学研究的对象，表明政治活动日益走向科学化。战略活动需要仔细估量种种复杂的战略因素，全面分析内外战略环境，力求在战略目标、战略力量和战略方针三者之间取得平衡。第四，从单一战略变成立体战略。20 世纪 30 年代，英、美等西方大国的“国家战略”和“军事战略”开始分家。二战以后，较为完整的战略体系逐渐形成。战略体系按层次可分为：国家战略、国家安全战略和军事战略；按时间可分为：平时战略和战时战略、当前战略和长远战略；按内容可分为：发展战略和安全战略、政治战略、经济战略、外交战略、文化战略、军事战略等；按地域可分为：国内战略和国际战略、全球战略和地区战略等。

从历史发展看，战略早已从单纯研究战争问题扩展到广泛的社会领域，上升到更高的政治层次，早已不仅仅是“筹划和指导战争全局的方略”，而是经济、政治、科技、军事、文化、外交、地理等众多战略资源围绕国家战略目标的综合运用。我们认为，“战略”是指具有全局性、长期性、根本性和宏观性的谋略。政治战略就是对政治共同体具有全局性、长期性和根本性的政治谋略，居于人类社会整个战略体系的支配地位。

二、战略思维的特征

战略思想源远流长，古人云：“不谋万世者，不足谋一时；不谋全局者，不足谋一域。”万世之谋，全局之谋，就是战略之谋。古代一些卓越的帝王将相，其成功的治国方略，核心在于具有战略思维。战略思维作为政治思维的主要品质，具有与其他政治思维的不同特征，具体体现在以下几个方面：

1. 思维对象的全局性

战略思维是总揽全局的一种思维方式。事物的全局，是指事物诸多要素相互联结、相互作用的整体，包括一系列相互联系的环节和阶段。总揽全局和驾驭全局，就是要求对工作进行全局的谋划，处理好各个方面、各个阶段与全局的关系，避免陷于局部而丧失全局，以保证全局工作的最佳效果。

战略思维驾驭全局，就是要站在全局的高度去观察和处理问题。如果不这样，只是就局部论局部，忙于做琐碎的具体工作，挂一漏万，顾此失彼，那就不是战略思维，而是“只见树木，不见森林”的形而上学思维。战略家和事务家的本质区别就在于是否具有战略思维，战略家往往抓大事、抓要事，而事务家却局限于抓一些琐碎的事情。对于新时期的政治家，考虑任何问题都应该着眼于大局，应该识大体、顾大局、抓大事。眼界要开阔，胸襟也要开阔。看问题，要放眼全局、放眼未来。

战略思维的全局性，体现了辩证思维的根本要求。辩证思维要求人们从全面的观点看待问题，而政治生活本身就具有宏观整体的特征，这必然要求思维从宏观性、整体性和全局性的高度看待政治问题，分析政治事物，把握政治矛盾，推动政治发展。

2. 思维结果的预见性

战略不仅是为了达到全局性的目标而制定规划，同时也是为了实现长远性的目标而进行谋划。因此，战略思维不仅涉及全局和局部的关系，而且涉及现实与未来的关系。战略主体之所以能高瞻远瞩，就在于既能站在全局的高度去观察和处理问题，把握全局和局部的关系，又能立足于现实而放眼未来，把握现实与未来的关系。反之，那种不顾长远、鼠目寸光、急功近利的思维方式，则不符合战略思维的要求。

战略思维的预见性要求政治主体在考虑任何问题时，都要审时度势，着眼于长远，着眼于未来，敏锐地把握事物的发展趋势。唯其如此，才能比别人更迅速地把握事物的本质规律，才能对事物的发展具有敏锐的观察力和鉴别力，才能善于明察秋毫。在实际工作中，才能制定正确的目标和计划，并用以指导工作。

战略思维的预见性，根源于政治主体对政治实践本质规律的理性把握。政治活动同其他社会活动一样，也有其内在的客观规律。只有把握其客观规律，才能预见政治活动的发展趋势，充分发挥政治实践主体的能动性，从而使政治实践主体能够在政治舞台上排演出精彩的政治话剧。

3. 思维过程的系统性

战略思维是对事物所进行的全局性、整体性和长远性的理性把握。因此，在这一思维过程中我们必须充分认识其系统性特征，从系统的整体性、层次性和开放性三个层面全面把握。唯其如此，才能正确认识政治现象，准确把握政治规律，全面推动政治发展。

首先，坚持系统的整体性原则。整体不等于部分的总和，因此，作为政治主体应善于对工作对象进行整体性思考，从整体上把握对象的运动规律和功能特征。从事物组成要素的相互联系中把握事物，并在动态中调整整体和部分的关系，使部分的功能服从整体的最佳目标，达到系统的整体最优。

其次，坚持系统的层次性原则。任何作为系统的客观事物，都是具有层次结构的，没有层次结构的事物是不存在的。从系统的层次性出发，政治主体考虑问题时应把整体事物分成不同的层次和阶段，并据此提出解决问题的具体办法。层次性原则要求政治家在处理问题时，变平面型思考为立体型思考，变单向度认识为多层次认识，更好地概括事物层次结构的本质特征，更好地揭示事物层次结构的变化规律。

最后，坚持系统的开放性原则。任何系统都要与外界环境进行物质、能量和信息的交流，否则这个系统就缺乏生命力。系统的开放性要求政治主体在思考问题时，重视收集利用信息情报，重视事物的发展变化，克服思维的僵化封闭，根据不断变化的环境条件来改变自己的思维方式。特别是面对经济全球化和政治多极化的趋势，政治主体更应当扩大政治视野，具备宽阔的世界眼光，从国际角度考虑国内问题，从开放视角考虑本地区、本部门的问题，调整发展战略，制定最优决策。

4. 思维方式的创新性

战略思维总揽全局、面向未来，经常面对的是对重大问题进行抉择，对前人未涉足的领域进行探索，往往没有现成的经验可资借鉴。它要求政治主体的思维方式不断地随着客观世界的发展而变化，不断地总结经验，有所发现、有所创造、有所前进。战略思维的创新性就是要打破思维定式，具体体现在以下三个方面：

一要打破权威定式。任何领域都有权威，权威的示范作用是明显的，但成为定式，一切唯权威之命是从，就没有创新的空间。二要打破书本定式。书本作为间接知识当然重要，但以为凡是书本讲的都是对的，书本上找不到根据就不敢越雷池一步，一切唯书本之命是从，也同样没有创新的空间。三要打破经验定式。对经验也要辩证分析。虽然来自实践的经验是宝贵的，但实践是不断变化的，经验是有限定的，不能一切全靠经验。此外，还有从众定式、感情定式等，都属应该打破之列。

战略思维的创新性，就是要摈弃一切从本本出发，摈弃思想僵化和墨守成规，摈弃照抄照搬和盲目迷信。要求政治主体在对客观事物理性把握的基础上，掌握事物发展的规律性，敢闯敢试，大胆创新，根据客观形势的发展变化，及时调整路线、方针和政策，用创新的思维指导发展着的实践。政治实践作为理论创新与实践创新的互动过程，只有政治主体的创新性思维，才能产生指导实践的创新性理论；也只有创新性理论，才能指导创新性实践。

三、战略思维的地位

从战略思维本身来说，战略思维对象必然为政治思维的重要内容。随着战略问题向经济、政治、文化和国际领域的扩展，战略思维的内涵也逐渐突破战争谋略，拓展为对全局性问题的谋划。战略思维本身要求思维主体从全局性、整体性、长期性方面思考问题，把政治事物作为一个系统来研究，注重从经济、政治、文化的互动中全面把握政治事物，以做出对政治事物长远发展的谋划，并对其发展进行科学预测，设计发展的宏观性目标和关键性步骤。

而政治是经济的集中表现，也是社会关系的核心所在。任何根本性和宏观性的问题，都会上升为政治问题，甚至直接就是政治问题的具体表现。政治问题是战略活动的出发点和归宿点。任何战略的手段选择，都必须以国家的政治目标为出发点，任何脱离国家政治目标的战略都是不切实际的，任何实施战略的具体政策都必须与当前的国家政治目标相适应，同时战略目标的设立必然要以国家的长远、持续和稳定发展为核心目标。国家战略首先要强调全局性，要统筹安排好各个方面和各个阶段的关系，使全局协调运转并朝着预期的战略目标迈进。其次要超越军事战略局限，追求不战而胜的战略最高境界，综合运用政治、经济和外交战略，促使其他国家服从自己的政治意志，即实现真正的不战而胜，这才是大战略的奥妙所在，也是大战略的最高境界。

从社会的政治发展状况来说，政治生活的战略性是政治思维的本质属性。在人类社会从阶级对立社会向无阶级社会过渡的历史长河中，经济全球化浪潮日益推进，现代科技革命迅猛发展，使人类社会活动日益复杂化，而且宏观性和全局性问题也日益突出。宏观性、全局性和政治性紧密联系在一起，凡带有根本性、宏观性、全局性和前瞻性的问题，都属于政治问题。政治生活是社会生活的立体放大，政治领域本身就是人类社会生活的战略领域。对于当代社会的政治问题，必须启用战略层面的政治思维，方能驾驭政治关系，有效解决政治问题。

人类社会的政治实践，需要政治主体进行战略思维。正确的战略思维，既能把握政治形势和政治规律，又能正确反映政治主体的利益需要，从而统一主体意志，明确奋斗方向，提高政治主体从事政治实践的自觉性，克服政治实践的盲目性，使其符合政治发展的规律性。只有通过全局性的战略思维对政治生活进行整合，才能达到对政治形势的科学认识；只有在科学的战略思维的指导下，政治主体才能在纷繁复杂的政治环境中驾驭矛盾、求得发展；只有强化战略思维，才能破除一些领导干部思想中狭隘的局部观念和本位主义，才能增强凝聚力和战斗力，从而排除阻碍政治发展的种种干扰，保持政治稳定和社会进步。只有具备了战略思维素质的政治主体，才能遵循政治发展的客观规律，准确把握政治机遇，从而高效率地实现政治目标。

因此，政治发展的时代要求，决定了政治战略主体必须从全局、整体、长远的观点出发，确定国家发展的方向、目标、任务和途径，必须考虑如何综合运用包括经济的、政治的、军事的、文化的等各种手段来管理国家，这就是战略思维在政治生活领域的具体体现。

第五章

政治文化

政治文化是人类社会政治关系的主观反映，标识着人类社会政治生活的观念升华。政治文化有其自身的逻辑体系，可分为政治心理和政治思想两个层面。政治心理是政治思想的思维基础，政治思想是政治文化的精华所在。政治文化作为政治生活的观念形态，构成了人类社会政治意识的表现方式。

第一节　政治文化的本质

政治文化根源于社会政治关系，特定政治文化的性质是由特定政治关系的性质决定的。政治文化作为一种上层建筑，又具有相对独立性。一方面，它具有自身内在的互动关系和发展变化的本质规律。另一方面，它对于社会政治生活具有巨大的支配作用。

一、政治文化的含义

政治文化作为政治学概念的正式形成，是从 20 世纪中叶开始的。1978 年，美国著名政治学家加布里埃尔·阿尔蒙德等在其所著的《比较政治学》中，进一步对政治文化做了系统的论述，使政治文化这一概念成为政治学的重要内容。他指出："政治文化是一个民族在特定时期流行的一套政治态度、信仰和感情……这个政治文化是由本民族的历史和现在社会、经济、政治活动进程所形成。人们在过去的经历中形成的态度类型对未来的政治行为有着重要的强制作用，政治文化影响各个担任政治角色者的行为、他们的政治要求内容和法律的反应。"① 在这一论述中，我们可以看到他更注重心理层面的政治文化取向。国内研究者对政治文化也有自己的界定，杨光斌教授认为："政治文化主要是指社会成员在长期的政治社会化和政治实践的过程中所形成的、直接影响人们政治行为的、相对稳定的心理过程和心理特征。"② 王浦劬教授认为政治文化是政治关系的心理的和精神的反映，它是人们在社会生活中形成的对于政治的感受、认识和道德习俗规范的复杂综合。

---

① ［美］阿尔蒙德、小鲍威尔：《比较政治学》，26 页，北京，东方出版社，2007。
② 杨光斌：《政治学导论》，4 版，68 页，北京，中国人民大学出版社，2011。

在马克思主义发展史上，列宁最早提出了政治文化概念，他于 1920 年《在全俄省、县国民教育局政治教育委员会工作会议上的讲话》中指出："政治文化、政治教育的目的是培养真正的共产主义者，使他们有本领战胜谎言和偏见，能够帮助劳动群众战胜旧秩序，建设一个没有资本家、没有剥削者、没有地主的国家。"① 列宁的政治文化观，为人们正确认识政治文化奠定了科学的世界观和方法论基础。

由于研究对象、方法和视角不同，政治文化有不同的概念定位。若把政治文化界定为政治心理倾向未免过窄；把政治文化界定为"观念性"政治文化与"物质性"政治文化的总和，又过于宽泛。我们认为，政治文化是反映全部政治现象的文化总和，是人类社会政治意识的存在形式，它以政治心理和政治思想为主要内容，政治生活的观念形态是政治文化的基本定位。

要全面把握政治文化的科学内涵，需要从几个方面进行分析：首先，政治文化是反映一切政治现象的观念形态的总和。政治文化是对政治现象的观念反映和价值评判，是人类文化的重要组成部分。凡是反映一切政治现象的观念形态均属于政治文化。其次，政治文化的内容由政治心理和政治思想构成。政治文化可以分为政治心理和政治思想两个层面，是一种观念形态的心理—思想结构，从而表征着人类社会政治生活的观念形态。

二、政治文化的特征

政治文化作为一种政治观念形态，既不同于一般的文化，也有别于社会政治制度和政治行为，在人类政治文化的历史演进过程中，形成了自身的鲜明特征。

第一，强烈的阶级性。相对于一般文化而言，政治文化更具有强烈的阶级性。政治文化是政治生活和阶级利益的观念表征，因而不同的阶级会形成不同的政治文化，阶级社会中政治文化的冲突成为阶级斗争的一种特殊形式。在任何一个国家，政治文化的存在形态都是复杂多样的，其中占主导地位的是统治阶级的政治文化。正如马克思所言："一个阶级是社会上占统治地位的**物质**力量，同时也是社会上占统治地位的**精神**力量。"②

第二，鲜明的民族性。与集中反映阶级利益要求的主流政治思想相比，政治文化具有鲜明的民族性。政治文化是政治存在的多维升华和逻辑内化，内容丰富多样，其中民族政治心理是一个重要的方面。一个民族在共同的地域范围内，共同经历了长期的经济生活和社会生活，从而形成了共同语言和共同心理素质，成为维系民族凝聚力的文化纽带。我国春秋战国时期的儒家、墨家、道家、法家的政治思想，构成了我国古代四大政治文化源头。西方则以柏拉图和亚里士多德的政治思想为代表，形成了西方政治文化的源头。东西方传统的政治文化，都是人类最早的极有价值的政治文化遗产。随着阶级对立社会向无阶级社会的过渡，政治文化的逻辑重心也将从阶级性向民族性位移。

第三，历史的继承性。政治文化如同人类政治社会一样，伴随着社会生产力、生产关系以及政治制度的变化而变化，但这种变化往往存在不同步性。其主要原因是：政治文化特别是政治心理一经形成，则具有较大的稳定性，当新的生产方式和政治制度确立后，原

① 《列宁选集》，3 版修订版，第 4 卷，306 页，北京，人民出版社，2012。
② 《马克思恩格斯选集》，2 版，第 1 卷，98 页，北京，人民出版社，1995。

有的政治文化还需要经过一个相当长的时期才会发生根本性变化。由于任何一种政治文化，都会积淀为人类文化心理的深层结构，因而我们必须对传统政治文化进行辩证扬弃，汲取传统政治文化的合理成分和积极因素，从而为构建我国社会主义先进的政治文化、建设我国社会主义的政治文明提供文化基础。

第四，自觉的能动性。政治文化属于上层建筑，它对经济基础具有能动的反作用。当政治文化适应于生产力发展时，它就对经济发展和社会进步起促进作用；当政治文化不适应于生产力发展时，它就对经济发展和社会进步起阻碍作用。任何一个特定的阶级社会，都存在着主导性政治文化、非主导性政治文化和敌对性政治文化，其中主导性政治文化就是占统治地位的政治文化，它居于社会意识形态的主导地位。以马克思主义为代表的政治文化，对社会主义革命和建设始终发挥能动的指导作用。中国特色社会主义理论体系，是马克思主义政治文化在当代中国的继承和发展，对发展中国特色社会主义先进文化产生了能动的推动作用。

三、政治文化的功能

从整体意义上看，政治文化作为政治生活的观念升华，是人类社会政治实践的精神力量，内导着人类社会政治生活的发展轨迹，推动着人类社会政治文明的历史提升，对人类社会的历史演进具有重大的历史价值和现实意义。

第一，政治文化对政治体系有维护作用。任何政治体系都需要与之相适应的政治文化来维护，否则就可能导致政治体系的生存危机，直至政治体系最终解体，苏联解体就是一个明显的例证。政治体系能够维持和延续的重要保证是其合法性的存在，而这种合法性主要来源于社会成员对政治体系心理上的认同意识。社会成员一旦对政治体系中政治角色、政治结构和政治制度形成比较稳定的文化心态，就会使政治关系保持稳定态势。传统的政治文化不变，传统的政治关系就难以发生根本性变化。在现代社会，“一个稳定的、有效的民主政府的发展，不能仅仅依赖于政府和政治的结构，它必须依赖于人们对政治程序的取向——依赖于政治文化”①。

第二，政治文化对政治制度有构建作用。政治制度是政治体系内部各种机构之间相对稳定的政治关系，它是人类社会政治体系的核心部分。政治思想是政治制度的逻辑前提，对政治制度的形成起着决定性的作用。政治制度是政治思想的逻辑延伸，是政治文化的固化形态。不同的政治思想必然会形成不同的政治制度，资产阶级政治思想会构建出资本主义政治制度，无产阶级政治思想必然会构建出社会主义政治制度。不仅政治思想对政治制度的形成起着决定性作用，而且政治心理对政治制度的形成也有重大影响。同是资本主义国家，英国和美国的政治文化，对君主有着不同的认同意识，从而形成了英美两国政治制度的不同模式。可见，政治文化对政治制度的构建有重要作用。

第三，政治文化对政治实践有内导作用。政治文化反映了社会成员的政治倾向和政治情感，影响着人们对国家共同体的政治认同以及自身地位的自觉意识，进而影响着一国政治生活的文化模式。在国家政治生活中，政治主体的各种政治行为既取决于与其紧密相连

---

① ［美］阿尔蒙德、西德尼·维尼：《公民文化——五国的政治态度和民主》，586页，杭州，浙江人民出版社，1989。

的社会生产方式，又会受到既定政治文化的影响和制约。政治文化规定了人们的政治倾向，成为一种内化了的政治行为规范，从而影响着人们对政治生活的关心程度以及争取自身权利的行为力度，支配着人们对政治行为方式的选择，制约着政治行为的实际效果。特别是主导性政治文化，通过政治社会化方式来内导民族政治实践。

第四，政治文化对政治发展有制约作用。政治文化与政治存在是一种互动关系，但二者的发展并不总是同步的。落后的政治文化对政治发展起阻碍作用，而先进的政治文化对政治发展起促进作用。“政治文化具体内容的不同造成了政治变革形式上的差异。”① 按照历史的逻辑，一种新质的政治文化的形成应先于政治变革的实践。那些率先感受到新的生产方式内在要求的先进阶级的思想观念，通过各种机制渗透于广大社会公众的生活方式之中，逐渐形成了新兴的政治文化，从而构成推进社会进步的强大力量。人文主义是西方社会近代转型的强大动力，科学发展观则构成了当代中国社会政治发展的精神力量。

第二节　政治文化的内容

由于各国社会生产力发展水平、政治环境、历史传统和民族构成等各不相同，各国政治文化千差万别，纷繁复杂，但就逻辑层面而言，政治文化主要包括政治心理和政治思想两大部分。

一、政治心理

政治心理是政治意识的初级形式，标识着政治文化的深层结构。思维方式和价值观念代表了政治文化心理结构的两大要素。

1. 政治心理的含义

政治心理作为政治意识的初级形态，是政治主体对政治存在的感性直观认识，也是人们对政治生活的自发心理反映，具有自发性、潜在性、主体性等特征。政治生活的多样性，决定了政治心理内涵的丰富性，其主要内容包括政治认知、政治情感、政治动机、政治态度等。政治心理作为政治认识的初级形态，是人类社会政治活动的观念升华。

政治心理长期以来得到了学者的广泛关注，从而形成了一系列对政治心理的认识成果，概括起来主要有以下几种：第一，认为政治心理就是政治主体对自己政治经验和政治行为的反应；第二，认为政治心理是指某种政治共同体在特定时期流行的政治态度、信仰、情感和价值的总和，是政治共同体成员对政治现象的不系统、不定型、自发的反应形式；第三，认为政治心理是人们对基本政治问题的基本态度，是人们在政治活动中形成的一种自发的政治反应形式；第四，认为政治心理是指社会成员在政治社会化过程中，对社会政治生活自发直观的心理反映；第五，认为政治心理是政治生活复杂性和个体经验感受性的“合金”，是深刻的政治积淀结果和具有相对稳定性的心理定式。

以上观点均从不同角度揭示了政治心理的内容，但都相对缺乏系统性和全面性。因此，我们认为，政治心理就是政治主体在政治活动中对政治存在自发直观的心理反映，它

① 王乐理：《政治文化导论》，64 页，北京，中国人民大学出版社，2000。

本质上是政治主体的政治情感、政治动机和政治态度的总和，表现为人们对政治生活某一特定方面的认识、情感、态度、情绪、兴趣和愿望等，从而构成了政治人格的基本特征。对这一概念的把握应从以下几个方面入手：

首先，从主体维度来看，心理主体是现实生活中的“政治人”。它不是生物学意义上的“生物人”，也不是一般社会学意义上的“社会人”，而是处于一定的政治关系之中，从事政治活动的现实的人。政治心理就是政治主体对政治生活的心理反映，政治主体就是从事政治活动，承担政治关系，处于政治生活背景中的“政治人”。

其次，从对象维度来看，政治心理是政治存在的主观表象。政治存在作为政治生活的物质过程，是政治主体反映的客观对象。政治存在是政治心理的根源，政治心理是政治存在的反映。政治心理作为对政治存在的心理反映，是政治主体的精神现象。

再次，从过程维度来看，政治心理是政治活动的心理投射。从本质上讲，政治心理是政治主体从事政治活动的心理内化，是把来自政治存在的各种信息，逐渐整合到政治主体的心理结构之中，所形成的一种政治心理定式。

最后，从形式维度来看，政治心理是认知活动的感性反映。政治心理是政治主体对政治存在的一种不系统、不定型、不稳定的感性认识，是一种政治主体潜在的精神形式，表现为政治主体所具有的政治认知、政治情感、政治动机和政治态度等心理倾向。

2. 政治心理的特征

政治心理既是政治认识的初级阶段，又是政治文化的核心部分。作为政治生活的精神现象，政治心理具有以下几个特征：

第一，政治心理具有自发性。政治心理作为政治主体在政治生活中对政治现象的直观反映，是一种未经理论化和系统化的主观感受，是政治主体在政治生活中自发形成的，因而具有自发性的特征。首先，政治心理的形成是一个自发的过程，政治心理是人们在政治生活过程中，根据自身的活动经验和直观感受，自然而然形成的一种精神现象。其次，政治心理的状态远未达到自觉程度。政治心理是未经理性加工的原始状态，是一种直观浅显的精神层面，尚未上升到理性抽象的自觉状态。最后，政治心理的过程缺乏科学理性指导。政治心理是自发形成的精神状态，处于人们反映客观存在的感性层面，它没有进行理性加工，因而缺乏对政治活动的指导性。政治心理的自发性常常表现为朴素性、直观性、模糊性、随意性等自发形态。

第二，政治心理具有潜在性。一方面，政治心理是政治主体对政治存在的直接反映，是政治主体认识运动的心理基础。政治心理虽然属于政治意识的范畴，但从宏观定位的角度来看，政治心理处于政治存在与政治意识联结的中介层面，具有从政治存在向政治意识过渡的性质。因而，政治心理的这种中介性和过渡性，必然决定其存在形态的边缘性和潜在性。另一方面，政治心理是政治文化的隐性形态，它潜藏于政治主体的心理深层，只有外化为政治主体的政治行为时才能对其做出综合判断。人类社会的政治行为，构成了政治主体政治心理的显性表达。

第三，政治心理具有主体性。政治心理是政治生活的心理内化，不可避免地带有政治主体政治生活的显著特征，从而形成了政治心理因政治主体不同而不同的主体性特征。从个体差异性维度分析，不同个体因其所处的政治环境不同、自身的政治经历不同、扮演的政治角色不同，使其形成的政治心理有很大的差别，从而构成了不同的政治人格。从时间的维度来看，古代社会和现代社会，政治革命时代和经济建设时代，人们的政治心理不同；改革开放前和改革开放后，人们的政治心理不同。从空间的维度来看，西方社会和东方社会，人们的政治心理不同；东南沿海和西北内地，人们的政治心理不同。从职业的维度来看，一般群众和政府官员的政治心理不同；行政干部和企业经理的政治心理也不同等。

第四，政治心理具有复杂性。政治心理的复杂性是指政治心理既有相对稳定性的一面，又有易变性的一面。所谓相对稳定性，就是说政治心理尽管是一种不系统、不定型、缺乏理性的潜意识观念，但它一经形成就很难改变，对政治行为的影响也很难彻底消除。政治心理的形成是一个极其缓慢的心理内化过程，它是特定政治存在长期精神内化的必然结果，是特定政治环境持久作用的历史产物。政治心理作为特定政治文化世世代代的心理积淀，一旦形成，就成为相对稳定的心理定式，具有难以改变的稳定结构，从而构成了人们政治文化的深层结构，代表着政治文化最为稳定的部分。在政治文化结构中，政治制度、政治思想和政治心理，三者呈现出由表及里、由浅入深的结构序列，政治心理处于政治文化的最深层面，相对于前两者来说，它更具有内在性、稳定性和持久性。所谓易变性，是相对于理性形态的政治思想而言的，政治心理以其直接敏感的方式反映政治生活，政治生活的一举一动都会引起人们政治心理的发展变化，且其中包含着政治情感的广泛参与，从而使政治心理成为政治生活发展变化最为灵敏的晴雨表。

二、政治思想

政治思想是政治意识的高级形态，是人类社会政治文化的理性成分，它标识着人类社会政治文化的精华所在，代表着政治主体对政治生活的理性认识。

1. 政治思想的含义

政治思想是人们对政治矛盾运动的自觉反映，是政治文化的理性形态。政治思想有其自身的发展规律，随着政治存在的产生而产生，随着政治实践的发展而发展。政治思想就是政治认识主体对政治认识客体的理性反映，是人们对人类社会政治生活本质规律的思维反映。要全面深刻地理解政治思想范畴，需要从以下几个方面把握：

第一，政治思想的认知主体是政治生活的理性主体。政治思想的主体属于政治认识的范畴，处于现实的政治生活之中，首先必须成为政治实践的主体。马克思和恩格斯指出："以一定的方式进行生产活动的一定的个人，发生一定的社会关系和政治关系。"① 处于政治实践过程中的每个人，都会对政治生活有所反映，形成政治意识。但其中少数政治人，由于其思想的完整性、深刻性、系统性和创新性，成为某一政治群体的思想代表，其思想则在一定程度上代表了一定时期人们政治思维的最高水平。其政治学说既是某一政治群体政治要求的理性反映，也代表了人类政治思维发展的逻辑环节。

第二，政治思想的反映对象是政治存在的本质规律。政治意识是政治存在的反映，政治存在有现象层和本质层之分。政治思想并不是对政治存在的直观反映，也不是停留在政治生活的现象层面，而是对各种政治现象背后政治关系的本质规律的深层把握。从认识论意义上

---

①《马克思恩格斯选集》，2版，第1卷，71页，北京，人民出版社，1995。

讲，政治心理反映的是政治存在的现象层面，而政治思想反映的则是政治存在的本质层面。

第三，政治思想的显性表现是完整系统的观念形态。与政治心理不同，政治思想不是对政治生活的感性反映，而是对政治实践经验的理性升华，它以政治观点、政治理论、政治见解及政治学说的形式出现，是政治文化的显性形态。政治思想是由政治概念、政治判断和政治推理构成的完整系统的观念体系，拥有严密的逻辑推理和理性分析，属于政治意识的逻辑层面。

2. 政治思想的特征

政治思想是人们对政治现象进行理性思考的理论体系，具有严密的逻辑性；政治思想也是政治存在的理性升华，具有相对的独立性。

第一，严密的逻辑性。政治思想是人们对政治存在的理性思考，属于理性认识范畴，是对政治现象进行抽象提升的理性结晶。政治思想对政治生活本质规律进行了深度挖掘和逻辑论证，深入到了政治生活的合理性和价值性的理性层面，运用逻辑思维方法来思考政治问题，表现为概念、判断和推理的思维过程。政治思维过程是政治意识的自觉过程，其本质是客观政治活动过程的思想升华和逻辑内化。政治思想的主体具有明确的目的性，以解决政治生活中所面临的难题为己任。政治主体自觉地对各种直观零散和杂乱无章的感性材料进行加工整理，使感性认识上升到理性认识，从而获得关于政治生活本质规律的明确知识。因此，政治思想不是一些简单零散的概念和命题，而是一种与某种世界观紧密相连的政治观，并表现为由一系列命题、原则和结论所构成的有机系统，是系统而严密的逻辑体系。

第二，相对的独立性。所谓政治思想的相对独立性，是指作为一种来源于并反映着政治存在的意识形态，政治思想有其独立的发展规律及其不同于政治存在的演变路径。政治思想的相对独立性主要表现在三个方面：首先，政治思想发展与社会经济发展不完全同步。其原因在于社会经济发展与政治思想发展并不是一一对应的因果关系，政治思想发展是一个多因素复杂作用的过程，除经济因素之外，还有政治、文化等因素的影响。其次，政治思想发展与政治存在发展也不完全一致。政治思想虽然根源于政治存在，但政治思想与政治存在发展往往存在矛盾错位，表现为政治思想常常超前或落后于政治存在。最后，政治思想发展具有历史继承性。政治思想发展总要吸收先前政治思想发展的历史资料，沿着政治思想自身发展的历史轨道，遵循政治思想自身固有的发展规律。

3. 政治思想的内容

政治思想是由一定的思想要素构成的有机整体，形成了特定的内容结构。所谓政治思想内容结构，是指政治思想构成要素之间的相互关系。从不同的角度加以分析，政治思想的内容结构有不同的逻辑层面。

第一，对政治人性的研究。马克思主义认为，有生命的个人的存在，是人类历史的基本前提。认识人自身的存在，乃是人文社会科学的永恒命题，也是政治认识的逻辑起点。“政治学在一定程度上是以人作为基础”① 的科学。马克思主义为人学研究提供了科学的依据。马克思主义科学地阐发了“劳动创造人”的理论，认为人的本质属性在于人的社会性。在阶级社会，人的本质集中表现于人的阶级性，政治性是人的本质在政治时代的集中

---

① 《马克思恩格斯全集》，中文1版，第1卷，657页，北京，人民出版社，1956。

体现。马克思主义又运用社会基本矛盾运动理论，揭示了人类社会发展的基本规律，指出了社会基本矛盾是社会发展的基本动力，也是人全面发展的基本动力，共产主义是人的全面发展的最高历史形态。

第二，对政治存在的研究。人是政治动物，人的政治生活则构成了政治认知的第二个基本问题。对政治存在的研究主要包括三个方面：首先是关于政治关系起源的理论，历史上形成了君权神授理论、社会契约理论、暴力强制理论和历史演化理论等不同的理论形态，但都未达到科学的高度。马克思主义从人的基本需求入手，分析了人们通过社会生产结成社会关系的历史过程，从而真正科学地揭示了人类政治生活产生的历史之谜。其次是关于政治存在结构的理论。主要研究个人与政府的关系、社会与政府的关系、中央政府与地方政府的关系等问题，形成了分权理论和监督理论等不同形态。最后是关于政治运行机制的理论。现代政治理论的研究，越来越重视对政治决策过程的深入剖析。特别是公共政策分析，构成了政治运行机制研究的重要内容。

第三，对政治发展的研究。人类社会的政治生活，总是在矛盾运动中发展的，为了实现自己的利益要求、解决社会政治矛盾、探索政治存在形式，人们对政治发展本质规律必须开展研究。对政治发展问题的研究，主要有三个方面：首先是关于政治发展动因的研究。诸如政治斗争、政治危机、文化冲突、社会动乱、外力干涉、权力腐败等，都是政治思想家们所概括的政治发展的重要因素。其次是关于政治发展目标的研究。主要是对政治生活前瞻性和创新性的研究，它对人们的政治实践起内导作用。最后是关于政治发展方式的研究。在政治发展方式的研究方面，政治改良、政治革命和政治改革等不同学说，是不同时期政治思想家所构建的具有代表性的政治发展方略。

4. 政治思想的功能

政治思想作为一种理论化的政治意识，在社会政治生活中具有重要作用。

第一，反映政治利益。

政治思想是特定阶级根本利益的集中反映，不同的阶级由于其阶级利益的差别形成不同的政治思想体系，不同政治思想在社会思想体系中所处的地位由其阶级地位决定。统治阶级的政治思想在不同阶级政治思想中占据统治地位，正如马克思所言：“统治阶级的思想在每一时代都是占统治地位的思想。这就是说，一个阶级是社会上占统治地位的**物质**力量，同时也是社会上占统治地位的**精神**力量。……占统治地位的思想不过是占统治地位的物质关系在观念上的表现，不过是以思想的形式表现出来的占统治地位的物质关系；因而，这就是那些使某一个阶级成为统治阶级的关系在观念上的表现，因而这也就是这个阶级的统治的思想。”①

第二，促进政治自觉。

人们要想参与政治实践，从而促进政治发展，必须首先认识政治现实，达到政治自觉。政治思想提供分析方法，正确的政治分析方法是人们正确认识政治现实的关键所在。任何一种政治思想，在其理论体系中必然包含着某种分析方法。人们通过对某一政治思想的深入领会，掌握一定的政治分析方法，从而不仅对政治思想本身有了深刻的认

① 《马克思恩格斯选集》，2版，第1卷，98页，北京，人民出版社，1995。

识，而且能灵活地分析政治现实，并用来指导政治实践活动，达到推进政治发展的目的。

随着人类政治思想的不断社会化，人类的政治生活不断走向理性化和自觉化。首先，政治思想是对政治现实的理性把握，并直接决定了政治实践主体政治信念的形成。国家通过其主导政治思想的传播，使占统治地位的政治思想牢牢地扎根在人们的观念之中，使社会形成政治认同感，保证政治权力的合法性。其次，政治思想对于人们树立正确的政治观具有理性引导作用。政治思想内含着一定的政治价值观，进步的政治价值观常常导致积极的政治认知和政治评价，从而形成正确的政治倾向。再次，政治思想在政治体系的变革中起着舆论先导的作用。它不仅提供了一种政治价值观，而且也能为政治变革提供一种判断标尺，解决变革时期人们政治价值多元化问题。最后，政治思想不仅是一种真理体系，而且也是一种价值体系。它不仅反映了政治生活的实然状态，而且也反映了政治生活的应然状态。

第三，指导政治实践。

列宁曾经指出："没有革命的理论，就不会有革命的运动"①，这是对政治思想能动作用的高度概括。政治思想作为政治实践的逻辑升华，代表着人们政治认识的理论成果，人们通过对政治生活的理性把握，提高了政治实践的自觉程度。因此，政治思想作为政治实践的逻辑前提，它必然以理性的力量内导着政治实践健康有序地向前发展。

政治思想作为观念上层建筑，通过政治价值取向和政治评价活动来规范人们的政治实践，这种规范作用突出表现在以下几个方面：首先，正确的政治思想为人们从事政治实践做了必要的理论准备，能够根据政治发展的内在规律，勾勒出政治实践的历史轨道。其次，在政治实践的过程中，政治思想的价值追求，发挥着定向器的作用。政治思想所确立并提倡的政治价值，内导着政治主体所从事的政治实践。政治思想所内含的政治价值，为政治生活构建了纠偏机制，从而使政治生活沿着主导政治思想所倡导的政治价值轨道运行。

政治思想可以优化政治关系，优化本身就是一个价值范畴，不同的主体有不同的优化内容和优化标准。同时，优化政治关系也是一种政治实践活动，有着强烈的政治主体性。在阶级对立社会，统治阶级和被统治阶级有着对立的价值取向。对于统治阶级来说，优化政治关系就意味着维护特定的政治统治秩序，实现统治阶级的政治价值。对于被统治阶级来说，优化政治关系就意味着破坏旧的政治统治秩序，建构新的政治秩序，确立一种新型的政治关系，以体现被统治阶级所追求的新的政治价值观。优化政治关系既是一个政治实践过程，也是一个辩证运动过程。任何一种新型政治关系，必定代表了政治关系发展的基本趋势，从总体上来讲是"优"的，具有其存在的合理性。但随着时间的推移，合理的东西将会变成不合理的东西，"优"的政治关系也会变成"劣"的政治关系，由此引发人们以优化政治关系为目的的政治实践。阶级斗争乃至政治革命是优化政治关系的基本途径，而社会主义初级阶段的政治改革，则是社会主义历史阶段优化政治关系的有效途径。

① 《列宁选集》，3版修订版，第1卷，153页，北京，人民出版社，2012。

第三节　政治文化社会化

政治文化作为一种静态的观念形态，必须通过家庭、学校、社会以及政治主体的自身实践等途径，才能内化为政治主体文化心理的深层结构，从而内导政治主体的政治实践，推动政治生活的不断发展。这种政治文化的传播和内化过程，便是政治文化社会化过程。政治文化的社会化，其实质是一个政治社会化过程。

一、政治社会化的内涵

在人类社会政治生活中，政治文化是一种无形的力量，它通过规定社会成员的政治行为方式，对社会政治生活产生强大而持久的影响。然而，政治文化并不是与生俱来的，而是人们在既有的政治文化的长期熏陶下，通过政治实践逐步形成的。

1. 政治社会化的含义

对政治社会化问题的专门研究，始于政治文化研究之后。自 20 世纪 50 年代开始，"社会化"概念被引入政治研究之中，并用"政治社会化"一词来指称人们学习政治知识并获得政治立场的过程。1958 年，美国著名政治学家戴维·伊斯顿和罗伯特·海斯发表了《政治社会化研究中的若干问题》一文，对政治社会化问题展开了专门研究。1959 年，美国社会心理学家赫伯特·海曼的《政治社会化：政治行为心理的研究》一书出版，第一次从政治心理的角度系统地论述了政治社会化的过程。至 20 世纪 60 年代中期，政治社会化已发展成为现代政治学研究的重要领域。

虽然现代西方政治学对政治社会化过程的不同侧面进行了深入研究，也形成了具有一定价值的思想理论。但从总体上来看缺少唯物主义历史观做指导，既没有将政治社会化看成政治文化得以延续的政治实践过程，也没有将其看成社会成员积极接受政治文化的文化构建过程。我们认为，政治社会化本质上是政治文化社会化的政治实践过程，是政治主体通过政治实践获取政治知识和技能的过程，也是统治阶级传播政治思想、获得政治认同的过程，表现为群体政治文化传播与个体政治人格形成的有机统一。

一方面，对于特定政治体系的社会成员来讲，政治社会化就是社会成员通过思想政治教育和政治文化熏陶，获得政治知识、政治态度、政治信仰、政治情感，从而形成政治人格的过程，其实质是"自然人"转变为"政治人"的过程。另一方面，对于特定政治体系的政治文化来讲，政治社会化就是政治文化在延伸为社会政治制度的同时，不断内化为社会成员的政治心理，积淀为社会成员文化心理的深层结构，从而使特定的政治文化扎根在社会成员的心理结构之中，使之世世代代延续下去。前者是社会成员的个体运动，其目的是社会成员获得政治归属感和政治价值观，从而自觉地承担政治关系并从事政治实践。而后者是群体政治意识内化为个体政治意识的过程，是政治体系的社会运动，其目的是通过政治体系中主导政治意识个体化来实现政治体系的一体化，从而为政治体系的持续运行提供文化合力。政治存在决定政治意识，政治意识反作用于政治存在。而政治社会化属于政治意识反作用于政治存在的逻辑维度，其实质是政治意识的持续发展和逻辑运演，在实践上表现为政治文化的教化过程。

2. 政治社会化的特征

政治社会化作为政治文化自我运动和个体成员自我发展的有机统一，具有以下两方面的特征：

一方面，政治社会化是人们走向政治自觉的实践过程。政治社会化的实践性主要表现在两个方面：从社会成员成长的维度来看，人们是在特定的政治条件下提升政治认知水平的，这种政治条件是先前政治实践的产物，它规定了人们政治认知的具体内容，人们的政治认知随着政治实践的发展而发展，并通过政治实践得到检验，政治实践是人们获得政治认知的根本途径。从“自然人”转变为“政治人”，乃是人生政治化的实践过程。政治人格的形成，标志着一个人在政治上的成熟。从政治文化传播的维度来看，任何政治体系都具有思想政治教育的组织机构和专业队伍。思想政治教育是一项系统的政治实践工程。随着政治实践的不断发展，许多新的政治课题需要专门研究，而有利于推进政治文明发展的科学思想，需要全社会的普遍认同并贯穿政治生活的各个方面。政治文化的不断创新，根源于政治实践的与时俱进；创新文化的有效传播，构成了教育实践的永恒主题。

另一方面，政治社会化是主客观相互作用的能动过程。政治社会化过程，包含着主观性政治意识内容和客观性政治文化形式两个方面，这两个方面形成了一个互动的格局。这种互动主要体现在两个方面：一是个人政治意识和社会政治文化的互动格局。社会的政治文化通过训练和教育逐渐内化为个人的政治意识，当然这种内化不是消极被动的输入，而是积极能动的选择。同时，个人通过社会政治实践，在自己所属群体利益的基础上，不断升华政治实践的感性经验，形成独立的政治信念和政治价值，从而影响乃至改变社会的政治文化。个人的政治意识和社会的政治文化是一个不断互动的过程。二是主导政治意识和社会政治存在的互动格局。政治意识是政治存在的反映，主导的政治意识是特定社会政治体系的观念升华，政治存在的发展变化决定着政治意识的必然变迁。然而，占主导地位的政治意识，作为一种强大的精神力量，又对政治存在具有能动的反作用。政治存在决定政治意识，政治意识又反作用于政治存在，集中体现了政治体系中主客观两个层面的双向互动，政治社会化正是在这种双向互动中实现着政治意识的继承和创新。

二、政治社会化的功能

政治社会化作为政治生活的重要环节，其社会功能的发挥受多种因素的影响。经济发展是政治社会化的物质基础；政治权利是政治社会化的价值导向；政治思想是政治社会化的理论指导；政治事件是政治社会化的外在环境；社会组织是政治社会化的直接载体。政治社会化在现实的政治生活中通过直接和间接的方式，影响着政治人格塑造、政治文化创新和政治体系变革。

第一，政治社会化具有塑造政治人格的功能。塑造政治人格是政治社会化的基本目标。政治人格是一个人政治心理、道德情操、品质作风、观念信仰、价值追求和行为动机的综合反映。个体的政治社会化是一个人学习政治文化、认识政治现象、形成政治人格的过程。通过政治社会化运动，社会的政治文化不断内化为个体的政治文化，使个体获得适应社会政治生活所必需的政治知识、政治态度和政治技能，从而塑造个体的政治人格。政治人格的形成，是个体政治主体走向成熟的标志，这意味着进入政治社会的成员已具备了从事政治实践应有的政治素质。政治社会化对于个体来讲，其功能在于把一个“自然人”塑造成一个“政治人”，从而使个体完成了人生的政治化转型。

第二，政治社会化具有重构政治文化的功能。政治社会化实质是政治文化社会化，政治文化是政治社会化的基础。没有政治文化就谈不上政治社会化。而政治社会化则是传播政治文化和重构政治文化的有机结合，是政治文化传承与创新的辩证统一。统治者往往通过强有力的措施来维持有利于其统治的政治文化，并在维持过程中不断创新，赋予政治文化以时代内涵。政治社会化是通过特定的政治实践来完成的，在这种政治实践过程中，社会成员会根据政治实践的需要，不断丰富和发展既有的政治文化，使其与时俱进，从而构建出政治文化不断发展的创新形态。

第三，政治社会化具有制约政治体系的功能。特定的政治体系需要特定的政治文化来维系，政治文化是政治体系协调运转的黏合剂。阿尔蒙德指出："如果个人就某个政治对象获得了一组前后连贯的信息，特别是当这些信息涉及他们自己的活动时，他们就可能对该政治对象形成一套坚定不移的信念。"① 当政治文化适应于政治体系的存在和发展时，政治社会化对于政治体系的相对稳定和正常运转就有着积极的作用。然而，由于政治文化具有相对独立性，因此，它与政治体系并不总是处于相适应的状态。当政治文化与政治体系不相适应时，政治社会化就对政治体系的相对稳定和正常运转产生消极的作用，不适应的情形主要有两种：一种是政治文化滞后于政治体系，另一种是政治文化超前于政治体系。无论是积极作用还是消极作用，都表明政治社会化对政治体系具有一定的制约作用。

三、政治社会化的途径

政治社会化只有通过一定的途径才能实现，一般来说，"家庭、学校（包括高等学校）、自己圈内的人们、舆论工具和社会领袖是美国政治社会化的主要'经纪人'。其中还可以加上国家、政党、教会、商行、学派和军队，他们的作用无疑也很大"②。概括起来主要有以下几个方面：

第一，家庭生活是个体完成政治社会化的人生起点。家庭生活是政治社会化过程的起点，直接影响着一个人的政治价值观念和社会行为模式。"正是家庭首先向孩子做出对现存世界的解说，向他介绍某些道德、社会、宗教和政治价值观。而且，如果父母关心政治，他们的兴趣通常会传给子女。父母常常把自己的政治观点和政党定向传给他们。"③ 家庭教育是一切教育的基础，父母是人生教育的启蒙老师，父母不仅教给孩子各种知识和技能，而且传递给孩子对社会和国家的各种情感，这将对孩子日后的个体政治行为产生重要影响。家庭蕴藏着丰富的政治教育资源，一般而言，父母政治态度一致，就会加快孩子的政治社会化进程，反之就会减缓孩子的政治社会化进程。总之，家庭在个体的政治人格塑造方面起着关键性作用，家庭的教育和影响往往会在孩子的潜意识中积淀下来，成为影响他们政治行为的心理因素。

第二，学校教育是个体完成政治社会化的重要阶段。虽然学校属于文化教育机构，然

---

① ［美］阿尔蒙德、小鲍威尔：《比较政治学》，84 页，北京，东方出版社，2007。

② 托季米亚宁、董进泉、黄德兴：《美国人在政治文化和政治社会化方面的基本情况》，载《现代外国哲学社会科学文摘》，1995（9）。

③ 同上文，37 页。

而各级各类学校都必须贯彻国家的教育方针，对学生进行系统化的思想政治教育。作为个体系统学习和获得政治文化知识最重要的场所，学校比家庭教育更具有权威性。学校通过各种活动向学生灌输特定的政治价值和政治态度，不仅能够调整和强化青少年在家庭中初步形成的政治意识，而且能够使其获得全面而系统的政治文化知识，从而形成较为完整的政治认知结构和较为清晰的政治价值倾向。学校教育是一种有意识、有目的、正规化的政治文化培养过程，学校教育在政治社会化中的作用是渐进式的。小学阶段的政治文化教育具有政治启蒙的性质，它主要是培养学生的政治情感；中学阶段的政治文化教育则主要是向学生灌输政治生活的基本常识，它主要是培养学生的政治信念；大学阶段的政治文化教育是全面而系统的知识构建，它主要是培育学生的政治思维。通过从小学到大学阶段的全程培养，学生的政治态度基本明晰，政治理性基本形成，政治人格基本成熟。

第三，环境影响是个体完成政治社会化的基本途径。居住区域和工作场所，对一个人的政治行为、政治心理和政治倾向会产生明显的影响。同辈亲友和社会组织，是具有一定共同性的社会群体，他们的交往活动，往往对个体政治意识产生很大影响。特别是社会政治组织，对其成员的政治社会化进程起着加速作用，对政治人格的形成起着催化作用。大众传媒是政治社会化的重要社会工具，其政治倾向和价值标准，会对人们的政治观念和政治态度产生深刻的影响。大众传媒所独有的传播政治信息的功能，对社会的政治导向具有决定性作用，因而大众传媒是现代社会政治社会化的重要渠道，是塑造社会成员共同政治意识的基本途径。总之，社会是一个包容性很强的范畴，无论是场所抑或是人群，也不管是机构或者是信息，都具有政治社会化的功能，也都是政治社会化的途径和手段。

第四，个人经历是个体完成政治社会化的主体条件。家庭、学校、社会，对个人的政治社会化来说，虽然有重要作用，但都是政治社会化的外部条件；而个人的政治实践经历则是实现个人政治社会化的内部条件。一般而言，个人政治社会化的效果，主要是由自身所经历的政治实践所决定的。个人所掌握的政治知识和所形成的政治理念的不同，个人在政治实践中发挥作用的大小和自身所处地位的不同，个人从政治生活中获得资源的多少和自身职业分工的不同，个人从事政治活动经历的长短和政治实践经验多少的不同，都能使政治社会化程度呈现出巨大的主体差异性。

此外，特定政治符号和政治事件，也会对社会成员的政治情感、思想观念和评价标准产生重大影响。

意识形态

意识形态作为一种特殊形态的思想形式，是指特定社会占统治地位的政治思想，成为维护统治阶级利益的思想武器。意识形态居于人类社会生活的上层建筑，主导着人类社会文化的前进方向，凝练着人类社会生活的政治理念，内导着现代社会公民的政治行为。

第一节　意识形态的内涵

意识形态一词最早是由 19 世纪初法国哲学家特拉西在《意识形态原理》中提出的，即法文 ideologie，他也是最早使用这一概念的研究者。此概念曾因拿破仑而招致恶名，被人们弃置不用。随着马克思的著作《德意志意识形态》在 1932 年发表，以及德国哲学家曼海姆的《意识形态与乌托邦》在稍前 1929 年发表，意识形态这一概念才重新流行起来。

一、意识形态的含义

19 世纪初法国哲学家特拉西提出“意识形态”概念，他的意识形态概念“不仅有着理论上的、哲学认识上的意义，而且也具有实践的意义，因为它也是真正的经济学、政治学、伦理学和教育学的基础”①。

在西方理论研究中，有很多研究者对意识形态极为感兴趣。黑格尔没有使用过德语意识形态一词，但使用了法语意识形态一词：ideologie。然而意识在《精神现象学》中有广义和狭义之分：广义意识是指一切精神现象，狭义意识是指精神现象学的最初阶段。“黑格尔几乎很少提到‘意识形态’这一概念，但《精神现象学》却对与社会历史发展相对应的各种意识形态做出了卓越的阐述，尤其是对异化了的现实世界的说明和对教化的虚假性的揭露，为‘意识形态’概念含义的转折奠定了基础。在这个意义上可以说，《精神现象学》是意识形态概念发展史上的最重要的里程碑之一。”②

---

① 俞吾金：《意识形态论》，24～25 页，上海，上海人民出版社，1993。

② 同上书，34 页。

费尔巴哈没有使用过意识形态概念，但他对宗教异化的批判与黑格尔一样，触及了意识形态和异化的内在关系。他将全能、全知和至善的上帝看作人的知识、能力和爱的绝对化，通过赋予上帝本性而重新定义自我，从而解放了自我，完成了对宗教的批判。当然，马克思认为费尔巴哈的这种批判也是不彻底的，于是，马克思创立了唯物主义辩证法。尽管费尔巴哈的思想有着他的局限性，但他为马克思创立意识形态批判理论提供了思想资源。

马克思在创制 ideologie 的德语词之前有个长期的酝酿过程。1837 年马克思父亲与其通信中提到"意识形态"法语词，"后来，马克思在黑格尔的《精神现象学》的概念的影响下，在为博士论文做准备的'笔记七'中使用过'直接的意识形态'的概念；在博士论文中使用过'外在的意识形式'和'本质的意识形式'的概念"①。马克思在《德意志意识形态》中将"整个意识形态的上层建筑"定位为"观念的上层建筑"，在《路易·波拿巴的雾月十八日》中将意识形态具体化为各种情感、幻想、思想方式和人生观。在《德意志意识形态》中描述了意识形态的发展过程，这当然与社会经济制度是相关的，在马克思看来，意识形态是在精神劳动和物质劳动分工后才产生的，只要这种分工不是自愿的，那么意识形态相对来说就是一种异己的力量，所以马克思在《资本论》中对资本主义社会的拜物教进行了批判。在马克思看来"只有通过实际地推翻这一切唯心主义谬论所由产生的现实的社会关系，才能把它们消灭；历史的动力以及宗教、哲学和任何其他理论的动力是革命，而不是批判"②。

唯物史观批判理论是一种意识形态批判，把去意识形态之蔽提到元批判的高度。马克思在《德意志意识形态》中界定的"意识形态"概念是具有否定意义的，即其具有歪曲性和虚假性，也特指德国当时抽象虚幻的主流哲学。通过这个概念的界定和批判，马克思形成了自己的历史唯物主义立场。在列宁、毛泽东那里，意识形态失去了在马克思理论中的否定性功能，而用以表达各个阶级的思想观念，他们不再笼统地谈论意识形态的虚假性，而是强调意识形态的阶级性和意识形态领域中的阶级斗争，当然，是列宁首先将马克思主义看作科学的意识形态。

现在国内研究中也有不少关于意识形态概念的界定，譬如陈振明教授认为："作为政治文化的一个重要组织部分，意识形态是指反映一定经济和社会关系的阶级或阶层的根本利益，为维护、加强或推翻一定的阶级统治服务的思想理论体系，它以哲学、宗教、伦理、政治、法律和经济的思想等形式表现出来。"③ 杨光斌教授认为："作为总体性的观念，意识形态不同于政治心理。根据对政治现象反映的不同层次，政治意识可分为政治心理与作为意识形态最直接表现形式的政治思想。政治心理是社会成员对政治诸方面的一种自发心理反应，表现为人们对政治生活的认知、情感、评价等。……而作为意识形态的具体形式之一的政治思想，集中体现了特定阶级的利益和政治要求，是思想家对政治现象进行理性思维的产物，是一种系统的理论体系。"④

我们认为，广义的意识形态是一个群体的所有成员共同具有的认识、思想、信仰、价

① 俞吾金：《意识形态论》，62 页，上海，上海人民出版社，1993。
② 《马克思恩格斯选集》，2 版，第 1 卷，92 页，北京，人民出版社，1995。
③ 陈振明：《政治学：概念、理论和方法》，476 页，北京，中国社会科学出版社，2006。
④ 杨光斌：《政治学导论》，4 版，90 页，北京，中国人民大学出版社，2011。

值的观念系统，反映了特定群体成员对周围世界的认识水平和对自身利益的价值取向，体现了群体共有的思想意识，表现为真理观和价值观的有机统一。而狭义的意识形态是指特定社会占统治地位的政治思想，是观念形态的上层建筑，是统治阶级政治思想与国家政权相结合的政治产物，是特定社会经济基础的观念反映，维护着统治阶级的政治利益。意识形态作为一套思想和信仰系统，是人们认识社会的工具，也是群体统一行动的准则，是政治生活事实性与价值性的统一，是政治生活必然性与应然性的结合，人们据此观察世界并采取行动。意识形态作为由各种具体意识所构成的庞大体系，包括哲学、宗教、艺术、道德、政治法律思想和绝大部分社会科学。其中政治法律思想是意识形态的核心部分，也是特定社会意识形态的基本内容。

意识形态是对政治存在的理性反映，是特定社会占主导地位的政治思想，主要指阶级社会中统治阶级的思想体系。由于统治阶级在经济上和政治上居于统治地位，也就决定了统治阶级的意识形态在该社会中也居于统治地位，同时也就决定了它是整个政治文化的主导轴心。意识形态代表着特定社会占主导地位的政治思想，它居于特定社会的上层建筑，并与特定社会的国家政权相结合，对社会发挥着思想文化教化的柔性作用。

二、意识形态的特征

“意识形态具有意向性，即它不是空洞的，而是具体的、指向一定的对象的，不管意识形态的内容如何荒诞离奇，它总是以某种方式折射出人们实际生活中的某个方面……意识形态没有绝对独立的历史，马克思关于意识形态没有历史、没有发展的论述是对‘经营绝对精神为生’的思辨哲学家和神学家的一个理论上的反驳……意识形态本质上是统治阶级的思想，马克思说：‘统治阶级的思想在每一时代都是占统治地位的思想。这就是说，一个阶级是社会上占统治地位的**物质**力量，同时也是社会上占统治地位的**精神**力量。支配着物质生产资料的阶级，同时也支配着精神生产资料，因此，那些没有精神生产资料的人的思想，一般地是隶属于这个阶级的。’……意识形态总是掩蔽或扭曲现实关系，马克思说：‘我们仅仅知道一门唯一的科学，即历史科学。历史可以从两方面来考察，可以把它划分为自然史和人类史。但这两方面是密切相联的；只要有人存在，自然史和人类史就彼此相互制约。自然史，即所谓自然科学，我们在这里不谈；我们所需要研究的是人类史，因为几乎整个意识形态不是曲解人类史，就是完全撇开人类史。’……意识形态主张‘观念统治着世界’，马克思说：‘德国唯心主义和其他一切民族的意识形态没有任何特殊的区别。后者也同样认为思想统治着世界，把思想和概念看作是决定性的原则，把一定的思想看作是只有哲学家们才能揭示的物质世界的秘密。’”① 这既说明了资产阶级思想理论的抽象性，也说明了意识形态反映利益关系的阶级性。

阿尔都塞认为意识形态具有实践性，意识形态不同于科学，因为实践——社会职能尤为重要；意识形态具有神话性，“未经批判的意识形态无非是一个社会或一个时代可以从中认出自己的那些人所共知的神话”；意识形态具有强制性，通常是意象，有时是概念，但首先是作为结构，不通过“意识”强加给绝大多数人意识形态具有阶级性，占统治地位的意识

① 俞吾金：《意识形态论》，68～73页，上海，上海人民出版社，1993。

形态是统治阶级的意识形态，它不仅帮助统治阶级统治被剥削阶级，而且使统治阶级把它与世界之间的活生生的关系作为真实的和合理的关系加以接受，从而构成统治阶级本身。阿尔都塞看到了意识形态的阶级性，并指出特定社会的意识形态都是统治阶级的思想体系，为我们认识意识形态提供了重要的思想资源。①

首先，意识形态具有强烈的阶级性。意识形态是政治存在的直接反映，它集中了特定阶级的利益要求，是思想家对于政治现象进行理性思维的产物，是一种经过思维加工而形成的系统化的理论体系，更深刻地反映了统治阶级的利益取向，因而具有鲜明的阶级性。马克思曾认为："统治阶级的思想在每一时代都是占统治地位的思想。这就是说，一个阶级是社会上占统治地位的**物质**力量，同时也是社会上占统治地位的**精神**力量。"② 意识形态是特定社会对政治存在的理性反映，是特定社会占主导地位的政治思想，表征了阶级社会中统治阶级的思想体系。由于统治阶级在经济上和政治上居于统治地位，也就决定了统治阶级所特有的意识形态在该社会中也居于统治地位，从而构成了特定社会政治文化的主导轴心。资本主义社会的意识形态就是资产阶级意识形态，而社会主义社会的意识形态则是无产阶级意识形态。马克思主义是无产阶级思想体系的理性结晶，从而构成了社会主义意识形态的核心内容。

其次，意识形态具有相对的独立性。意识形态反映了特定社会的经济基础，构成了思想文化的主导轴心，维护着统治阶级的根本利益。但意识形态一经形成，又具有其相对的独立性，并有其自身独特的发展规律。意识形态的这种相对独立性，主要表现在意识形态与政治经济发展变化的不完全同步，其发展变化具有自身的历史继承性，并集中表现为意识形态对经济基础具有能动的反作用。意识形态有时候会落后于政治经济关系，而有时候会超前于政治经济关系。当它走在政治经济关系发展的前面时，就会对政治经济发展实践起到促进作用；当它落后于政治经济关系的发展时，则会对政治经济发展实践起到阻碍作用。当然，从唯物史观来看，意识形态的这种独立性不能完全离开社会生产力发展的历史进程，因而其独立性只能是相对的，这是辩证唯物主义政治观的基本原理。

最后，意识形态具有精神的能动性。意识形态反映了特定社会政治生活的本质规律，又对政治生活具有能动的主导性。意识形态既是人类社会政治存在的集中反映，又直接反作用于人类社会的政治存在，从而构成了思想上层建筑与政治上层建筑的联结轴心。意识形态作为强势群体的精神力量，与特定社会形态的国家政权有机结合，居于特定社会上层建筑的理性层面，构成了特定社会政治发展的精神动力。人类社会政治生活的发展变化，首先反映在上层建筑的意识形态之中，而意识形态的变化往往又成为政治生活发展变化的时代信号。意识形态最直接地反映着统治阶级的经济利益，同时也最直接地捍卫着统治阶级的统治地位，最有力地发挥着意识形态对政治统治的维护功能。

三、意识形态的功能

俞吾金教授认为："在当前的理论和实践的背景下，把握并研究意识形态这一时代的

① 参见俞吾金：《阿尔都塞的意识形态学说》，载《江苏社会科学》，1992(6)。

② 《马克思恩格斯选集》，2版，第1卷，98页，北京，人民出版社，1995。

哲学主题具有重要的现实意义和理论意义。首先，它将深化我们对马克思的唯物史观的本质的认识，如果说，唯物史观是马克思划时代的哲学创造的话，那么，意识形态理论就是这一结晶的一个基本的组成部分……其次，它将把我们的整个哲学研究提高到一个新的水平上，把意识形态作为研究对象并不是在任何时候都是可能的，意识形态研究乃是一种深层次的、反思性的研究，只有当人们的抽象思维能力上升到一定的高度时，这种研究才是可能的……意识形态研究要求我们深入地反思各种意识形态所常用的基本概念和基本理论，把它们从无意识的层面上掮到意识的层面上，从而使整个哲学研究跃进到一个新的思想水平上……最后，它将促使我们深刻地认识意识形态，特别是社会主义意识形态的本质和发展规律，用以指导我们的实践活动。”①

陈振明教授认为：“意识形态既是特定生产关系的产物，但又不是这种生产关系的消极反映，它能动地反作用于特定的生产关系和建立在这种生产关系基础上的上层建筑及政治统治。意识形态的政治功能主要体现为维护或推翻特定阶级的统治……意识形态的维护功能表现在为统治的合法性做辩护……意识形态的斗争事实上就是争夺合法性的斗争。反映新兴阶级利益的意识形态要为本阶级的统治取得人们对其领导权的认同，只有通过树立一套与原有统治阶级意识形态不同的价值要求，并以此来批判现存社会，揭露其弊端，称其为‘万恶的旧社会’，把社会的罪恶归因于现政权的反动和无能，取消现有政权的合法性，来达到这个目的……意识形态的批判功能也可以为统治阶级自身所利用，它以曲折的方式起到了强化统治合法性的作用……意识形态的引导功能，首先表现在它总是勾画了一幅理想社会的蓝图……其次，先进的阶级不能仅靠意识形态就把旧的阶级消灭，它要用它的意识形态来教育群众，对群众进行政治动员。”②

杨光斌教授主要强调了意识形态与经济发展间的关系，他认为意识形态“保护团体内部团结和稳定性……论证团体集体行动的合理性……动员团体全体成员采取集体行动，以实现行动的规模经济……约束团体成员的行为，减少‘搭便车’现象的出现……规范团体之间的关系”③，并且探讨了意识形态变革与经济增长之间的关系。

综合学界的研究成果，依据马克思主义政治观，我们认为，意识形态的功能主要包括政治功能、经济功能和文化功能三个层面。

首先，意识形态具有政治功能。意识形态产生于阶级社会，剥削阶级极力将自己的意识形态变为全社会的意识形态，这就开始了统治阶级意识形态的社会化过程。意识形态的社会化过程，实际上就是意识形态与政治权力的结合过程。资产阶级作为近代先进生产力的代表，为了推翻封建统治阶级获得国家政权，将自己的阶级意识说成是社会的普遍意识，以此来吸引社会公众，凝聚政治力量，从而为资产阶级政治革命奠定了思想基础。资产阶级通过革命获得政权后，一方面通过政治社会化使自己的意识形态渗透到社会公众之中，使其普遍接受自己的政治价值观；另一方面大力发挥意识形态对统治地位合法化的辩护功能，以证明自己政权存在的合理性，从而为自己的政治统治提供合法性依据。意识形态的社会化过程，

---

① 俞吾金：《意识形态论》，13页，上海，上海人民出版社，1993。

② 陈振明：《政治学：概念、理论和方法》，479～480页，北京，中国社会科学出版社，2006。

③ 杨光斌：《政治学导论》，4版，98～99页，北京，中国人民大学出版社，2011。

显示了意识形态强劲的政治功能，从而促使国家政权合法化和阶级统治稳固化。

其次，意识形态具有经济功能。任何意识形态都是特定的社会政治群体在其政治实践过程中形成的，并为该群体的整体利益服务。意识形态的经济功能，集中表现在论证群体经济活动的合理性，并进而动员该群体全体成员采取集体行动，以实现群体行动的规模经济。意识形态能够对社会成员的经济行为和价值取向进行整合，形成社会成员经济生活的强大合力，使社会成员以统一的步调迈向经济目标，从而对社会经济发展起有力的推动作用。意识形态作为思想上层建筑的核心，它与政治上层建筑一起，对经济发展有巨大的反作用，从而形成了刚柔并济的上层力量，共同作用于特定社会的经济基础。当意识形态所维护的经济基础与生产力发展相适应时，它就对经济发展起推动作用；当意识形态维护的经济基础与生产力发展不相适应时，它就对经济发展起阻碍作用。促进作用和阻碍作用，是意识形态经济功能的二维表现。

最后，意识形态具有文化功能。意识形态的文化功能，集中表现在意识形态对文化发展的内导作用。观念形态的文化既是一种理性认知体系，也是一种价值评价体系。这种文化体系的价值目标，集中浓缩在意识形态之中，意识形态对文化体系起着规范、制约和内导作用。在人类社会发展的政治文明时代，政治文化是文化体系的核心，而意识形态又是政治文化的核心，意识形态是整个文化体系的轴心所在，它不仅规定着特定文化的基本性质，而且还内导着文化发展的基本方向。葛兰西把意识形态的文化整合功能称为“社会水泥”，认为一个政党靠争取意识形态的“领导权”而成为一个“历史集团”，从而使整个社会成为一个政治统一体。“在保持整个社会集团的意识形态上的统一中，意识形态起到了团结统一的水泥作用。”① 意识形态的发展过程勾勒着整个文化发展变化的历史轨迹，这集中体现了意识形态对文化发展的内导功能。

第二节　意识形态的表现

意识形态是伴随着政治生活产生而产生的政治现象，并随着人类社会政治生活的发展而发展。意识形态以观念的方式表达着不同阶级的阶级利益，浓缩了不同阶级的政治意志。历史上不同类型的意识形态，都反映了统治阶级的思想观念，且随着人类政治生活的发展而不断变化。当代资产阶级的意识形态，形成了多样化的理论表征。

一、意识形态的历史演进

在人类社会历史发展的进程中，意识形态是随着生产方式的变更而变更的。任何意识形态在自身运动中，都形成了自身发展变化的历史逻辑。依据人类社会形态的历史演进，可将意识形态分为以下四种类型：

第一，奴隶社会的意识形态。奴隶社会的意识形态，就是奴隶主阶级的意识形态，它构成了人类社会意识形态发展史的开端，成为维护人类社会第一个剥削阶级政治统治的思想武器。奴隶社会的意识形态，随着原始社会的解体、阶级和国家的产生而产生，为奴隶

---

① 宋惠昌：《当代意识形态研究》，25页，北京，中共中央党校出版社，1993。

制的确立奠定了思想基础，并随着奴隶主阶级政治统治地位的确立，而在政治思想上占据统治地位。随着奴隶制的灭亡，奴隶主阶级的意识形态被封建主阶级的意识形态取代。奴隶社会的意识形态，为奴隶主阶级的政治统治提供合法性依据，维护着奴隶主阶级的阶级利益，构成了奴隶主阶级统治奴隶阶级的思想武器。

第二，封建社会的意识形态。封建社会的意识形态，就是封建地主阶级的意识形态，它构成了维护封建地主阶级政治统治的思想武器。封建地主阶级的意识形态，产生于奴隶社会末期，它是奴隶制向封建制社会转型的精神信号，为封建制度的确立做了思想上的准备。随着封建地主阶级政权的建立，封建地主阶级的意识形态就成了封建社会的意识形态。西方中世纪的神权思想，成为西方中世纪实施阶级统治的思想武器。以儒学为代表的政治思想，构成了我国两千多年封建社会的意识形态，它一方面推动了我国封建社会前期的繁荣，另一方面又阻碍了我国封建社会后期的发展。我国封建社会的意识形态是封建史上最为成熟的意识形态。

第三，资本主义社会的意识形态。资本主义社会的意识形态，就是资产阶级的意识形态。以欧洲启蒙思想为代表，它随西欧资本主义私有制的产生而产生，为资产阶级革命做了思想上的准备，进一步为资本主义政治制度的确立奠定了思想基础。随着资本主义的发展，资产阶级意识形态进一步确立了自己的统治地位，成为维护资产阶级政治统治的思想武器。当今世界，由于资本主义在世界经济政治格局中仍然处于强势地位，其意识形态在多元文化互动中也相应处于强势地位，资产阶级意识形态的影响和渗透不可低估。当代资本主义的意识形态，往往以“普世价值”的方式向其他国家推销，颠覆社会主义国家已成为当代资本主义意识形态的政治使命。

第四，社会主义社会的意识形态。社会主义社会的意识形态，就是以马克思主义为代表的无产阶级的意识形态。马克思主义是无产阶级谋求解放的科学理论，它的产生是人类政治思想史上的一场伟大革命，从而开辟了人类政治思想的新纪元。马克思主义产生于19世纪40年代，经过了一个半世纪的历史发展，其政治影响力与日俱增。社会主义意识形态的与时俱进，是提高社会主义文化软实力的战略任务，也是增强社会主义意识形态政治生命力的时代主题。今天，作为中国化的马克思主义已发展到了当代形态，社会主义核心价值观已成为我国意识形态发展的时代高度。建设中国特色社会主义先进文化，推进马克思主义中国化、时代化和大众化，创新当代中国的马克思主义，发展21世纪的马克思主义，是我国意识形态战略工程的时代主题。

二、意识形态的当代表达

意识形态的思想表达古已有之，而中西方有着不同的表达方式。中国古代意识形态的集中代表是儒家学说，它代表了我国封建社会意识形态的思想精华。中国近代意识形态的集中代表是三民主义，它代表了中国近代资产阶级的利益诉求。中国现代意识形态的核心思想就是马克思主义，它是中国无产阶级进行政治设计的思想体系，是社会主义意识形态的核心所在。西方古代意识形态的集中表达是宗教神学，它代表了西方中世纪统治阶级的根本利益。西方近代以来意识形态的思想表达，形成了资产阶级进行资本主义政治设计的思想体系，资本主义发展先后经历了自由资本主义和垄断资本主义两个阶级。其意识形态也从以自由主义为核心的理论表达，发展到以法西斯主义为核心的思想形态。与此同时，随着资本主义经济大萧条的出现，自由主义也被凯恩斯主义代替，强化国家职能是其意识形态的思想核心。随着资本主义从国家垄断向国际垄断的不断拓展，新自由主义思想又重新开始抬头，一度成为当代西方意识形态的主流思想。

意识形态是人类社会政治生活的柔性层面，是当今世界多元文化的核心内容。从全球化视域来看，意识形态理论多种多样，意识形态思想观点纷呈，这里我们介绍几种代表性的意识形态：

第一，新自由主义。自由主义是近代西方意识形态的核心思想，它主张个人权利的优先性，强调个人的自由和平等。如果能够保障个人在社会中的自由和权利，那么公共利益也就自然可以实现，这是典型的西方个人主义的思想主张，个人主义也因此成为西方近代自由主义的价值原则。随着西方社会经济危机的不断出现，自由主义被凯恩斯主义代替，强调国家职能是其基本思想。而经济全球化的不断推进，凯恩斯主义又被新自由主义代替，从而形成了否定之否定的思想逻辑。新自由主义继承了自由主义的基本思想，坚持以个人实现自由为出发点，但它重点强调保证个人实现自由权利的社会公正，这正是新自由主义的思想“新义”。因而认为承担这份公正责任的主要是市场而非国家，所以它在理论上主张全面“自由化”，否定政府宏观调控；在国际战略上鼓吹资本主义全球化，它代表了西方垄断资产阶级利益。

第二，新保守主义。保守主义主要崇尚的四大价值，即传统、秩序、等级和自由，认为国家的根本任务就是维护这四大价值，它反对任何激进理论和改革实践。而新保守主义继承了保守主义的经典价值观，但它强调宪政秩序的重要性，倡导“宪政民主”的法权实践，主张加强国家权威。它虽然强调国家对于维护个人自由的职能，但它也反对国家过多干预社会经济的发展。当然，新保守主义与保守主义一样，共同反对政治生活的激进改革，反对多元主义，尤为反对社会主义，这也反映了新旧保守主义共同维护资本主义政治制度的政治本性。

第三，社群主义。社群主义是20世纪80年代之后产生的政治思潮，它基于批判新自由主义而发展起来。如果说新自由主义的哲学基础是新个人主义，强调个人权利优先原则，那么社群主义的哲学基础则是新集体主义，则强调集体权利优先原则。如果说新自由主义是一种正义价值观，那么社群主义则是一种社群价值观，从而形成了当代西方政治理论价值原则的“两军对垒”。社群主义反对新自由主义把自我当作理解社会政治现象的基本变量，认为自我最终是由他所在的社群决定的，因而强调群体至上，坚持群体本位。因此，社群主义认为，社群是社会分析的基本变量，强调国家价值，倡导爱国主义，坚持集体优先。

第四，民族主义。民族主义产生于19世纪的欧洲，主要是法国大革命时期所产生的狂热的民族主义。随着殖民活动的发展，很多地区产生了民族存在的自觉意识，民族主义得以传播。如今民族主义似乎已经成为大多数国家的主流意识形态，直到今天它仍居主导地位。民族主义是一种民族统一的强大信念，它通常并没系统化思想，有的只是“我们不要别人的统治”，民族主义是当代意识形态中真正的胜利者，它战胜了所有其他的意识形态。[①] 陈振明教授认为民族主义有以下特征：“以臆想的民族历史和文化传统作为效忠的

① 参见［美］迈克尔·罗斯金等：《政治科学》，116～117页，北京，华夏出版社，2001。

对象……与黩武精神相结合……与国家权力的结合。”① 我们可以看到，这种意识形态成为统治阶级获得合法性的主要手段。

第五，民主社会主义。民主社会主义起源于欧洲，一直是欧洲左翼政党的指导性理论。它是国际工人运动兴起过程中产生的一种非马克思主义思潮，是西方国家社会民主党的意识形态。民主社会主义的基本主张是，将资本主义优点和社会主义优点结合起来，寻求介于两者之间的中间道路。民主社会主义作为一种当代国际政治思潮，是在苏东剧变后开始受到重视的，因为民主社会主义对苏东剧变起了重要作用。民主社会主义仅仅把社会主义看作道德需要，否定社会主义代替资本主义，主张对资本主义进行改良。理论上排斥马克思主义，政治上否定工人阶级领导，经济上否定生产资料公有制。民主社会主义本质上是小资产阶级利益的思想表达。

第六，马克思主义。当代世界形成了社会主义和资本主义两大政治体系。资产阶级意识形态的多元表达，在资本主义世界的不同体系中发挥着重要作用，共同维护着资产阶级的阶级利益。与此有别，社会主义国家的意识形态，其核心思想是马克思主义。马克思主义产生于 19 世纪 40 年代，经过了 170 余年的发展，不断形成了马克思主义民族化的理论成果，列宁主义和毛泽东思想是其经典代表。随着社会主义现代化建设的不断推进，马克思主义理论也随之由经典形态迈向现代形态，这体现了马克思主义时代化的理论使命。马克思主义中国化、时代化和大众化，是中国马克思主义与时俱进的时代主题。中国特色社会主义理论体系，形成了马克思主义与时俱进的当代形态。发展 21 世纪的马克思主义和当代中国的马克思主义，是推进马克思主义创新发展的政治工程，更是当代中国马克思主义理论创新的政治使命。

---

① 陈振明：《政治学：概念、理论和方法》，493 页，北京，中国社会科学出版社，2006。

第三篇

政治制度

政治制度是政治意识的感性延伸，是人类社会政治生活的行为规范，它是政治意识与政治存在互动发展的历史产物，表征着人类社会政治主体的政治设计。国家制度、政党制度和政府制度，标识着现代社会政治制度的基本内容。人类社会政治制度的历史产生，契合了人类社会政治运行的客观规律，形成了整合社会利益群体的技术路径，规范着人类社会政治生活有序运行的主体行为，体现着人类社会政治生活的文明程度。

国家制度

国家制度是国家政治生活的行为规范，也是国家机器常态运转的行为轨道。国家制度反映了国家政权的阶级本质，也就是通常所说的国体问题。国家形式分为内在形式和外在形式，内在形式又分为国家政权形式和国家结构形式两种；而外在形式特指国家机构体系，它是内在形式的外在表现。国家政权形式就是国家政权的运行方式，国家结构形式主要指国家整体与部分的相互关系。国家机构体系是指国家政权机关的结构方式，一般主要设有立法机关、行政机关和司法机关三大系统。

第一节 政治国家的内涵

国家是政治现象的核心所在，所有政治活动都围绕着国家政权而展开。从经典意义上讲，国家问题一直是政治学的核心问题，弄清了国家的本质有助于把握政治的本质。

一、政治国家的含义

国家是随着阶级的产生而产生的政治现象。政治存在决定政治意识，有了国家的存在就必然有人们对国家的认识。历史上存在着多维视角的国家观，主要表现为以下几种理论形态：

第一，国家神权说。这是神权政治时代的理论产物，在东西方封建社会都很盛行。中国汉代董仲舒的“君权神授论”，奠定了中国国家神权说的基础；西方中世纪思想家托马斯·阿奎那认为，国家来自上帝的创造，“除了上帝所赋予的权柄以外，不存在其他权柄；现世的政权，就是按上帝的旨意建立起来的”。二者都是国家神权说的典型代表。

第二，社会同盟说。社会同盟说的具体观点众说纷呈，在西方比较流行。政治学的鼻祖亚里士多德认为，国家是许多家族和村落的联合体；古罗马政治哲学家西塞罗认为，国家是由社会团体结合而成的组织体；近代荷兰法学家格劳秀斯认为，国家是自由人的完整联盟；德国古典哲学家康德也认为，国家是民众通过法律而组织起来的联合体。

第三，社会契约说。国家社会契约说的观点，发源于古希腊思想家伊壁鸠鲁。随着近代资本主义市场交换和契约行为的发展，资产阶级政治学家斯宾诺莎、霍布斯、洛克、孟德斯鸠、卢梭等从自然法的角度完善了社会契约学说，从而使之成为17—18世纪最有名的政治理论。社会契约说把国家看成自然状态下人们按照理性原则形成的社会契约，它虽然是对国家神权说的直接否定，但仍然没有打破唯心主义历史观的束缚。

第四，国家统治说。不少政治学家看到了国家政治生活中统治的一面，因而从统治意义上来认识国家。无政府主义者巴枯宁认为，国家是国力的化身；法国政治学家布丹认为，国家是受最高权力和理性所支配的家族及其共同事务的联结体；意大利思想家狄骥认为，国家只是被统治者和统治者分化的一种社会；奥地利政治学家巩普洛维奇也认为，国家是少数人统治大多数人的组织。国家统治说虽然表明了国家统治的特征，但未能科学地揭示国家统治的本质内容。

第五，国家要素说。国家要素说一般有三要素说和四要素说两种观点。三要素说认为国家是人口、领土、主权三者的联合体，我国思想家梁启超就持这种观点。四要素说是在人口、领土、主权之外再加一个政府，如美国政治学家J. W. 迦纳认为，“国家是许多人所组成的社会；永久占有一定的土地；不受或几乎不受外来的控制；有一个为人民习惯服从的有组织的政府”。国家要素说实际上是以地理意义上的国家来代替政治意义上的国家，同样未能科学地揭示国家的本质。

马克思主义的国家观，坚持以历史唯物主义为基本原理，克服了历史上各种不同国家观的理论缺陷，科学地揭示了国家的本质。恩格斯在《家庭、私有制和国家的起源》中，得出了马克思主义关于国家的著名论断：“国家是社会在一定发展阶段上的产物；国家是承认：这个社会陷入了不可解决的自我矛盾，分裂为不可调和的对立面而又无力摆脱这些对立面。而为了使这些对立面，这些经济利益互相冲突的阶级，不致在无谓的斗争中把自己和社会消灭，就需要有一种表面上凌驾于社会之上的力量，这种力量应当缓和冲突，把冲突保持在‘秩序’的范围以内；这种从社会中产生但又自居于社会之上并且日益同社会相异化的力量，就是国家。”① 这个著名论断是我们正确理解国家的产生和本质的理论基础，以此为契机，我们从以下两个方面把握国家的本质内涵：

一方面，国家是社会物质生产发展的文明成果，是阶级矛盾不可调和的必然产物。马克思主义对国家本质的考察，是从国家起源入手的。人类已有几百万年的历史，而国家的出现仅几千年。原始社会不存在国家，人类实行的是以原始公有制为基础的氏族制度，其管理活动实行的是民主式管理，氏族成员之间的关系是平等的，此时的经济活动虽有分工，但只是一种平面式分工。原始社会末期，随着生产力的发展和剩余产品的出现，私有制也随之出现，氏族成员开始出现了立体式分化，并最终分裂为两大对立阶级。阶级的出现标志着人类社会结构从平面结构向立体结构的转型。有阶级必有阶级斗争，阶级斗争的不断激化，使得对立阶级的矛盾不可调和，从而迫使统治阶级建立强大的武装力量来镇压被统治阶级的反抗，国家在此背景下应运而生。因此，列宁反复强调：“国家是阶级矛盾**不可调和**的产物和表现。”② 国家的产生标志着人类政治文明的历史形成，政治文明一经

---

① 《马克思恩格斯选集》，2版，第4卷，170页，北京，人民出版社，1995。

② 《列宁选集》，3版修订版，第3卷，114页，北京，人民出版社，2012。

产生，又以其强大的力量推动着人类物质文明和精神文明的不断发展。

另一方面，国家是一个阶级统治另一个阶级的暴力工具，其目的是维护阶级统治的政治秩序。资产阶级思想家在一定程度上承认国家是阶级矛盾的产物，进而将国家看作居于两个对立阶级之上的居中调和力量，从而主张国家的永恒性和中立性。然而从恩格斯对国家的论断中可以发现，国家是在“表面上”凌驾于社会之上的力量。这说明，国家形式上是中立的，但实际上是有偏向的，是在经济上占统治地位的阶级获得的“镇压和剥削被压迫阶级的新手段”①。正如列宁指出：“国家是维护一个阶级对另一个阶级的统治的机器。”② 恩格斯所指的把冲突保持在“秩序”的范围以内，实际上就是指维护有利于统治阶级的统治秩序，其本质是保护有利于统治阶级的生产关系。

首先，阶级性是国家的本质属性。国家的实质是阶级专政，一切国家都是统治阶级的国家。国家的产生是基于统治阶级的阶级意志，国家的作用在于维护统治阶级的政治统治，国家的政权始终掌握在统治阶级手中。其次，强制性是国家的基本属性。国家是由军队、警察、监狱等暴力成分所构成的暴力机关，它是统治阶级把阶级意志上升为国家意志的坚强后盾。作为统治阶级意志体现的国家法律，要求全民共同遵守，从而体现出国家权力对社会具有普遍约束力。最后，主权性是国家的应有属性。国家主权取决于统治阶级的意志，统治阶级为确保国家意志的权威性，总是要使国家权力对内最高和对外独立，亦即国家具有独立自主地处理对内和对外事务的最高权力。国家的本质就是以暴力为后盾的阶级专政，是维护统治阶级利益的权力组织。

二、政治国家的职能

国家职能是国家本质的内在要求和具体体现，是国家活动的基本方向和根本使命。根据马克思主义的国家理论，国家职能主要可以分为以下三种：

第一，政治统治职能。国家的政治统治职能是由国家的阶级性特征决定的，这是国家最为基本的国家职能。它表明国家首先承担着一个阶级对另一个阶级的全面控制和强力压迫的任务。在剥削阶级国家，是少数统治者对绝大多数被统治的劳动群众实行的控制和压迫；在社会主义国家，是占社会人口绝大多数的人民对少数敌对分子的控制和镇压。国家的政治统治职能与国家政权的暴力属性具有内在的一致性。

第二，社会管理职能。这是由国家的社会性特征决定的，这也是国家对内职能的重要内容。任何国家都具有管理社会公共事务的职能，包括组织社会生产、维持社会秩序、进行文化教育、发展科学技术、治理自然环境等方面的内容。这些职能虽然表面上具有中立性和社会服务的公共性，但其本质是为了争取广大群众对国家政权的支持，为了维护统治阶级的统治秩序。随着阶级矛盾从对抗型向非对抗型的转型，国家的管理职能日益成为国家对内职能的重心所在。资本主义国家除了作为统治工具以外，也是一个管理工具，在政治管理技术方面比以往任何形式的国家都发达，是国家社会职能发展的一种成熟形态。社会主义国家则代表社会管理的时代趋势，社会管理已成社会主义国家的基础职能。

---

① 《列宁选集》，3版修订版，第2卷，441页，北京，人民出版社，2012。
② 《列宁选集》，3版修订版，第4卷，31页，北京，人民出版社，2012。

第三，安全保卫职能。这是由国家主权性特征决定的，是国家对外职能的基本内容。它表明国家应当承担调整国家关系、保卫国家主权、实现领土完整、维护居民自由等重要使命。这一职能是国家政治职能和社会职能的外在延伸和空间扩展，从根本上维护着统治阶级的根本利益。当代社会的国家安全领域，已从传统安全领域拓展到非传统安全领域，从领土安全拓展到领海安全和领空安全，从政治安全拓展到经济安全和文化安全，从实体安全拓展到金融安全和网络安全。食品安全和生态安全也日益凸显，这都需要建立现代国家安全保障体系。

在具体的国家活动中，国家的三种职能联系非常紧密。只有加强对内的统治与管理职能，增强国家的综合国力，才能有效地实现国家的对外保卫职能；同样，有效地发挥保卫职能，通过成功的外交活动，建立一个和平共处的国际环境，这对国内政权的巩固和社会的发展具有极大的促进作用。另外，国家的三种职能在不同的历史阶段，主次关系也在不断变化。一般而言，在和平时期，政治管理职能居于主导地位；而在战争时期，安全保卫职能则上升为主导地位。随着经济全球化和世界多极化进程的日益推进，国际竞争日趋激烈，国际政治关系日益成为当代政治关系的主导轴心，人类政治活动的逻辑重心也从国内向国际位移，从而使安全保卫的职能地位不断上升。这也体现了政治国家向民族国家的历史转型，同时也表征了国家根本属性从统治性向管理性的时代位移。

三、政治国家的类型

古希腊哲学家亚里士多德对国家的分类研究，是传统国家类型划分的典型代表，他以掌握国家权力的人数多少为标准，把国家分为三类：君主国、贵族国和民主国。马克思主义经典作家依据经济基础和阶级实质来划分国家，从而把历史上的国家分为奴隶制国家、封建制国家、资本主义国家和社会主义国家。

第一，奴隶制国家。奴隶制国家是人类历史上第一个剥削阶级专政的国家。它随着原始公社制度的崩溃、奴隶占有制的形成、阶级的出现以及阶级矛盾的不可调和而产生，其中，古希腊和古罗马是最发达的奴隶制国家，表现为以城邦为载体的城市共和国。奴隶制国家存在着奴隶主和奴隶两个基本阶级，其经济基础是奴隶主占有全部生产资料和劳动者奴隶本身。在这种阶级结构和经济基础上建立起来的奴隶制国家，是奴隶主阶级用来维护自己的利益、压迫和剥削奴隶阶级的政治组织，其实质是奴隶主阶级对奴隶阶级的专政。奴隶制国家的对内职能是控制奴隶和自由民，对外职能是侵略其他国家或防御外来侵略。

第二，封建制国家。封建制国家是封建地主阶级专制的国家。它是建立在封建制经济基础上的上层建筑，地主占有绝大部分生产资料，在经济上对农民进行剥削，在政治上对农民进行统治，因而封建制国家的实质是地主阶级对农民阶级进行专政的工具。封建社会是以自然经济为主的农业社会，农业是最基本的生产部门，土地是最主要的生产资料，所以，土地所有制是封建社会生产关系的核心。封建社会土地所有制主要有领主占有制、地主占有制、国家占有制和自耕农占有制四种具体形式。在四种土地所有制形式中，真正对封建制国家起决定作用而构成封建社会经济基础的，在西方是领主占有制，在中国是地主占有制。在封建制国家中，中华民族曾经创造了灿烂的封建文明，在世界封建文明史上独树一帜。

第三，资本主义国家。资本主义国家是通过资产阶级革命建立起来的资产阶级专政的国家，也是人类历史上最后一个剥削阶级专政的国家。它是建立在生产资料资本家占有制的经济基础之上的上层建筑。资产阶级和无产阶级是资本主义社会的两大基本阶级，资产阶级和无产阶级的矛盾，构成了资本主义社会的基本矛盾。资本主义国家是资产阶级政治权力的组织化和制度化，它是人类历史上有国家以来最完备、最复杂的国家机器，它以严密的组织体系和良性的运行机制，最大限度地保护着资产阶级的利益。资本主义国家在其发展过程中，虽然经历了自由资本主义和垄断资本主义两个阶段，但其经济基础和国家本质都未改变。资本主义国家的本质是资产阶级对无产阶级和广大劳动人民的专政，是维护资本主义生产关系和资产阶级根本利益的工具。

第四，社会主义国家。社会主义国家的出现标志着人类社会政治文明的历史提升。社会主义国家是建立在公有制经济基础之上的无产阶级专政的国家形态，它是无产阶级领导的、以工农联盟为阶级基础的国家，劳动人民是国家的主人，无产阶级政党领导是其政治特质，马克思主义指导是其思想特征。根据马克思和恩格斯的预想，未来社会主义国家应该是统一的民主共和国，“工人阶级只有在民主共和国这种形式下，才能取得统治。民主共和国甚至是无产阶级专政的特殊形式”①。发展社会生产力是社会主义国家的根本任务，也是社会主义国家的主要职能。社会主义国家的历史使命，在于推进人类物质文明、政治文明、精神文明、社会文明和生态文明的全方位发展。而社会主义国家具有政治文明的重要优势，为进一步推动社会主义现代化建设提供了政治保障。社会主义国家将通过核心政治职能的有效发挥，全方位推进国家治理体系现代化，为共产主义的实现创造条件。

第二节　国家制度的内容

任何国家都是内容和形式的统一体，国家本质属于国家内容的层面，国家形式是国家内容的具体表现，国家的内容与形式统一于国家制度。国家本质决定国家形式，国家形式具有相对独立性，从而需要国家制度进行政治规范。

一、国家政权形式

国家政权形式亦即政权组织形式，也可称之为政体，其含义是统治阶级采取何种形式来组织自己的政权，它是国体的表现方式。国体是社会各阶级在国家中的地位。国体与政体的关系是内容与形式的关系，国体决定政体，政体反作用于国体。纵观人类社会发展史，政体先后出现了君主制和共和制两种形态。

1. 君主制

君主制是以世袭和终身任职的君主为国家元首，并由君主执掌国家最高权力的政权组织形式。按照君主所实际享有的权限，君主制又可分为专制君主制和立宪君主制两种。

第一，专制君主制。专制君主制的基本特征是君主拥有绝对的至上权力，君主的意志就是国家的意志，君主不受任何人或机关的限制和监督。在专制君主制国家，最高权力完

① 《马克思恩格斯文集》，第4卷，415页，北京，人民出版社，2009。

全属于君主，“朕即国家”。专制君主制是奴隶制和封建制国家政权组织的典型形式，它普遍地存在于古代的东方社会，中国封建社会的历代王朝都是典型的专制君主制度。在历史上专制君主制还有两种变异形态：一是贵族君主制，主要出现于早期欧洲，它与领主占有制经济相适应并与分封割据制的国家结构相结合，其特点是最高国家权力名义上掌握在君主手中，实际上君主却受贵族的制约甚至受他人操纵。二是等级君主制，主要存在于中世纪以后的西欧，其特点是在君主之下，有一个由僧侣、贵族、商人代表组成的等级会议作为咨询机关，该机关一般享有纳税批准权，而其他会议表决则对君主没有约束力。总之，欧洲君主制中的君主权力从一开始就受到了某种程度的限制。

第二，立宪君主制。立宪君主制又称为君主立宪制，其基本特征是君主名誉上为国家元首而执掌国家的最高权力，但实际上君主所拥有的国家权力由宪法加以规定和限制，并在不同程度上受到其他国家机关的制约。立宪君主制作为资产阶级国家的一种政权组织形式，是资产阶级与封建势力相妥协的产物。可将立宪君主制分为二元君主制和议会君主制两种形式。二元君主制主要存在于封建势力较强的国家。在这种政体下，国家最高权力由君主和议会共同掌握，君主的行政权和议会的立法权构成了两个权力中心，但实际上君主是真正的权力中心，君主的权力虽然受到宪法和议会的限制，但国家的实际权力掌握在君主及接近君主的少数人手中，行政权力机构是根据君主的意志组织起来的内阁。当前尼泊尔、摩洛哥、约旦等国是典型的二元君主制。议会君主制主要出现在资产阶级力量占绝对优势的国家。在这种政体下，议会是国家最高权力的中心，君主受到宪法和议会的实际限制，一般只具有国家象征意义，政府不再向君主负责而是向议会负责，政府首脑并非由君主任命而由议会选举产生，议会不仅是最高的立法机关，而且是最高的权力机关。当代的英国、日本、西班牙等国仍然保留这种政权组织形式。

2. 共和制

“共和”的英文 republic 一词来源于拉丁文 respublica，意即公共事务。共和的根本原则是天下为公，国家权力是公有物，国家治理是所有公民的共同事业。共和制是指国家最高权力机关和元首都由选举产生并有一定任期的政权组织形式。

第一，前资本主义国家的共和制。

共和制最早出现于古希腊和古罗马等奴隶制国家，是奴隶制国家的一种特殊形式，有民主共和制和贵族共和制两种形式。民主共和制的主要特征是国家机关由所谓多数公民（奴隶除外）选举组成。这种政权组织形式以直接的民主制为基础，国家主权属于公民，而不是选举代表来治理国家，公民大会是最高的权力机关。然而当时的民主共和制不是一种真正的民主制度，妇女、奴隶和外邦人是无权参加公民大会的。贵族共和制是指国家最高权力由奴隶主贵族的执政官掌握的一种政权组织形式。其特征是执政官由选举产生，并实行限定任期制，形式上是国家最高长官，其机构主要包括元老院、人民大会以及执政官和保卫官等各种长官，其中终身任职的元老院地位最为重要，掌握着国家立法、行政、外交、军事等实际权力。罗马奴隶制国家是贵族共和制的典型形式。

虽然共和制在封建社会十分少见，但它仍然存在于中世纪欧洲个别城市国家的政权组织形式中。当时的城市共和制就是典型代表，它是由一小部分封建贵族和富商掌握政权的一种政权组织形式，其特点是城市共和国的国家机关都是经过选举产生的，当然真正参与政权和掌握权力的通常都是封建贵族和富裕商人。中世纪欧洲典型的城市共和制有意大利境内的威尼斯、热那亚、佛罗伦萨和俄罗斯的诺夫哥罗德等。

第二，资本主义国家的共和制。

欧洲新兴资产阶级为反对封建专制制度而构建的资产阶级民主共和制，创始于 16 世纪，在 18 世纪有了普遍的发展。列宁指出："资产阶级的共和制、议会和普选制，所有这一切，从全世界社会发展来看，是一大进步。"① 共和制是资产阶级国家普遍采用的政权组织形式，它通常是指国家最高权力机关和国家元首由选举产生，并有一定任期的政权组织形式。资本主义国家的共和制主要可分为议会共和制、总统共和制和委员会共和制三种形式。

议会共和制是以议会为国家政治的核心，政府由议会产生并对议会负责的一种政权组织形式。其特点表现为议会是最高的国家权力机关，国家元首由选举产生的总统担任，政府通过议会大选产生并掌握行政权，政府首脑需要获得议会的支持才能工作，而这种支持一般通过信任投票的方式得到体现。因此，在采用议会制的国家中，立法体系与行政体系并不完全分立。议会共和制的政府一般拥有多个党派，而且政府首脑与国家元首分开。它与议会君主制的区别在于国家元首的产生不同，前者由选举产生总统，后者由世袭形成君主。议会共和制的行政体系一般就是政府的内阁，由政府首脑领导。总理或首相以及全体内阁成员一般也是从议会议员中产生，并在任职后保留议会中的议席。政府首脑往往由议会多数党的领袖担任。现在的德国、意大利、奥地利、印度等国都实行这种议会共和制。

总统共和制是以总统为国家元首和政府首脑，并由其组织和领导政府，政府不对议会负责的政权组织形式。总统既是国家元首又是政府首脑，掌握行政、军事和外交大权，总统和议员分别由选举产生，并有特定任期，总统只能由选举获胜的执政党的候选人担任，它是"三权分立"制的典型形式。总统共和制的特征表现在：第一，总统既是国家元首又是政府首脑，总揽行政权力，统率海、陆、空三军，公布法律和发布命令。第二，行政机关和立法机关相互独立，政府官员和议员不能互兼。第三，由当选的总统组织政府，总统的选举与议会的选举分别进行，国会中的多数党不一定是执政党。第四，总统与议会的任期相对固定。美国是历史上最早实行总统共和制的国家，墨西哥、巴西、阿根廷、埃及、印度尼西亚等国家也实行这种制度。总统共和制还有一种特殊形态，是一种带有议会共和制特点的总统共和制，其总统由选举产生而成为国家元首，并组织和领导政府，总统不直接出任政府首脑，而另设总理具体负责政府活动，总统和政府都要对议会负责，这种政体被称为半总统制，或称为混合制，法国和俄罗斯是其典型代表。

委员会共和制是以地位完全平等的委员组成的委员会集体执掌国家行政权的政权组织形式。委员会由联邦议会选出七名委员组成，当选委员不一定是议员，如果是议员必须放弃议员资格。委员连选连任而没有限期，几乎形成终身任职。主席对外仅限于履行各种礼节；对内除开会时担任主席外，与其他委员一样，是普通的委员兼部长。一切重大问题都要由七名委员会合议，并以委员会名义行使职权和执行决议，所以这种制度被称为委员会制或合议制。委员会共和制是瑞士采取的独特政体形式。瑞士自 1848 年确立了委员会制

---

① 《列宁选集》，3 版修订版，第 4 卷，38 页，北京，人民出版社，2012。

后，成为唯一长期实行这种制度的国家。瑞士最高行政机关是联邦委员会，是议会的执行机关，必须服从和执行联邦议会的决定，并无权解散议会。议会行使立法权，但议会否决委员会的某项政策或提案时，委员会不必因此而辞职，这是区别于总统制和议会制的主要特点。

第三，社会主义国家的共和制。

社会主义国家是无产阶级专政的新型国家，它在人类历史上真正实现了民主共和制的政权组织形式，其共性原则是民主集中制和“议政合一”，表现为公社制、苏维埃制和人民代表大会制三种形式。

巴黎公社是社会主义共和制的一项伟大的尝试。公社的一切公职人员由选民直接选举产生并受选民的监督，公社委员会是公社的最高权力机关，按议政合一的原则，统一行使立法权和行政权。巴黎公社虽然只存在了 72 天，其政权组织形式还不完善，但它为无产阶级专政奠定了原则性基础。

苏维埃制是列宁根据巴黎公社原则和俄国无产阶级在社会主义革命中的组织形式发展起来的苏联国家政权组织形式。其特点是国家最高权力机关是由人民选举产生的苏维埃代表大会；作为国家集体元首的最高苏维埃主席团受最高权力机关制约；对最高苏维埃代表大会及其主席团负责的政府为最高权力机关的执行机关。

人民代表大会制是中国人民在中国共产党领导下，在长期的政治实践中创造和发展起来的中国特色社会主义共和制政体。其基本特征是：由人民民主产生并接受人民监督的人民代表大会是国家最高权力机关，行政机关和司法机关由人民代表大会产生并对人民代表大会负责，人民代表大会实行民主集中制的组织原则。我国人民代表大会制度具有以下特色：首先，中国人民代表大会制度的民主基础更为广泛。在我国人民代表大会制度下享有政治权利的人民是指全体社会主义劳动者、社会主义事业的建设者、拥护社会主义的爱国者、拥护祖国统一的爱国者，包括港、澳、台同胞，海外侨胞中的爱国者。其次，中国人民政治协商是人民代表大会制度的有益补充。政治协商会议是我国人民管理国家事务的一种重要方式。一般来说，人民代表大会开会时，同级政协也同时召开会议，对人民代表大会讨论的问题提出意见和建议，从而对人民代表大会的决定发挥重大的积极影响，并有权力对国家机关和工作人员进行批评监督。最后，中国共产党领导的多党合作制度与人民代表大会制度紧密相连。我国同某些社会主义国家的一党领导制有所不同，我国实行的是一党领导、多党参政、共同合作的方针，坚持中国共产党的领导，是我国人民代表大会制度的一项基本原则；同时，在我国各级人民代表大会的代表中，民主党派的成员也占有一定的名额。

二、国家结构形式

国家结构形式是指国家整体与部分之间、中央政府与地方政府之间的关系。国家结构形式的基本类型主要有单一制与联邦制。

1. 单一制

单一制（unitary system）是指由若干不享有独立主权的行政区域组成统一主权国家的国家结构形式。其特征是：第一，从法律体系看，国家只有一部宪法，由统一的中央立法机关根据宪法制定法律；第二，从国家机构看，国家只有一个最高立法机关、一个中央政府、一套完整的司法系统；第三，从地方职权看，地方接受中央的统一领导，地方政府的权力由中央政府授予，地方行政区域和自治单位没有脱离中央而独立的权力；第四，从对外关系看，国家是一个独立的主体，公民具有统一的国籍。

单一制国家又可分为两种类型。一种是中央集权型单一制国家。其地方官员代表中央来管理地方的行政事务；地方居民无自治权，只有经中央批准才能建立地方自治机关；地方机关和地方自治机关都在中央政权的严格控制下，在规定的范围内行使其职权。在该国起主要作用的地方国家机关是地方行政机关，其官员具有双重身份：一方面，他们代表中央，按照中央的命令来办事，对国家的内务部负责；另一方面，作为地方官员，他们管理一切地方行政事务。法国是中央集权型单一制国家的典型代表。另一种是地方分权型单一制国家。在这种结构形式的国家中，地方居民可以依法自主组织地方的公共机关，并在中央监督下依法自主处理本地区事务，而中央不得干涉地方具体事务。该国地方政府实行一定程度的自治，地方设有与中央相应的议会和议会任命的执行机关管理委员会。地方议会通过的决议必须经中央有关部门批准方能生效，法律草案在议会通过前须事先征求中央有关部门意见；管理委员会要执行全国性的政策，负责各项事务的具体管理。英国是地方分权型单一制国家的典型代表。

我国作为单一制结构的社会主义国家拥有自己的特色，主要表现为：一方面，我国基本上属于中央集权型单一制国家，中央和地方是领导与被领导的关系，地方在法律上不具有与中央平等的地位与资格。另一方面，各民族自治地方和特别行政区是中华人民共和国不可分割的组成部分。民族区域自治制度的确立意味着在国家不可分割的领土之内，在最高国家机关统一的领导下，以少数民族聚居的地区为基础建立民族自治地方，自主管理民族事务。特别行政区是根据“一国两制”构想，在香港、澳门和台湾实行的资本主义行政区，它作为中华人民共和国的一部分，属于地方行政区域，但享有立法、行政、司法的高度独立性，并享有外事权。民族区域自治和特别行政区制度，只是作为我国单一制的补充形式，并没有改变我国单一制国家结构的基本属性。

我国采取单一制国家结构具有强大的优越性，主要表现在如下几个方面：第一，有利于国家的独立和统一。我国实行单一制国家结构形式，实际上是我国各族人民近百年来奋斗的胜利成果。单一制有利于保证各民族在独立统一的国家内团结互助，构建和平建设的政治环境。第二，有利于国家的发展和建设。我国的现代化建设不仅需要大量开发资源，而且需要国家统筹兼顾。我国少数民族地方地大物博，而沿海发展较快，单一制国家结构形式有利于中央从宏观上缩小地区间的不平衡，统一调配国家资源，形成统一市场体系，积极发展民族经济。第三，有利于各民族的共同繁荣。我国的单一制国家结构形式与民族区域自治制度的结合，有利于保障各民族平等的政治、经济、文化权利。一方面单一制国家能保障各少数民族根据本民族区域的特点，行使自治权，制定特殊政策；另一方面还能保障各民族的共同繁荣，后进的民族可以得到国家和其他先进民族的援助，共建中华民族的繁荣富强。

2. 联邦制

联邦制是指由若干个具有相对独立性的政治实体联合组成统一国家的国家结构形式。

联邦制是一种多中心的复合共和制，是关于自治化、非集权和多样性的宪政安排。其特点是：第一，国家整体与组成部分之间是一种联盟关系，联邦政府行使国家主权，是对外交往的主体。第二，联邦设有国家最高立法机关和行政机关，行使国家最高权力，领导其联邦成员。第三，实行联邦制的国家都认同于统一的联邦宪法，遵从代表国家利益的统一法律。第四，联邦各成员国有自己的立法和行政机关，有自己的宪法、法律和国籍，管理本辖区内的财政、税收、文化、教育等公共行政事务。第五，联邦和各成员国的权限划分由联邦宪法规定，如果联邦宪法与成员国的宪法发生冲突，以联邦宪法和法律为准。

美国是典型的联邦制国家。在当今世界近 200 个国家中，虽然只有 20 多个联邦制国家，可是，它们的人口总数在 22 亿以上，而且占了世界大约 1/2 的土地。其中，领土最小的是拉丁美洲的圣基茨和尼维斯联邦，面积 267 平方公里；最大的是横跨欧亚大陆的俄罗斯，面积 1 700 多万平方公里。

联邦制同单一制国家相比，有其明显的本质区别。首先，单一制国家划分为各个地方行政区域，地方行政区域是国家根据统治需要，按一定原则进行区域划分的结果，国家主权先于各个行政区域存在。而联邦制国家则由各个联邦成员组成，各成员单位先于联邦国家存在。其次，单一制国家的地方行政区不是一个政治实体，不具有任何主权特征。但联邦成员国则不同，在联邦国家成立之前，联邦成员是享有单独主权的政治实体；在加入联邦之后，虽然不再有完全独立的主权，但在联邦宪法规定的范围内，联邦成员的主权仍受到法律的保护，具体有如下权利：（1）联邦国家的成员有权制定和修改本成员单位的宪法，规定自己的内部制度而无须联邦政府的批准；（2）联邦国家的成员在加入联邦之前有自己的区域范围，在加入联邦后，其区域未经同意仍然不能改动；（3）联邦国家的成员公民有自己的国籍；（4）联邦国家的成员有加入联邦的权利，也有退出联邦的权利。最后，单一制和联邦制国家各有其权力来源。在单一制国家里，国家本身是一个统一的整体，只是为了便于管理，才把领土划分成若干行政区域，并据以建立起地方政权。所以，各地方行使的权力来源于中央授权，并不是地方固有。因此，在单一制国家里，地方的自主权或自治权是由国家整体通过宪法授予的。联邦成员国在组成联邦制国家时，是各自把权力交予联邦政府，同时又保留了一部分管理该成员国内部事务的权力；联邦政府统一行使的权力和各成员国的中央政府所保留的权力都由联邦宪法明确界定。所以，联邦政府的权力来源于各成员国的让渡。

联邦制实质上是复合制的典型代表，复合制才是与单一制相对应的国家结构形式。复合制除联邦制之外还有邦联制，邦联制本质上是一种国家联盟，是一种松散的主权国家联合体的组织形态，欧盟就是一种典型的邦联制的国家联盟。

三、国家机构体系

国家机构是国家为了维护阶级统治、执行国家职能而按照一定原则和程序建立起来的各种机关的总和，其核心是最高国家权力机关的结构形式。国家机构是国家活动的物质载体，是国家存在的实体标志。

1. 国家元首

国家元首是主权国家最高权力的标志，它对外代表国家，对内执掌国家最高权力，在国家机构体系中居于首脑地位。国家元首的设置既是国家政府机构内部分工的需要，也是国家对外交往的需要，甚至是民族精神支柱的需要。因此，任何国家都要设置国家元首。在君主制国家，国家元首称为国王或皇帝，由世袭产生且终身任职；在共和制国家，国家元首称为总统或主席，由选举产生且实行有限任期制。从国家元首的构成来看，国家元首可分为个体元首和集体元首两种形式。个体元首制规定个人为国家总代表并行使元首职权，当今绝大多数国家实行的都是个体元首制。集体元首制规定集体作为国家的代表并行使元首职权，实行集体元首制的有瑞士、圣马力诺等少数国家。

国家元首的职权主要有：公布法律及发布命令；任免国家机关中的高级官员；宣布戒严、大赦、紧急状态及对外宣战；以国家最高代表身份对外交往；代表国家颁授荣誉职衔、称号及证书。此外，有些国家元首还拥有全国武装力量的指挥权，我国在国家机构中另设主席负责的中央军事委员会，作为全国武装力量的最高领导机关，以统帅全国的武装力量。

2. 立法机关

广义的立法机关是指代表公民意志，制定国家法律，决定重大事务的国家机关。狭义的立法机关是指有权制定、修改、废止或恢复法律的国家机关，是国家立法权的组织体现。立法机关一般有国会、议会、国民议会、代表大会等机构，它是国家机构中代表民意的机关，其成员由选举产生，并对选民负责。立法机关的职权主要有立法权、财政权和监督权。

资本主义国家的立法机关通常称为议会，有一院制和两院制两种形式。世界上主要资本主义国家都采用两院制，这样可以突出制衡原则。两院议员产生方式存在较大差异，下议院或众议院议员通常由选举产生，而上议院或参议院议员的产生方式比较多样化，或世袭、或任命、或选举。更多的资本主义国家实行一院制，其议员由选举产生，具有权力集中的特点。

我国的立法机关由权力机关担任，全国人民代表大会是我国最高国家权力机关，其常设机关是全国人民代表大会常务委员会。全国人民代表大会的代表由选举产生，具有极其广泛的代表性，每届任期 5 年，其 15 项职权可分为 4 个方面：最高立法权、最高任免权、最高决定权和最高监督权；全国人民代表大会常务委员会的 21 项职权可分为 6 个方面：立法权、释法权、监督权、决定权、任免权和组织权。

3. 行政机关

行政机关是贯彻国家政治决策、管理国家行政事务的国家机关，是国家行政权的组织体现。

在资本主义国家机构中，中央行政机关大都由三部分组成：政府首脑、职能部门首长和一般工作人员。政府首脑大部分由立法机关产生或国家元首任命，各职能部门首长一般由政府首脑任命，一般工作人员通常由考试产生。其中前两种官员称为“政务官”，通常有一定任期，且与政府共进退；后一种官员称为“事务官”，实行常任制。中央行政机关的主要职责有：贯彻执行法律、管理国家事务、统帅武装力量、任命高级官员、开展对外交往等。可见，资本主义国家行政机关掌握着国家政治、经济、军事等重要权力，实际上处于资本主义国家机构的核心地位，从而构成资产阶级政党争夺的主要目标。

社会主义国家的行政机关从属于国家权力机关，且在国家行政机关内部设有专门的行政监督机关。在我国，中华人民共和国国务院作为中央人民政府，是最高权力机关的执行机关，也是最高国家行政机关。国务院由全国人民代表大会产生，受其监督并对其负责。国务院由总理、副总理、国务委员、各部部长、各委员会主任、审计长、秘书长组成，实现总理负责制，每届任期 5 年，其中前三类人员连续任职不得超过两届。国务院的主要职权有：行政立法权、行政司法权、行政管理权等。

4．司法机关

司法机关是指行使司法权的国家机关，它是国家司法权的组织体现，主要表现为审判机关和检察机关，也包括司法行政机关。审判机关一般设法院，有普遍法院与特殊法院之分；检察机关一般设检察院。

资本主义国家的司法机关是统治阶级维护其阶级统治的重要工具。从资本主义国家诞生以来，随着三权分立原则的确立，司法机关便成为独立行使司法权的国家机关，其主要职权包括诉讼案件审判权、非诉讼事件处理权、司法审查和行政裁判权。社会主义国家的司法机关从属于权力机关而相对独立于行政机关。我国的司法机关由人民法院和人民检察院两大系统组成。人民法院是国家审判机关，独立行使审判权，并对国家权力机关负责；人民检察院是国家检察机关，行使法律监督职能，也对国家权力机关负责。随着我国依法治国方略的实施，司法机关的地位日益突出，功能日益强化。

政党制度

政党制度作为政治制度的基本内容，是人类社会政治制度发展到近代的历史产物。政党制度的历史产生，标志着人类社会政治文明的历史提升，展示了现代民主政治实践的制度设计。资本主义政党制度和社会主义政党制度，代表着当代政党制度的基本形态。

第一节　政党制度的内涵

政党制度作为现代政治制度的核心内容，其形成的社会前提是政党组织的历史产生，形成的思想条件是政党理论的理性构建。因此，要分析政党制度，必须首先了解政党概念，把握政党理论，进而分析政党制度。

一、政党制度的形成

政党制度的基本主体是政党，政党是现代文明的核心元素。政党本质上是特定阶级利益的集中代表，是特定阶级政治活动的领导力量，是由各阶级的中坚分子为夺取或巩固国家政权而组成的政治组织。

1. 政党组织的定位

政党作为现代民主政治的组织力量，与其他国家组织和政治社团有明显区别，表现在以下几个方面：

第一，强烈的阶级属性。政党是一定阶级的政治组织，它由本阶级中最积极、最活跃的分子组成，它是阶级的核心力量和根本利益的最高代表，它以夺取、行使、影响国家权力为主要的活动方向，以实现和维护本阶级的根本利益为政治目标。政党的阶级性呈现出复杂性，有的代表一个阶级的利益，有的代表一个阶层的利益，有的则代表几个阶级或阶层的利益。

第二，明确的政治纲领。政治纲领是政党依据其代表的阶级利益而规定的奋斗目标和行动路线，它是政党阶级属性的具体体现，反映了该党的政治要求和政治策略。“一个政党如果没有纲领，就不可能成为政治上比较完整的、能够在事态发生任何转折时始终坚持自己路线的有机体。”① 不同政党的政治纲领的表现形式具有多样性，既有宏观层面的政治纲领，又有微观层面的政治纲领；既有成文的政治纲领，也有不成文的政治纲领。

第三，完整的组织机构。组织是政党的存在形式，政党都有完整的组织机构，形成了从中央到地方再到基层的组织体系。在政党宝塔式组织体系的中央，都有一个比较稳定的领导核心，它一般由该阶级中最有影响、最有威望的人组成，领导着政党的政治活动。政党的领袖往往都是拥有良好政治素养和战略思维的政治家，他们在政党活动中具有举足轻重的作用。

第四，严密的组织纪律。政党组织纪律的内容和形式，都是由政党的性质来决定的，政党组织纪律的作用在于约束成员的行为，其表现形式既有成文的也有不成文的。资产阶级政党的组织纪律，主要是用来控制党员在竞选中投本党候选人的票，或在议会中投票赞成本党的政治意图。无产阶级政党则有严格的组织纪律，并通过组织生活和交党费的形式予以保证。

由此可见，政党是由特定阶级或阶层中的先进分子组成，具有明确政治主张，围绕国家政权活动的政治组织，其本质是特定阶级或阶层利益的集中代表。

作为阶级利益的代表者和阶级力量的领导者，政党是阶级利益冲突发展到近代的产物。在人类社会的民主政治实践中，政党具有“保持政治体制的整体性并使其保持运转”② 的基本功能，主要表现在以下几个方面：

第一，制定政治目标。有明确的政治目标是政党的根本属性，也是政党区别于其他政治组织的重要特征。政治目标有长远目标与近期目标之分，有宏观目标与微观目标之别。制定政治目标是政党的第一要务，政党通过制定目标，进一步影响党内的决策和国家的政策。

第二，聚合政治需求。不同利益集团的利益需求必然有所不同，矛盾与冲突不可避免。为了减少冲突和争斗带来的负面影响，实现社会的有序发展，政党通过发挥其聚合功能，将不同的利益整合到特定的政党组织当中，形成统一稳定的利益要求，并通过目标、纲领、政策等形式表达出来，以此驾驭和平息利益集团之间的冲突。应当说，政党是阶级或阶层根本利益表达的最高形式。

第三，传播政治文化。在现代社会中，政党无疑是进行政治动员的重要组织。政党通过组织政治活动和扩大政治参与，使个人了解政治生活，增强政治热情，从而引导公民积极参与政治生活。同时，政党的各种政治活动，在强化公民的政治态度、培养公民的政治观念、塑造公民的政治人格等方面都产生了巨大的影响。因此，政党发挥着传播政治文化的重要功能。

第四，培育政治精英。精英培育是政党所独有的一种功能。在多数政党之中，未来的精英人物在进入政府执掌政权之前，都必须首先成为党内的精英，然后才可能获得提名，实现其担任政治领导的抱负。在现代国家中，政治活动家通常都是从党的队伍中产生的，那些受到政治领袖赏识、忠诚于意识形态、有才华的政治主体，往往通过阶梯式选拔，最

① 《列宁全集》，中文2版，第20卷，357页，北京，人民出版社，1989。

② ［美］迈克尔·罗斯金等：《政治科学》，217页，北京，华夏出版社，2001。

终担任全国性领导职务。

2. 政党制度的产生

政党制度的产生是人类政治文明发展的重大成果，政党制度的形成受到多方面因素的影响，其中最主要的有：

第一，不同社会的利益结构。在资本主义私有制基础上，资本家的个人利益占主导地位，为了实现各自的利益，资本家必然组织起不同的政党进行政治竞争，从而形成了多党竞争的局面。在社会主义公有制基础上，无产阶级和劳动人民的共同利益占主导地位，无产阶级政党是这一利益的集中代表，因而是社会主义国家的执政党。其他政党代表劳动人民不同方面的利益要求，因而与执政党之间是合作和监督的关系。

第二，政治力量的发展程度。在不同政治利益基础上，必然形成各种不同的政治力量。特定政党的产生并作为政治斗争的领导力量，是特定政治力量发展成熟的重要标志。而政党制度的形成和发展，则使政党在社会生活中的作用得到极大增强，并在政治活动中将与其他政党、政治团体以及社会成员之间的关系形成特定的关系规则，从而构成特定社会的政党制度。

第三，政权组织的不同形式。不同国家的政体规定着政党在国家政治生活中不同的作用及作用方式。在议会共和政体中，政党制度与议会制度紧密相关，政党的主要活动场所在议会，其主要活动方式是竞争议席和控制席位，进而控制国家权力。在总统共和政体中，政党不仅与议会相关，而且与总统直接相关，政党不仅争夺议席，而且争夺总统职位。在法西斯独裁政体中，只允许一个政党存在，从而形成法西斯一党制。

第四，民主选举的制度安排。在资本主义国家的民主政治生活中，选区的划分原则、议员的产生方法和得票数额、选举程序和计票方法等，也会影响到政党制度的实际形态。比如，复选区制和比例代表制常常会造成多党局面，从而形成资本主义国家的多党制度。

二、政党制度的含义

政党制度是按照统治阶级的利益要求而建立的一种现代民主政治制度，它不仅规定了政党本身的政治地位、社会作用和活动方式，而且深刻地影响着国家的政治制度、政治体制以及社会成员的政治行为。

1. 政党制度的内容

政党制度是由国家法律规定或在实际政治生活中形成的关于政党的政治地位、社会作用、活动方式等方面的原则性规定，是政党在政治活动中所形成的政治模式及其法律规范的总和。政党制度包含的内容主要有三个方面：

首先，从政治主体的角度来看，政党制度包含着政党在政治生活中的政治地位和政治作用。政党制度表达了政党在政治体系中的逻辑维度和价值原则，它规定了政党在政治存在中的战略格局和宏观定位，构成了政治制度的主导轴心和核心内容。政党制度的形成和发展，表征着政党主体自身特有的主体间性。

其次，从政治活动的角度来看，政党制度包含着政党在政治活动中所遵循的活动原则及其所形成的活动方式，是政党在政治生活中地位和作用的动态展示。政党的政治地位和政治作用，决定着政党活动的原则和方式，而政党政治活动的原则和方式又具有相对的独立性，正是政党活动的这种相对独立性，才构成了政党制度特有的逻辑层面。政党制度本质上是政党主体实践方式的制度表达。

最后，从政治关系的角度来看，政党制度不仅包含着政党与政权的关系，而且包含着政党之间的关系，同时还包含着组织与成员之间的关系，这是政党制度富有特色的重要内容，这既体现了一种制度化的党际关系，标识着政党之间的政治互动，也体现了一种制度化的党内规则，代表着政党组织对内部成员的政治约束。特别是执政党的制度建设，既要重视外部性的制度建设，又要重视内部性的制度建设。政党制度既要规范政党与社会的政治关系，又要规范组织与成员的组织关系。政党制度本身就是外向性制度与内向性制度的有机统一，形成了当代政党制度的立体形态。

2. 政党制度的特点

政党制度居于现代民主政治制度的核心地位，与其他政治制度相比，主要具有三个方面的特点。

首先，政党制度是按照统治阶级的利益要求建立的，其最大原则是有利于维护统治阶级的政治统治和利益需求，政党制度本身就是统治阶级实现其阶级利益的政治工具。因此，统治阶级可以根据自己的阶级利益和统治需要，随时改变政党制度的存在形态。政党制度不过是统治阶级实现其政治利益的制度安排，也是统治阶级进行政治统治的技术手段，统治阶级的利益要求是政党制度发展变化的动力机制。

其次，政党制度可以是成文法规定的政治规则，也可以是宪法惯例规定的政治惯例，同时也可以是历史养成的政治规矩，政党制度的制度表达形态具有多样性。国家制度一般具有明确的法律规定，而政党制度既可以在宪法中做原则性规定，也可以按照宪法惯例形成而无明确的成文法规定。因而，政党制度是显型制度与隐型制度的有机统一，它标志着政党主体政治实践方式的制度表达。

最后，政党制度不仅规定着政党本身的政治地位、历史作用以及政治活动的基本原则，而且也规定着政党内部的组织原则及其成员的活动基本方式，形成外部规范与内部规范辩证统一的制度表达。政党制度以其自身的立体结构，深刻地影响着国家的政治制度、政治体制乃至社会成员政治活动的基本方式，其影响之深远往往超过了国家制度。正是在这个意义上，我们说现代政治是政党政治。

3. 政党制度的意义

政党制度的产生是人类文明发展到近代的历史产物，也是人类社会民主制度形成的根本标志，它把人类社会的政治制度推到了现代民主政治制度的时代平台，标识着人类社会政治制度文明的重大成果。民主政治实践发展的必然趋势是政党政治，政党政治是民主政治实践的现代形态。政党本身就是民主政治实践主体系统自组织化的必然结果，现代政治生活的主导轴心是政党政治，政党制度是民主政治实践发展的制度表征。它不仅规定了组织行为，而且也规定了成员行为，从而提升了政党组织在民主政治实践中的有序度，也因此提升了政党组织在民主政治生活中的主体性。

资本主义政党制度表征了资本主义社会上层民主的制度安排，形成了资本主义平面民主的制度形态，从而构成了维护资产阶级利益的政治工具。社会主义政党制度表征了社会主义立体民主的政治机制，从而形成了人民民主实践的核心政治。核心政治构成了人民民主实践自组织化的政治方式，从而建构了社会主义协商民主的实践坐标。政党制度是人类社会民主政治实践的历史产物，也是人类社会现代政治制度的核心所在。

第二节　政党制度的类型

政党制度作为规范政党运行的制度形态，是人类进入民主政治时代的历史产物。纵观政党制度发展的历史轨迹，先后出现了资本主义政党制度和社会主义政党制度两种主要类型。

一、资本主义政党制度

资本主义政党制度是资产阶级通过政党掌握国家政权，控制全国政治生活，维护资产阶级利益的政治方式。

1. 资本主义政党制度的表现形式

根据资本主义国家政党掌握政权的基本方式，资本主义政党制度主要表现为以下三种形式：

第一，资本主义一党制。

一党制是指国家政权完全由一个资产阶级政党单独掌握，在法律上和事实上都不允许其他政党存在的制度。在资本主义国家，实行一党制的有三种情况：首先是法西斯主义一党制。法西斯主义一党制是垄断资本与封建专制主义和军国主义相结合的产物，代表着大垄断资本的利益和要求。20 世纪 20—30 年代，日、德、意等资本主义国家的垄断资本主义面临全面危机，为了维护自己的统治地位，法西斯党垄断政权，禁止其他政党活动，将党的机构和国家机构合而为一，党的首领集党、政、军大权于一身，抛弃民主形式，实行恐怖统治。其次是民族主义一党制。当代民族主义一党制主要存在于非洲国家。在二战后新独立的 50 个非洲国家中，曾经有 37 个国家实行过民族主义一党制。这些国家在争取民族独立的过程中，社会政治领导力量逐步发展为民族主义政党，并实行一党制。其特点是执政党是唯一合法政党，法律禁止其他政党存在或者事实上不存在其他政党。最后是事实上的一党制。西方又称一党多元制，其特点是国内存在几个政党，但只有一个政党长期执政，其他政党虽然存在，但力量弱小，只能处于陪衬地位。如墨西哥的革命制度党自 1929 年起长期执政超过半个世纪。日本的自民党从 1955 年至 1992 年的 37 年中也是一党长期执政。

第二，资本主义两党制。

两党制是指由代表资产阶级利益的两个主要政党交替组织政府，掌握国家政治权力，主持国家政治事务的制度。由于两大政党往往势均力敌，在竞争过程中激烈角逐、你争我夺，而且在竞选以后，执政党和在野党也相互对峙，不断攻讦。因此，这种两党制又称为“两党竞争制”。

资本主义两党制中的“两党”，仅仅是指轮流执政的政党数目，而不是指国家政治生活中实际存在的政党数目。一般情况下，除了轮流执政的两大政党外，往往还存在着其他若干小党。然而，这些小党势单力薄，在政党竞争中难以与两大政党相抗衡，不可能作为主要政党单独执政，因而也不能在政治上起到决定性作用，只能以其他方式和途径影响政府决策和政治生活。

两党制起源于英国，以后推行到英国的殖民地和受英国影响较深的国家，如美国、加拿大、澳大利亚、新西兰、委内瑞拉和哥伦比亚等国家也都实行两党制。而以英国和美国的两党制最为典型，不过英国实行的是内阁制的“两党制”，而美国实行的则是总统制的“两党制”。

第三，资本主义多党制。

多党制是指资本主义国家中由多个政党竞争国家政治并轮流执政或联合执政的制度。由于实行多党制的资本主义国家在竞选、议会等政治过程中存在多个政党并立角逐的局面，因而这种多党制又称为“多党并立制”。

在实行多党制的国家中，国内多个政党势均力敌，没有任何一个政党在选举中长期保持绝对优势。因此，执政党是在选举中获得相对多数的政党，或者是联合获得选举多数的几个政党的联盟。当今世界上，大多数资本主义国家都实行多党制，一些发展中国家也实行多党制。其中，法国、德国、意大利、西班牙、印度、巴西、泰国都是实行多党制的典型代表。

多党制国家党派林立，政局不稳，政党不断组成政党联盟，而且随着政局的发展，政治联盟又不断发生新的分化和组合。实行多党制的资本主义国家中政党数目少则五六个，多则上百个，全印度第一次大选时共有政党 192 个。多党制国家内阁更迭频繁，如法兰西第四共和国 12 年间政府更迭 20 次，最长的一届政府任期仅一年多，最短的只有两天；意大利 1946—1983 年政府更迭 44 次，平均每届政府任期约为 10 个月。

2. 资本主义政党制度的共同本质

无论是哪种形式的资本主义政党制度，都成为资产阶级实现其阶级利益的政治工具，因而都有着共同的内在本质。

首先，资本主义政党制度的历史产生是人类社会政治文明的巨大进步。资本主义国家的政党制度，是在反对封建专制制度的政治斗争中形成的，是人类政治制度发展到近代文明的历史产物。经过了奴隶社会和封建社会的历史发展，人类政治文明发展到近代，产生了巨大的历史飞跃，其根本标志是由君主政治发展到民主政治，资本主义政党制度则构成了近代民主政治的重要内容。它的产生可以调和资产阶级内部不同利益集团的矛盾，也有利于对资产阶级政权进行监督和制约，巩固资本主义的政治统治。

其次，资本主义政党制度的经济基础是生产资料的资本主义私有制。资本主义政党制度都遵循着一个共同的原则，即维护资产阶级的经济政治利益。资本主义政党制度，是建立在资本主义生产资料私有制的基础之上的，因而极力维护着生产资料私有制的经济基础。另外，资本主义政党制度是议会制度的产物，而资产阶级政党制度反过来又维护着议会制度，从而形成了政党制度与议会制度互动共存的局面。资本主义政党制度不仅维护着资本主义的经济制度和政治制度，而且极力维护资产阶级意识形态的统治地位。因此，资本主义政党制度和资本主义生产资料私有制紧密结合在一起。

最后，资本主义政党制度的价值本性是维护资产阶级利益的政治工具。资本主义的两党制和多党制，都采取了极力渲染其政党分歧的政治策略，表面上似乎总有一个政党代表无产阶级和劳动人民的利益，为无产阶级和劳动人民说话，使其相信可以在现行制度内实现自己的要求，但其实质上却具有很大的欺骗性。为此，列宁指出，美国选举是“两个资产阶级政党利用它们之间的虚张声势的毫无内容的**决斗**来欺骗人民，转移人民对切身利益的注意”①。毛泽东同志也说过：“所谓两党制不过是维护资产阶级专政的一种方法，它绝不能保障劳动人民的自由权利。”② 由此可见，资本主义的政党制度，本质上是资产阶级统治劳动人民的精巧工具，是资本主义国家资产阶级政党的政治分赃制。

二、社会主义政党制度

社会主义政党制度作为社会主义民主政治的重要内容，是社会主义政治文明的重要标志，其特点是坚持共产党对国家政权的绝对领导。

1. 社会主义政党制度的表现形式

社会主义政党制度代表了人民群众的根本利益，并形成了多元化的表现形式。

第一，社会主义一党领导制。

社会主义一党领导制，是指在一个社会主义国家中，无产阶级政党是唯一合法存在并执掌国家权力的政党制度。一党领导制的特点是：共产党是唯一合法的政党，它代表无产阶级和广大劳动人民单独执掌国家政权，人民内部的各种利益矛盾通过无产阶级政党对于各种社会团体的领导来协调解决。这种政党制度主要存在于苏联、越南、朝鲜、古巴等国。其典型代表是苏联。

苏联实行的一党领导制，是在特定历史条件下形成的。十月革命胜利后，苏联存在过若干小资产阶级政党，它们与布尔什维克党一起参加了反对外国武装干涉的斗争。可是，从 1918 年至 1922 年底，这些小资产阶级政党公开反对布尔什维克党的领导，反对无产阶级专政和社会主义革命，甚至发动反对苏维埃政权的武装叛乱，迫使布尔什维克与其分道扬镳，于是苏维埃政权不得不解散这些政党，从而使苏联境内只存在共产党一个政党并居于领导地位，长期执掌政权，一直到苏联解体。

第二，共产党领导的多党合作制。

共产党领导的多党合作制，是指在一个社会主义国家中，以共产党为领导，以多党合作为基础的政党制度。我国是实行共产党领导的多党合作制的典型代表。中国共产党领导的多党合作制，是从中国革命的历史进程中产生和发展起来的。在中国民主革命时期，革命的对象是帝国主义、封建主义和官僚资本主义，而民族资产阶级和小资产阶级则是革命的同盟军。作为他们利益代表的民主党派积极与共产党合作，参与民主革命斗争，从而奠定了中国共产党领导的多党合作制的历史基础。社会主义制度建立以后，随着社会阶级结构的变化，原先的民主党派已成为它们所联系的那一部分社会主义劳动者和爱国人士的代表，它们拥护共产党的领导并参加社会主义建设，这就成为中国共产党领导的多党合作制的现实基础。中国共产党领导的多党合作制，正是在这样的基础上得到不断发展的。

中国共产党领导的多党合作制的基本特征是：“共产党领导、多党派合作，共产党执政、多党派参政”。中国共产党是执政党，其他民主党派是参政党，它既不同于一党制，

---

① 《列宁全集》，中文 2 版，第 22 卷，211 页，北京，人民出版社，1990。

② 《毛泽东文集》，第 7 卷，208 页，北京，人民出版社，1999。

也不同于多党制。在我国政治生活中，除了中国共产党之外，还存在中国国民党革命委员会、中国民主同盟、中国民主建国会、中国民主促进会、中国农工民主党、中国致公党、九三学社、台湾民主自治同盟八个合法民主党派。中国共产党不仅对国家实行政治领导，而且对各民主党派也实行政治领导，各民主党派在自觉接受和拥护共产党领导的前提下，服务于社会主义事业。中国共产党与各民主党派既是领导和被领导的关系，又是协商合作、相互监督的关系。“长期共存、互相监督、肝胆相照、荣辱与共”，是中国共产党领导的多党合作制的基本方针，中国人民政治协商会议是中国共产党领导的多党合作制的重要组织形式。

2. 社会主义政党制度的共同本质

社会主义政党制度有别于资本主义政党制度，是社会主义国家人民当家作主的制度安排，从而形成了自身独有的内在本质。

第一，坚持无产阶级政党的领导。

在社会主义国家中，坚持无产阶级政党的领导地位，是社会主义政党制度的本质特征。社会主义的宪法中，大都明文规定了无产阶级政党的领导地位，成为无产阶级政党政治领导地位的法律保障。坚持无产阶级政党的领导，不仅表现为共产党对社会主义国家思想领导、政治领导和组织领导三个层面，而且还表现为共产党对其他民主党派的政治领导。也就是说共产党是整个社会主义事业的领导核心，这是社会主义政党制度的根本特征。无产阶级政党的领导，是社会主义政治生活的本质所在，体现了社会主义建设规律与共产党执政规律的有机统一。

无产阶级在社会主义国家的领导地位，是无产阶级和广大劳动人民在革命、建设和改革实践中做出的正确选择。首先，无产阶级政党从诞生之日起，就站在了革命斗争的前列，它在领导人民群众通过革命手段夺取政权后，理所当然地成为新的社会主义国家的执政党。其次，无产阶级政党由无产阶级先进分子组成，以马克思主义科学的世界观和方法论为思想武器，能够科学地分析纷繁复杂的社会现象，遵循社会发展的客观规律，为社会主义建设制定出正确的路线、方针和政策。最后，社会主义国家实行以公有制为主体的基本经济制度，这就决定了社会主义国家的政治上层建筑必须与之相适应，而公有制与无产阶级的利益具有本质上的一致性，社会主义制度必然选择无产阶级政党的领导。

社会主义性质决定了坚持无产阶级政党的领导，不能照搬西方国家的两党制和多党制，否则将动摇和否定共产党的领导地位，改变社会主义制度，葬送社会主义事业。

第二，维护广大人民群众的利益。

与资本主义政党制度维护资产阶级利益不同，社会主义政党制度体现了人民的意志，维护着人民群众的根本利益。因此，是否维护广大人民群众的根本利益，是资本主义政党制度和社会主义政党制度的根本区别。社会主义政党制度对以公有制为主体的经济基础的维护作用，集中表现在对广大人民群众利益的维护作用方面。人民性是社会主义政党制度的根本属性，社会主义政党制度体现了党性与人民性的高度统一。

政党制度是政党关系和党群关系的二维浓缩。在共产党领导的多党合作制中，共产党和各民主党派之间是亲密合作的友党关系，二者不存在对立和冲突。共产党和广大人民群众，虽然是领导和被领导的关系，但都是社会主义国家的主人，都是社会主义的建设者，只是分工不同，二者之间不存在阶级的对立和压迫。因而社会主义的政党制度，是党和人民根本利益一致基础上的政党制度，它必然代表和维护着广大人民群众的根本利益，这正是社会主义政党制度的优势所在，也体现了党性与人民性的高度统一。

中国共产党领导的多党合作制，以提升中华民族的社会文明为价值目标，以代表人民群众的根本利益为政治原则，从政党制度的层面更广泛地代表了中华民族的根本利益。作为领导核心的中国共产党，本身就是中国各族人民利益的忠实代表。同时，中国共产党领导的多党合作制，也体现了中国人民利益实现方式的制度安排，它构成了社会主义立体民主的运行机制，也是社会主义核心政治的制度表征，集中表达了社会主义民主政治的制度特征，显示了社会主义政治制度设计的强大生命力。

政府制度

政府制度是指围绕国家行政机关的组织管理活动而建构的一系列规范的总和，它是国家制度的重要表现形式，为统治阶级实现价值目标服务，体现着国家政治生活的阶级本质。政府制度是国家制度的逻辑延伸，它规范着行政权力的运行轨道，框定着政府组织的结构关系，保证着政治体系的有序运行。

第一节 政府组织制度

政府组织制度是指政府部门内部权力分配的基本规范。它是政府机构正常运行的基本保证，是政治制度体系的重要内容。政府组织制度主要包括组织运行方式和人事制度安排两个层面。

一、组织运行方式

组织运行方式作为行政权力互动运行的动态过程，主要表现为政府组织结构和政府组织体制两个方面。

1. 政府组织结构

政府组织结构是指政府各组成部门之间的相互联系方式。科学合理的组织结构，能保证政府组织内部的人力、物力、财力等要素具有最佳的使用效率。

第一，政府组织的纵向结构。

所谓政府组织的纵向结构，是指各级政府上下级之间存在的领导与被领导、命令与服从关系的组织方式，主要涉及管理幅度与管理层次之间的关系。管理幅度和管理层次是影响政府纵向组织结构形态的两个决定性因素。所谓管理幅度，是指一个层级的行政机构或一位行政首长直接控制的下级机构或人员的数目。每一个行政首长的管理幅度必须适当，管理幅度过大，行政首长就很难面面俱到，结果往往浮于表面，难以深刻地了解具体问题；管理幅度过小，则行政首长会对下属控制过严，直接影响到下属的工作积极性。所谓管理层次，是指政府组织纵向结构的层级。行政部门的管理层次和管理幅度在一个特定的组织内成反比关系，即行政层次越多，每一行政机构的管理幅度就越小，政府组织就呈金字塔形结构；反之，行政层次越少，每一行政机构的管理幅度就越大，政府组织就呈扁平式结构。金字塔形结构是一种集权结构，有利于强有力的行政控制，但不利于发挥下级的主动性和创造性；扁平式结构是一种分权结构，有利于调动下级的积极性和创造性，但可能导致软弱的行政控制。在实际行政活动中，一个政府组织的结构往往不是纯粹金字塔形或扁平式的，而是综合型的，即组织中某些层次的机构管理幅度大，某些层次的机构管理幅度小。

第二，政府组织的横向结构。

政府组织的横向结构又称为部门结构，是政府组织中处于同一等级的各组成部门之间的平等、合作与协调关系的组织方式。我国政府组织横向设置的方法主要有以下几种：其一，职能化设置，即按照行政职能的界限设置政府组织部门，如我国国务院根据职能划分的部门有国家计划部门、劳动人事部门、财政部门、审计部门、监察部门等。行政职能部门化是目前应用最广泛的一种政府组织的设置方法，其优点是能较好体现专业化分工的组织原则，有利于政府组织内部的协调统一；弊端在于实践中有时会出现各职能部门之间由于存在利害关系而发生冲突。其二，区域化设置，即按照管辖区域的界限划分政府组织，如我国省、市、县各级政府就以此方法来设立机构。这种方法有利于某一区域内部事务的协调统一，可提高各地区行政人员的主动性和积极性，也有利于培养人才。但不利之处是重复性机构增多，容易产生地方主义和区域部门权力膨胀、条块分割等弊端。其三，行业化设置，即按照行业的不同来划分行政部门的方法，如我国各级政府中的经济部委都是按行业化的方式设置的。这种方法的优点是有利于发挥某一行业内部专业技术力量的业务特长，符合专业化分工的原则，缺点是会造成机构的重叠设置，不利于整个政府组织系统的宏观协调。实际上，划分横向结构的这几种方法并不是互相矛盾或互相排斥的，在具体的划分过程中，可相互结合使用，以使政府组织的横向结构划分趋于合理化和科学化。

2. 政府组织体制

政府组织体制是国家根据实际的管理需要，通过法定程序将政府组织所拥有的行政权责归属于不同层级、不同部门和不同人员的制度化表现形式。政府组织体制是国家政治体制的重要组成部分，也是发挥政府组织整体效能的关键环节。常见的政府组织体制主要有以下几种：

第一，首长制与合议制。

首长制与合议制是按政府组织最高决策人数的不同所进行的划分。首长制也称独任制，是指一个政府组织的最高行政决策权力和责任赋予行政首长一人单独承担的行政体制。在这种组织体制下，政府组织内部的其他领导人都是首长的下属和助手，在决策时只负责向首长提供信息和建议，所有决策最终由行政首长一个做出。首长制的优点是事权集中、责任明确、决策迅速、指挥灵便、富于活力，具有较高的行政效率。但首长制的缺点是考虑问题容易片面，行政首长的工作常因超负荷而影响行政效能的充分发挥，同时因无人牵制和监督易导致独断专行。

合议制也称委员会制，是指一个政府组织的最高行政决策权力和责任赋予委员会集体承担的行政体制。每个委员在决策时的地位是平等的，一人一票，并采取少数服从多数的原则。合议制的优点是能够集思广益，考虑问题比较周详，便于彼此监督，不易专断及营私舞弊。其缺点是责任不明、有功相争、有过相推、行动迟缓、效率较低，在决策问题上容易争执不休而贻误时机。

首长制与合议制的明显区别在于前者是多数服从行政首长，行政首长可以不采纳多数人的意见；后者是少数服从多数，行政首长必须服从多数人的意志。在当代政府组织中到底应实行首长制还是合议制应视具体情况而定，一般而言，执行与指挥事务应采用首长制，立法和决策宜采用合议制，做到“任事宜专其责，议事当广其谋”。我国的政府组织体制已由新中国成立初期的合议制转变为目前的首长负责制。

第二，集权制与分权制。

集权制与分权制是按政府组织上下级权限的标准所进行的划分。集权制是指行政权力集中于上级机构，下级机构没有或很少有自主权，所有重大行政决策均由上级机构决定，下级必须依照上级机构的法令或指示办事的行政体制。集权制的优点是政令统一、标准一致、力量集中、指挥灵便，可以防止地方分裂，有利于推行跨区域的大型综合建设项目和社会治理工程。其缺点是上级权力过于集中，容易导致独断专行，下级无权决定和处理任何问题，往往消极待命，成为执行政令的工具，主动性和积极性必然受到挫伤，容易导致官僚主义。

分权制是指下级机构在其管辖范围内有自主决定权，上级机构对下级机构在其权限内决定的事项不予干涉的行政体制。分权制的优点是：有利于激发下级的工作热情，培养下级的民主意识，达到分工合作、分层负责的目的，使政府组织更富有弹性，能发挥组织的整体效能。其缺点是如果过度分权，容易导致下级部门各行其是，各自为政，政令难以统一，甚至导致各部门另立门户、分庭抗礼的恶果。

不论是集权制还是分权制，其弊端都很明显，在实际行政活动中应该扬长避短，善于权变。二战后，世界各国的行政体制都有集权化的趋向，但进入20世纪80年代以来，世界许多国家的政府开始推行分权政策，比较有名的是法国社会党政府的“权力下放法案”及美国里根政府的“还权于州”计划等。由于分权能迫使组织提高自身的反应速度和灵活程度，以适应社会生活的快捷化，因此分权可能是未来政府组织发展的趋势。我国的行政体制是典型的集权制，但随着香港、澳门的回归和“一国两制”的实行，中央政府越来越重视充分发挥地方政府的积极性，我国的行政体制在坚持统一领导的基础上，将朝着增强行政机构整体活力的方向发展。

第三，层级制和职能制。

层级制和职能制是按政府组织内部机构职权的范围所进行的划分。层级制又称直线制或分级制，是指政府组织体系纵向分为若干层次，每个层次所管辖的业务性质相同，上下层级之间是隶属关系，下级对其上级负责，各层级的业务管辖范围由上往下逐级缩小的行政体制。层级制的优点是有利于事权集中，统一指挥，发挥政府组织的整体效能。其缺点是结构呆板，缺乏弹性，无法适应复杂的环境变化，行政首长管辖过多，在组织活动内容日益复杂化时难以胜任。

职能制又称分职制或幕僚制，是指在政府组织中，按照不同的工作性质，从横向上平行地划分出若干部门，每个部门所管辖的业务性质不同，但行政范围大致相同的行政体制。职能制的好处是有利于政府组织内部进行合理分工、相互配合、提高工作人员的工作效率。其不足是缺乏合作精神，协调困难，容易产生本位主义，导致部门之间的冲突，不利于统一领导和指挥。

在当代行政体系中，没有一个政府组织是单纯的层级制或职能制，而是把两者结合起来，以层级制为基础，在每一层级内又分设若干部门，形成层级—职能结构，这是政府组织多级阶梯结构的组织规律与组织专业化趋势双重要求的结果。这种政府组织结构的特点是：纵向互相从属，每个上级机构对下级来说都是决策系统，每个下级机构对上级来说都是执行系统；横向互相并列，共同达成一个整体目标。在整个政府组织中，每一行政人员按地位顺序置于一个特定的职位上，从广阔的最低一级开始，逐级向上负责，越往上，机构和人员越少，最后汇总于层级制结构的顶端，权力和控制则从顶端向下延伸到各个层级，构成一个“金字塔”结构，通常称之为“金字塔形”的政府组织体系。我国的政府组织也是实行层级制和职能制并用的“金字塔形”行政体制。

另外，随着行政管理的时代化发展和政治生活的综合性增强，在 20 世纪中叶出现了一种新的组织体制，即矩阵组织体制。它是为了实现特殊目标或执行特定业务，从不同的组织机构中选派人员组成临时性组织的行政体制。矩阵组织创造了两种交叉的层次结构，具有纵向和横向双重领导关系，纵向领导关系按“直线—指挥—职能”的标准设立，横向领导关系按“规划—目标—项目”的标准设立，任务执行人处于纵横两个关系的交汇处，分别接受两个方向的领导：一个是其本身所在的行政机构的行政首长的纵向领导，另一个是临时的项目管理者的横向领导。这种组织体制可以从职能性和项目性两个方面来协调工作。矩阵组织的突出优点是能够广泛而灵活地集中必要的人才资源，而又不破坏原有的政府组织结构；其缺点是由于实行双重领导而容易破坏指挥统一，导致争权夺利或相互推诿。矩阵组织的特点决定了它主要适用于那些工作内容变动频繁、每项工作的完成需要众多技术知识的组织，或者作为一般组织中安排临时性工作任务的补充结构形式。

二、人事制度安排

政府人事制度是指国家通过特定方式设立的，对行政组织中行使国家行政权力、管理国家公务人员进行选拔、任用和奖惩的各种制度的总和，其核心制度是国家公务员制度。政府人事制度为提高整个行政活动的效率，增强整个政治体系的活力提供了重要的支持，是一项重要的政府制度。

人事制度作为政治制度的重要内容，深受国家政治生活的制约和影响。在西方历史上，主要经历了两种不同性质的人事制度，即专制型人事制度和民主型人事制度。我国传统社会人事制度的发展经历了世袭制到不分门第限制择优选官的科举制，反映了人事制度的巨大发展。新中国的人事管理制度也经历了一个发展过程，最初在党管干部原则基础上，实行中央统一领导下的各级党委分级管理干部的制度。“文化大革命”时期，中央和地方的人事机构被撤销，人事工作完全处于混乱状态。党的十一届三中全会以后，我国的人事制度得到了恢复和发展，提出了干部“四化”的方针，废除了干部领导职务终身制，建立了干部离退休制度，并进行了干部任用制度的改革。1988 年我国正式提出实行国家公务员制度，这标志着我国人事制度发展到一个新的阶段。

1. 人事制度的基本原则

政府人事制度是政府组织制度的主要内容，是保障政府组织运行的动力源泉，必须坚持的基本原则主要有：

第一，以人为本的原则。这是现代政府人事制度的重要理念。坚持这条原则，应当摒弃传统人事管理中把人当作被动管理对象的做法，坚持"尊重知识、尊重人才"的方针，把培养人才、使用人才、调动人才的积极性作为政府人事制度的出发点和落脚点，把开发人才资源作为政府人事制度的根本任务；重视人才资源开发，探索人才成长规律，建立科学的人才开发体系，创造有利于人才发展的制度环境，建立能充分调动人才积极性的运行机制。以人为本是现代政治生活的价值理念，因而也是政府人事制度必须坚持的最高原则。

第二，科学分类的原则。这是实现政府人事制度科学化的基础。千千万万的人才，素质各不相同；各行各业的职位，要求也有差异。要做到人尽其才、事尽其功，必须进行科学分类。人事分类的方法很多，其中有代表性的有两种：一是以人为对象的品位分类，即依据工作人员学历、资历、身份等个人条件进行分类；二是以工作为对象的职位分类，即依据职位的工作性质、难易程度、责任轻重及所需条件进行分类。这两种分类方法各有优劣，近年来呈现出相互融合的趋势。我国行政人事一直缺少科学的分类，在计划经济时期，将国家机关工作人员、企事业单位的管理人员和专业技术人员、政党和社团组织的专职工作人员等统称干部，实行统一的管理制度。国家公务员制度的建立，迈出了科学分类的第一步。

第三，公平公正的原则。公平公正原则体现着政治制度的价值理念，是评判政治制度的基本价值标准。政府人事制度也应当坚持公平公正的基本原则。首先，在人才选拔和任用的程序设置上要体现平等公正的要求，程序设置应当具备正当性和公开性，应当打破身份和地域的限制，建立竞争择优的用人机制，不拘一格选拔人才；其次，制度本身还应具备自我更新的能力，能够及时改革不合时宜的人事制度，增强制度的吸纳和适应功能；最后，要健全人事法制，使人事制度的运行遵循法制轨道，通过法制来维护公平，以保证制度的公正性。

第四，适才适用的原则。根据每个人的知识、能力、品德、兴趣等因素，量才任用、扬长避短，使其才能得以充分发挥，其实质是要求政府人事制度应当具备良性的人才开发功能。由于每个人生活成长的背景和学习工作的经历不同，知识各有深浅、技能各有长短、智力各有高低，如果用非其才，必然导致人才浪费、事业难成。政府人事制度一方面要用人之长，不能求全责备，要善于根据每个人的特长，安排相应的工作，做到因人制宜，优势互补；另一方面要尊重个人的选择，让每个人根据自己的意愿，并通过竞争形式获得录取。此外，还要做到适时而用。这要求人事制度具有更新换代的功能，因为人才在不同的年龄阶段其能力发挥的成效也不同。一般说来，人的一生中创造力最旺盛的是青壮年时期，随着年龄的增加，人的知识和才能在达到顶峰之后，会逐步老化衰退，此时就需要用人事上的更新换代机制来保证人事制度的活力。

2. 人事制度的运行机制

要顺利贯彻政府人事行政的基本原则，就必须建立良性的运行机制。

第一，激励机制。激励是激发人的工作热情，调动人的工作积极性和创造性的重要手段。正确适当的工作激励，可以使人的能力超常发挥，工作效率成倍提高。建立科学的激励机制，必须坚持物质激励和精神激励的有机统一，并以精神激励为主要手段；同时，在坚持正向激励的过程中，还要注意反向激励的作用。实践表明，对某些行为进行否定性评价，使人产生自责感和耻辱感，形成心理压力，能够促使其改正错误并努力工作。激励要坚持公开公正、条件鲜明、强度适当、实施及时的原则，并要根据人的需求变化调整激励的方式方法，以便更好发挥激励的效能。

第二，竞争机制。竞争是现代社会发展的动力机制，也是激励人们奋发进取的动力之源，更是使优秀人才脱颖而出的有效方法，同时也是坚持任人唯贤、防止任人唯亲的有效途径。建立竞争机制，必须把竞争精神体现到人事管理的各个环节，并形成一套行之有效的竞争办法。如录用人员采取考试考核，职务晋升实行竞争上岗，并在日常管理中坚持严格考核、奖罚分明、优胜劣汰等原则。另外，建立竞争机制，还必须有科学的操作规范，以维护公平公正的竞争秩序。

第三，更新机制。政府人事制度像一个生态体系，需要不断新陈代谢、吐故纳新，才能保持生机和活力。更新机制的内容包括制度更新、人员更新、素质更新等方面。制度更新，就是要根据不断变化的形势要求，及时改革不合时宜的管理制度，包括管理思想、法规政策、方式方法、手段措施等。人员更新就是通过人员的交流、调整、退休、辞职、辞退等方式，不断更新人员的结构。素质更新是指通过教育培训、实践锻炼等途径，更新人员的综合素质。建立更新机制，必须解放思想，更新政府人事制度的理念，破除“职务终身制”，大力推行干部聘用制度、人才交流制度、辞职辞退制度和正常退休制度；树立终生学习观念，大力发展各种职业教育培训，调动各类人才学习的内在动力，提高人才的创新能力。

第四，法制机制。法制是政府人事制度现代化的重要目标。依法治国，首先要依法治吏。长期以来，我国人事法制薄弱，“人治”现象相当严重，因此，健全人事法制，减少用人的主观随意性，对于维护人才竞争的良好秩序，防止用人方面的不正之风具有重要意义。健全人事法律法规体系，是实行人事法制的基础和前提，人事法律法规在国家法律体系中占有重要位置，必须纳入国家法制建设的重要内容之中。同时必须大力宣传人事法制思想和法律制度，提高人们对法制的认识和执法的自觉性。另外，必须健全人事执法监督制度，扩大人事工作的公开透明度，对有法不依、违法犯罪的行为，予以及时纠正和坚决打击，以维护法律的权威。

第二节　政府监督制度

政府监督制度作为政府制度的重要组成部分，是现代民主政治的重要保障。因此，全面把握政府监督制度的基本特征、主要类型和发展趋势，对推进民主政治发展，提升政治文明水平具有重大的现实意义。

一、政府监督制度的特征

政府监督是指监督主体依法对行政机关及国家公务员是否依法行政而进行的监督。政府监督制度是指由宪法、法律法规所确定的有关监督主体的范围、权限，监督客体的内容，监督行为的方式及法律效力等方面的制度总称。

世界各国由于国家体制的不同，政府监督制度也没有统一规定，其中较为突出的有法国的行政诉讼制度、美国的司法审查制度、瑞典的议会行政监察专员制度及苏联的检察机关监督制度等。归纳起来，政府监督制度在内容层面呈现出以下特征：

第一，监督范围的广泛性。政府监督客观上要求所有行政行为，无论是抽象的还是具体的，都必须对其实行有效监督。对抽象行政行为的监督，如立法机关对违反宪法和法律的行政法规和行政规章予以撤销的行为；对具体行政行为的监督，既监督具体行政行为的合法性，也监督具体行政行为的合理性。

第二，监督权限的法定性。监督权是一种重要的权力，因此，政府监督必须严格依法进行。监督权限的法定性主要表现在：一方面，要依照行政实体法进行监督，如依照各国宪法及有关法律；另一方面要严格依照行政程序法进行监督。

第三，监督方式的多样性。政府监督主体的全面性特点也决定了其监督方式的多样性，既包括立法机关的审议、质询，也包括司法机关的司法审查、法纪检察，还包括行政机关的行政监察，同时包括公民的申诉、控告、检举等方式。

进入 20 世纪以后，西方国家政治体制的发展出现了两大趋势：一是行政权力随着社会经济的发展不断扩张；二是行政权力的监督体系不断完善。许多国家的行政权力监督体系以分权制衡为理论依据，一方面设置了权力拥有者与权力行使者相分离的体制，另一方面构建了各种权力之间的制衡机制。目前，国外政府监督制度主要包括以下四种：第一，宪法监督制度；第二，委任立法制度；第三，司法审查制度；第四，议会督察专员制度。我国在确立适合本国国情的行政监督模式时，应该吸收和借鉴国外的先进经验，努力克服其弊端，从而为提高行政活动效率、进依法治国进程奠定基础。

二、政府监督制度的类型

政府监督作为完善政府运行的主要形式，按其监督主体不同，可以分为内部监督和外部监督两种。与此相应，政府监督制度在一般情况下，也可以分为内部监督制度和外部监督制度两种。

1. 内部监督制度

内部监督是指在政府机构内部形成的监督系统及其运作状态，即由各级政府工作部门组成的监督系统以及对政府行为进行内部监察和督促的基本方式。内部监督制度是指关于政府部门内部监督主体与监督客体之间相互关系以及监督方式方法的总称。内部监督制度的最基本表现形式是层级监督制度。一般来说，层级监督制度的主要内容包括以下几个方面：

第一，报告工作制度。听取和审查本级政府工作部门和下级政府的执法情况报告，是政府内部监督的重要方式之一。这里所说的报告是指下级国家行政机关向上级国家行政机关就工作重大措施、主要事项、重大事件、主要问题等所做的工作报告，它分为工作简报、年度报告、专题报告、临时报告和综合报告等形式。报告制度能保证上级国家行政机关及时了解下情、掌握动态、发现问题、采取措施，进而有效地领导和监督下级国家行政机关的工作。

第二，执法检查制度。这是由监督主体主动了解被监督对象的执法情况并及时纠正违法不当行为的法律制度，具有深入实际、真实客观的优点。执法检查包括对执行计划、决议、命令、任务的情况进行检查，分为全面检查和专题检查两种方式。通过检查，能使上级行政部门及时发现可能出现或已经出现的问题，从而迅速采取措施，预防可能发生的问题和纠正已经发生的问题。

第三，审查批准制度。审查批准是指监督主体按照有关的法律规范对被监督对象的部分行政行为进行审核确认的活动。审查批准的内容主要涉及比较重大的行政行为，包括抽象行政行为和具体行政行为，如对某一行政法律规范、财政收支计划、行政决定、命令、预算、决算、报表、账册、单据等进行审阅核对，以确定其是否合理合法及符合必要的程序和要求。审查主要分事先审查和事后审查两种形式。

第四，行政复议制度。凡是公民、法人和其他组织认为行政机关及其公务员所做的行政行为侵犯其合法权益并造成损害的，有权依法申请复议。受理复议申请的复议机关是具有层级监督权的机关，即作出该行政行为的行政机关所属的本级人民政府或者上一级行政机关。国务院专门就行政复议制定了《行政复议法》，从而使行政复议成为层级监督中比较完善周密的一项法律制度。但行政复议只涉及具体行政行为，不涉及抽象行政行为。

第五，备案检查制度。根据法定要求，被监督对象制定的规章及其他规范性文件或者某些行政执法活动，都应在事后报上级主管机关备案，以供监督主体了解情况。如果在备案检查中发现违法或者不当之处，可以责令被监督对象予以纠正或者由监督主体直接撤销。

第六，违纪调查制度。就是指具有监督权的国家行政机关对某一国家行政机关所发生的事故和违法乱纪案件所进行的调查，包括一般性问题的调查和比较重大的违法乱纪问题的专案调查。

第七，考核惩戒制度。就是指监督主体依法对行政执法人员的具体执法行为进行定期考核，如果发现执法人员的违纪违法行为，则视情节轻重由任免机关或者行政监察机关做出行政处分决定。

2. 外部监督制度

行政机关外部监督，是指由来自行政机关以外的监督主体，为保证行政工作的合法性、正确性以及社会效益，而对行政机关及其公务员实施的监督。外部监督制度是指规定来自政府部门之外的监督主体的范围和权限以及监督方式方法的各种制度的总称。由于外部监督主要包括政党监督、司法监督和社会监督三个方面。因此，外部监督制度也相应地演绎出政党监督制度、司法监督制度和社会监督制度三个层面。

第一，政党监督制度。政党监督在西方国家主要指在野党对执政党组织的政府的监督，其主要途径：一是通过舆论工具批评或反对政府的政策，揭露行政机关及其工作人员的违法违纪行为；二是通过议会等机构对政府进行调查、批评、质询、弹劾等，以约束政府活动。我国的政党监督主要包含以下两方面的内容：首先，中国共产党对行政机关及公务员的监督，监督方式包括：日常监督、专门监督以及通过接受信访进行监督等。其次，中国民主党派对行政机关及公务员的监督，其监督主要有两种形式：一是通过政治协商会议或通过该党在人民代表大会中的代表，参与相关政治活动提出批评和建议；二是通过该党党员以及主办的各种报刊对各级政府的行为提出批评和建议。

第二，司法监督制度。司法监督是指国家司法机关依照司法程序，以司法手段对国家行政机关及其工作人员的行政行为进行监督。西方国家的司法监督主要有司法审查、行政诉讼和行政裁判等方式。在我国，司法机关的监督包括人民检察院和人民法院对行政工作的监督，主要针对行政机关及其人员的违法行为进行。强化司法监督是法治社会的基本特征，完善司法监督制度是现代政治文明发展的时代趋势。

第三，社会监督制度。社会监督主要是指由社会各界，即各人民团体、群众组织、企事业单位和公民个人以及新闻媒体和社会舆论，对国家行政机关及其工作人员的行政行为实施的监督。社会监督的主要方式包括：公民监督、团体监督和舆论监督。公民监督是指公民个人依法对政府行使监督权，不仅包括公民的申诉、控告权利，还包括对政府的工作提出意见、建议等权利；团体监督即工会、妇联、共青团等机构以社会团体的名义，对政府活动进行监督；舆论监督是现代社会一种重要的监督方式。报纸、刊物、广播、电视等新闻媒介具有信息量大、传播速度快、覆盖面广和反应敏感等特点，具有广泛的社会影响和巨大的冲击力，是人民群众了解政情和表达观点的有效途径。舆论监督能与其他机构的监督相配合，对国家行政机关及其工作人员形成广泛的监督和强大的威慑。

三、政府监督制度的演进

政府监督制度作为监督制度的重要载体，其内容与形式受政治、经济、文化等因素的影响和制约。在各国不同的历史发展时期，政府监督制度经历了不同的发展阶段，表现出不同的阶段性特征。

1. 监督制度的发展阶段

监督制度的发展是政治文明提升的重要标志，近代各国政府监督制度发展状况分为以下四个阶段：

第一阶段，从18世纪末到20世纪初。这一阶段是资产阶级政府监督制度确立和形成的阶段。这个阶段的主要标志是英国、美国、法国资产阶级革命胜利，制定了《权利法案》《王位继承法》《独立宣言》《人权宣言》等宪法性文件，规定了议会和平民对政府监督的原则，确立了议会对政府的质询权、弹劾权和不信任案等基本的行政法制监督制度。英国确立了司法审查制度，法国形成了行政法院审判制度，其他国家纷纷仿效，建立了司法监督制度。在这一时期，瑞典颁布了第一部宪法，通过了国王和议会分权原则，建立了行政监察专员公署。联邦德国在宪法中明确提出了国会对部长的弹劾制度和监督政府依法行政的原则，从而使资产阶级行政法制监督制度初步形成。

第二阶段，从20世纪初到50年代。这一阶段是社会主义行政法制监督制度的确立和形成阶段。这个阶段的主要标志是俄国十月革命胜利后，1918年7月第五次全俄苏维埃代表大会通过了《俄罗斯社会主义联邦苏维埃共和国宪法》，规定成立国家监察处。第二次世界大战以后，罗马尼亚、波兰、南斯拉夫、匈牙利、保加利亚、捷克斯洛伐克和中国相继取得了社会主义革命的胜利，颁布了各自的社会主义宪法，确定了本国的社会主义行政监察原则，设立了行政监察机构，使社会主义政府监督制度初步形成。

第三阶段，从 20 世纪 50 年代到 80 年代初。这一阶段以防止政权滥用为重点，是各国行政法制监督制度蓬勃发展的时期。由于世界各国经济的迅猛发展，政府对经济和社会生活的干预加强，行政机关违法行政和滥用行政权现象经常发生。在这种情况下，各国都加强了对政府监督的研究，发布了大量的公务员法和政府监督方面的法律法规，以防止行政侵权行为，保障公民合法权益。这一阶段，英国行政裁判所大批出现，美国行政法官迅速发展，特别是瑞典行政监察专员普遍设立，这引起资本主义国家的重视，英国、美国、挪威等 30 多个国家效仿瑞典建立起各具特色的行政监察专员制度。社会主义国家开始对本国的行政监察制度进行改革，寻找更加切合实际的行政监察手段。

第四阶段，20 世纪 80 年代初至今。这一阶段政府监督活动的重点从防止行政权的滥用，逐步发展到国际范围内的反腐倡廉，纠正和防止行政机关及其公务员的不廉洁行为。由于近 30 年国际经济交往活动增加，出现了大批跨国、跨地区的组织，特别是由于商品经济在国际市场的自由发展，贪污受贿等腐败现象在不同国家间蔓延。针对这一情况，从 80 年代开始，在国际范围内开展了反腐倡廉，很多国家建立限制官员接受礼品、宴请和防止贪污受贿、个人财产申报等制度。同时根据本国国情，制定了具体的廉政措施，成立了反贪廉政机构。如新加坡的反贪污调查局、美国的政府道德署、中国的国家预防腐败局等，这些对于公务员廉洁执法起到了积极作用。

2. 监督制度的发展趋势

监督制度作为政治制度的表现形式，也随着管理实践的发展而不断发展，并呈现出以下发展趋势：

第一，监督体系的多层化。随着行政权的扩大，违法行政、滥用权力现象的增多，世界各国都将普遍重视和加强行政法制监督，并且注重动用各种监督主体，运用种种手段，把政府依法行政置于多层次、全方位的监督之下，形成一套相互补充、互相制约的行政法制监督体系。西方国家一贯重视立法机关、司法机关监督等外部监督方式。而我国则必须进一步将政党监督、政府监督、司法监督、群众监督和舆论监督结合起来，拓宽监督渠道，增强监督合力。

第二，监督过程的法制化。各国目前都不同程度地对各种监督过程进行了法律规范，但是除司法监督的法律规范较为完善以外，其他监督过程还缺乏法律上、制度上的保障，从而导致监督程序不完善和监督力度不到位的尴尬局面。可见，加强监督过程法制化是今后完善政治制度的一项重要工作，这代表了现代法治国家建设的基本取向。

第三，监督方式的国际化。这种趋势不仅体现在不同法系国家之间，也体现在不同政体国家之间以及不同国家结构形式的国家之间。如单一制国家和联邦制国家中央政府对地方政府的监督方式，从过去的差别很大到现在的差别缩小。社会主义国家尽管在国家性质上与资本主义国家有本质区别，行政法制监督的理论基础也不同，但是在监督方式上将越来越多地表现出趋同化的发展趋势。

第四，监督重心的预防化。由过去事后监督转向从事前监督入手，形成事前、事中和事后三位一体的全过程监督。世界各国目前的监督重点都是事后监督，更多的是采取事后补救性监督措施，今后在事前监督及事中监督方面将有所加强。加强监督、关口前移、预防为主，是政府监督工作的发展趋势。我国已建立了国家预防腐败局，这标志着我国政府监督重心向预防化方向发展。

第五，监督行为的机制化。司法监督将在行政法制监督体系中占有最重要的地位。司法监督以其监督的直接性、机制性、经常性等特点，在西方国家一直受到高度重视，今后将继续保持司法监督在政府监督运行机制中的重要地位。我国对过去较为薄弱的司法监督制度将大力加强，使之成为对政府监督的有力武器。我国的司法监督也将成为行政监督中最有力的监督武器，进而构建中国特色社会主义政府运行的监督机制。

第四篇

政治行为

政治行为是政治主体围绕政治权力开展的社会活动，它表征着政治关系的动态展示，也代表着政治制度的规范对象。政治行为主要表现为政治统治、政治管理和政治参与。政治统治是统治阶级的整体行为，它体现了特定社会的政权性质；政治管理是政治统治的行为延伸，并为统治阶级的政治统治服务；政治参与是普通社会成员对政治生活的政治介入，是现代社会政治文明的重要内容。政治行为的实践表达，本质上是上层行为与下层行为的政治互动。

政治统治

政治统治作为一种强力的支配与控制行为，是政治斗争中最强大的社会势力对整个社会的支配和控制，其核心问题是权威与服从的关系问题，具体表现为经济上处于优势地位的统治阶级，为维护和强化既定的政治关系，通过国家权力对全社会所进行的强力支配和控制。

第一节 政治统治的内涵

统治是一个古老的政治概念。在古汉语中，“统”和“治”都有统领、治理之意；在英语里是 dominate、rule。政治统治是一种强力的控制和支配行为，涉及人类社会政治生活的根本问题。

一、政治统治的含义

学界对政治统治有不同理解。在西方，雷蒙·阿隆认为统治“它的原意是指主人与服从于他的人这样一种关系”。韦伯认为，“统治应该称为在可以标明的一些人当中，命令得到服从”。在我国，杨光斌教授认为：“统治行为的内容集中表现在维护社会的统治秩序……国家的本质决定了政治统治首先是阶级的统治……当然，政治统治或阶级统治实际上也离不开维护公共利益。说政治统治的本质是阶级统治，决不意味着阶级统治就是国家活动的全部内容，国家还要以公共权威的面目出现来维护全社会的利益，并最终有利于统治阶级的利益。”① 王浦劬教授认为：“在权力制约关系的矛盾性和同一性双重驱使下，政治统治行为主体为了维护自己的权力地位和权力制约关系，必须建构政治权力主体对于其他社会政治力量和社会成员的控制和约束关系。而建构这种关系的基本途径，在于把政治权力转变为政治权威，在政治权力主体与其他社会政治力量和社会成员之间建立权威与服

① 杨光斌：《政治学导论》，4版，266～267页，北京，中国人民大学出版社，2011。

从关系。这一行为就是政治统治行为。”① 陈振明教授认为政治统治是“在一定阶级中凭借血缘关系、经济利益和意识形态偏见而居于优势地位的阶级为维护自身利益而利用国家权力对社会的支配与控制行为”②。

马克思主义分析政治统治是建立在国家政权基础之上的，“国家是文明社会的概括，它在一切典型的时期毫无例外地都是统治阶级的国家，并且在一切场合在本质上都是镇压被压迫被剥削阶级的机器”③。因而，政治统治是基于支配或控制社会力量的需要而诞生的政治手段，其主体表现为统治阶级，其目的就是保护强势阶级的利益。所以，马克思主义认为，政治统治既非神的意志，又非血缘的传承，也非社会的契约，更不是什么技术的特权。它是利益冲突和政治斗争的必然结果，是适应支配政治斗争和控制社会冲突的需要而产生的，因而也是与国家权力同生共存的一种政治行为。人们一般都通过国家权力来谈论政治统治问题，如我国著名马克思主义理论家李达，在 20 世纪 40 年代就将政治统治与国家权力相提并论，他提出：“所谓国家权力，即是公权力，即是统治权，亦即近代所说的主权。所谓统治者，即是掌握公权力的特殊阶级（或其代表），即是所谓主权者。”④

可见，考察政治统治行为，离不开国家权力问题。国家起源的历史条件，也就是政治统治行为产生的历史背景。原始社会末期，社会冲突和政治斗争的尖锐程度，使得这个社会陷入了不可解决的自我矛盾，分裂为不可调和的对立面而又无力摆脱这些对立面。而为了使这些对立面，这些经济利益互相冲突的阶级，不致在无谓的斗争中把自己和社会消灭，就需要有一种表面上凌驾于社会之上的力量，这种力量应当缓和冲突，把冲突保持在“秩序”的范围之内。这里所谓“秩序”，就是政治统治秩序。所以，政治统治乃是政治斗争的必然产物。国家一经出现，便开始了其对全社会的政治统治。

政治斗争的最终结果是从许多方面的相互冲突中产生出来的，“这样就有无数互相交错的力量，有无数个力的平行四边形，由此就产生出一个合力，即历史结果”⑤。这种结果实际上是一种变动着的总的平行四边形，也就是一种动态的平衡，它表明了一种政治力量对比状况。其中，并不是所有的政治力量都是均等的，必然有一种力量居于相对优势，代表着合力的方向，起着支配作用，维系着平行四边形的相对稳定。此种力量就是在政治斗争中居于主导地位的政治权力，正是这种政治力量，行使着国家的政治统治。

社会分化为不同阶级，阶级矛盾和阶级冲突危害了社会秩序，客观上要求一个阶级出来把社会矛盾和冲突限定在不危害每一个主体利益的范围内。当统治阶级出现后，就在产生社会秩序的前提下压迫被统治阶级，借助国家权力提供社会秩序。在这一过程中，有条件实现对其他阶级的剥削和对社会的控制，依赖暴力及暴力机构的存在。

就其本质而言，政治统治是政治斗争中最强大的势力对于社会的支配与控制行为。社会上其他政治势力要么是被迫服从，要么是不得不依附于这种统治。正如恩格斯所指出的那样，“由于国家是从控制阶级对立的需要中产生的，由于它同时又是在这些阶级的冲突

---

① 王浦劬：《政治学基础》，2 版，118 页，北京，北京大学出版社，2006。

② 陈振明：《政治学：概念、理论和方法》，310 页，北京，中国社会科学出版社，2006。

③ 《马克思恩格斯选集》，2 版，第 4 卷，176 页，北京，人民出版社，1995。

④ 李达：《法理学大纲》，96 页，北京，法律出版社，1983。

⑤ 《马克思恩格斯选集》，2 版，第 4 卷，697 页，北京，人民出版社，1995。

中产生的，所以，它照例是最强大、在经济上占统治地位的阶级的国家，这个阶级借助于国家而在政治上也成为占统治地位的阶级，因而获得了镇压和剥削被压迫阶级的新手段”①。

因此，我们认为，政治统治是适应政治斗争和控制社会冲突的需要而产生的，是与国家权力同生共存的一种政治行为，它是利益冲突和政治斗争的必然结果。政治统治的实质是阶级统治行为，但它不是统治阶级的一般行为，而是维护统治阶级根本利益的最高行为。政治统治就是社会中的特定阶级以追求政治秩序为目标，通过国家权力来控制社会的最高行为。

二、政治统治的基础

政治统治作为不同政治主体进行政治斗争的必然结果，其核心问题乃是权威与服从的关系问题，即代表统治阶级行使政治统治的机构拥有至高无上的权威，而被统治阶级乃至全体社会成员都必须服从这种权威。

1. 政治统治的主体性基础

政治统治的主体性基础是指统治阶级对政治统治手段的能动运用。一个阶级要实现政治统治，必须要有一整套完善刚性的统治机构和政治制度做保障，常称之为政治上层建筑，这构成了政治统治的刚性基础。根据其表现形态，刚性统治基础可分为暴力型和规范型。暴力型统治基础是指以军队、警察、监狱等武装设施为物质载体的机构形态；规范型统治基础是指以政治制度和法律规范为基本内容的制度形态。在革命战争年代，刚性统治基础集中表现为武装力量；在和平建设时期，刚性统治基础则集中表现为政策法规。

在政治斗争过程中，暴力对于力量对比的变化起着至关重要的作用。确立统治地位以后，统治阶级总是要首先运用暴力的威慑作用将国家形式确立下来。暴力机关是随着国家的产生而产生的，从暴力产生的那时起，它就在国家政治统治中起着不可替代的作用。在政治生活的和平年代，暴力工具的作用将日渐削弱，代表统治阶级利益的政策法规，将成为政治公民必须遵守的行为准则。在这样的历史时期，统治阶级将根据社会经济发展的需要，从维护阶级利益、增进社会福利、促进经济发展等角度制定政策法规，从而实现阶级统治的政治需要。诚然，政策法规的运行必须以暴力工具的存在为基础，当公民的政治行为在政策法规的允许范围内时，公民的政治利益将受到政策法规的保护；反之，当公民的政治行为违反国家的法律规范时，公民的政治行为和政治权利将受到法律的制裁。

随着人类社会政治文明的不断发展，政治实践的主题也发生着时代的位移，政治统治的基础也呈现出柔性化趋势逐渐增强的时代特征。因此，政治统治的基础除了刚性形态外，还有柔性形态，常称之为思想上层建筑。其主要包括能够发挥意识形态功能的思想文化和政治教育，旨在为政治实践的合理性和政治体系的合法性提供思想基础。统治阶级通过执政理念的不断创新，并对被统治阶级进行政治教育，最终达到对被统治阶级的思想控制，从而在思想层面实现政治统治。

政治统治基础的本质属性是表现于政治实践活动中的工具性。这种政治工具的实践选

① 《马克思恩格斯选集》，2版，第4卷，172页，北京，人民出版社，1995。

择，不但表明了政治主体的能动性，而且体现了政治生活的文明度。在传统政治时代，由于受经济基础和等级观念的影响，政治实践活动中刚性基础主导着政治生活的全部内容。随着人类社会政治文明的不断提升，民主、法治、平等观念深入民心，政治实践的基本主题发生了重心位移，政治生活的柔性因素也随之不断增强，从而使政治体系逐渐软化并富有弹性，呈现出“统治性下降，管理性上升；暴力性下降，教化性上升；革命性下降，改革性上升；对抗性下降，和谐性上升”的新型特征。因此，在现代政治生活中，柔性政治统治基础的地位逐渐上升并成为政治统治基础的主体内容，从而使政治统治日益呈现出柔性化趋势。

统治阶级要顺利实现政治统治，还必须行使能够增进社会公共利益的社会管理职能，因为公民评价统治阶级的重要标准就是自身利益能否实现。马克思曾经指出：“在任何地方和任何时候，都是经济条件和经济上的权力手段帮助‘暴力’取得胜利，没有它们，暴力就不成其为暴力。”① 所以，包括暴力在内的“一切政治权力起先都是以某种经济的、社会的职能为基础的”②。

2. 政治统治的客体性基础

政治统治的客体性基础主要是指政治统治运行的社会心理基础，亦即政治统治必须得到社会成员的支持与认可，拥有国家权威的社会心理基础。历代统治阶级都十分注意加强社会心理建设，我国古代政治家管仲在其《心术》篇中就曾提出：“心安，是国安也；心治，是国治也。”人心向背，说到底是人们在心理方面的认同与否问题，即政治统治的社会心理基础。

政治统治是运用政治强制力的政治过程，但政治统治不能单纯依靠强制力，否则，未必能达到让被统治者服从的目的。政治权力只有转化为权威，才能带来服从的效果。因为权力和权威是不相同的，权力主要是一种物质力量，掌权者依靠这种力量要使他人的行为符合自己的目的；权威则主要是一种精神力量，其作用主要是一种社会心理过程，对权威的服从是以心理的认同为前提的。任何统治阶级为保证自己的意志能顺利地得以贯彻执行，都要使自己所拥有的国家权力具有最高的权威性。虽然物质强制力量是政治统治权威的基础，但构成人们服从的直接力量是精神力量。物质力量只有转化为精神威慑，才能产生使人们服从的政治效果。

政治统治的客体性基础除了国家权威的社会心理基础外，还有国际社会环境。随着阶级对立关系的消亡和实践活动范围的扩大，政治统治客体的政治空间逐渐由国内阶级向国际民族位移，改善国际关系便成为现代统治阶级维护政治统治的时代命题，从而使政治统治的客体性因素日益呈现出国际化趋势。一个国家的国际地位和国际竞争力，直接反映着该国统治阶级的执政能力和政治水平，而二者又直接决定着统治阶级在国际范围内的认可度和支持度，进而会影响国内居民对国家政权的拥护和支持。

三、政治统治的特征

政治统治作为统治阶级稳固统治地位、维护经济利益、建立社会秩序的主要手段，在

---

① 《马克思恩格斯选集》，2 版，第 3 卷，515 页，北京，人民出版社，1995。

② 同上书，526 页。

政治生活中扮演着重要的政治角色，同时也形成了自己的基本特征。

第一，阶级性。阶级性是政治统治最本质的特征。从活动主体的维度来看，政治统治的主体是阶级，而且只能是特定社会在经济上占统治地位的阶级。虽然承担政治统治活动的主要是政治家们，但他们都是特定阶级的政治代表，是统治阶级集体意志的集中体现；从活动客体的维度来看，政治统治的客体是与政治统治主体的根本利益相对抗的阶级或阶级残余分子，政治统治只能指向被统治阶级，统治阶级内部不存在政治统治；从活动目的的维度来看，政治统治的根本目的是实现统治阶级的根本利益，无论其直接目的如何，其最终目的都是服从统治阶级的政治意志，维护统治阶级的整体利益。

第二，强制性。政治统治的强制性就是所谓的“阶级专政”，它是由政治统治的阶级性决定的，是国家政权对于社会的一种强力支配和控制。一般而言，统治阶级与被统治阶级的根本利益是对立的，被统治阶级按照统治阶级意志行事，就意味着其根本利益要受到损害，他们不会自愿放弃其利益，因而统治阶级必须以暴力为后盾，强迫被统治阶级服从自己的意志。但统治阶级一般不直接使用暴力，而是凭借其掌握的国家暴力机器作为威慑力量，强制被统治阶级按自己的意志行事。如果被统治阶级不按统治阶级的意志行事，或有意破坏其意志的贯彻，就要受到暴力的惩罚，以强迫政治统治对象服从自己的意志。

第三，有序性。任何统治阶级都希望有一个稳定的统治秩序，以便顺利实现本阶级的意志。政治统治的有序性是通过国家政权来维持的，主要表现在三个方面：首先，表现在政治统治行为主体内部的秩序状态上。作为政治统治行为主体的国家，其政权形式、政府职能和活动机制是有序的，无论是静态的组合方式，抑或是动态的运作程序，都显示了其自身所具有的有序结构。其次，表现在政治统治活动主客体关系的秩序状态上。国家权力具有普遍的约束力，国家范围内的所有社会成员都必须遵从国家意志，接受国家的政治统治。不仅被统治阶级必须服从这种统治，就是统治阶级内部成员也毫不例外，因为统治阶级的整体利益不允许有个别利益与之对抗。最后，表现在社会整体运行的秩序状态上。社会运行有经济、政治、文化三个层面，经济层面的秩序状态体现为经济制度，政治层面的秩序状态体现为政治制度，文化层面的秩序状态体现为文化制度，三个层面共同构成了完整的社会秩序。

第二节　政治统治的形态

政治统治是随阶级和国家的产生而产生的政治行为。根据政治统治依存的基础不同，可以从合法性和阶级性两大维度将政治统治进行划分。

一、以合法性为标准

在当代西方政治学中，对政治统治进行分类研究的典型代表是马克斯·韦伯，他根据政治统治的合法性基础，把政治统治分为以下三类①：

第一，人格型统治。人格型统治也称为克里斯玛型统治，它往往出现于社会危机时

① 参见［美］本迪克斯：《马克斯·韦伯思想肖像》，11、12、13章，上海，上海人民出版社，2002。

刻，克里斯玛意为能够吸引别人效忠自己的领袖气质和个人魅力。克里斯玛式人物具有把人们吸引在其周围而成为追随者的能力，同时其追随者具有拥护这类领袖人物的赤诚态度。这类人能改变人们的生活境况，从而使人们对原有信仰发生动摇，转而接受一种新的信仰，这就为这类有特殊能力的人取得权力提供了机会。同时，在危机时刻，渴望摆脱困境的群众也需要这种人的出现，并将自己交付给一位英雄般的人物，形成崇拜英雄的文化心态，从而为统治提供坚实的心理基础。从消除旧的思想观念和行为模式上看，克里斯玛式人物的作用是革命性的，他“追根究底”地向根深蒂固的现实挑战。克里斯玛型统治被认为是当代发展中国家政治统治的主要类型，其基本特征是个人的合法性力量成为统治的根基。弊端在于个人政治生命一旦终结，就会给整个政治体系合法性的存在带来威胁，出现人存政举、人亡政息的局面。

第二，传统型统治。传统型统治的基础来自对某种古老规则和权力的神圣信仰。在这种统治类型中，统治者与服从者都承认一套古老的、来自代代相传的行为方式和基本法则。其中正统血缘、宗教外衣、民众习惯和强大实力都会成为统治的正当理由。统治者对“你凭什么统治众人”的回答是：“历来如此。”在这种统治体系中，最基本的特征是对传统规则的无限臣服。这种统治方式与自给自足的自然经济有着密切的联系，认为国家就是家庭的放大形态，它是古代社会政治统治的常态类型。

第三，法理型统治。人格型和传统型的政治统治都表现出人治的特征，但在现代社会的法理型统治中，法律具有至高无上的地位，形成一种以法律为依据进行治理的社会。无论是领袖、官员，抑或是普通民众，在法律面前人人平等，都要受到法律的制约和束缚。领袖和官员一方面自身要服从这一非人格的法律秩序；另一方面，他们的任何决策和命令，也要受到这一秩序的辖制。人民是作为公民而不是臣民来服从依法设立的权威，他们服从的是法律而不是执法的官员。显然，法理型统治的合法性基础更为牢固。

以上三种不同形态的政治统治不是完全割裂的，其中任何一种都不是纯粹的形式。如法理型统治中也具有人格型统治的一些特点，甚至会有传统型统治的一些因素，关键看哪种类型居于社会的主导地位，发挥关键作用。

二、以阶级性为标准

根据马克思主义的阶级分析方法，我们可以把历史上存在过的政治统治分为以下几种：

第一，前资本主义社会的政治统治。前资本主义社会的政治统治，包括奴隶社会政治统治和封建社会政治统治两个阶段。奴隶主以其在经济上占有全部生产资料为基础，掌握了国家统治权，从而形成了奴隶主阶级的政治统治。统治的客体是奴隶阶级及自由民中的平民等级。其中奴隶被奴隶主占有，没有人身自由，只被当作会说话的工具。这种统治的目的，是维护少数奴隶主阶级的统治地位及其阶级利益，维护奴隶主阶级对奴隶阶级的阶级统治秩序。这种统治的手段，是赤裸裸的暴力，奴隶主阶级不仅凭借暴力强迫奴隶阶级服从其意志，而且可以任意买卖或屠杀奴隶，因而是一种极其野蛮的政治统治。封建主阶级的政治统治主体是封建地主阶级，他们占有土地，并按照土地的多少和权力的大小，在封建统治阶级内部被划分为大小不同的各种封建等级，从而形成了从君主到领主再到官吏的封建等级体系，通过这种体系进行层层统治。这种统治的客体是广大贫苦农民阶级和手工业者。农民阶级与奴隶阶级相比，有了较大的人身自由，但还得依附于地主的土地而生存。这种统治的目的是维护封建地主阶级的政治地位和经济利益，维护封建社会的政治秩序。这种统治的手段，既有暴力压制又有思想控制。思想控制比暴力压制更加高明，这种精神统治在西方主要是直接利用宗教神学来禁锢人们的思想，在中国则是通过地主阶级政治思想宗教化的途径来禁锢农民思想，从而使农民“自愿”服从封建地主阶级的意志，以维护封建地主阶级的政治统治。前资本主义社会被称为传统社会，传统社会的政治统治是建立在自然经济基础上的统治方式，从而形成了传统社会的专制型统治。

第二，资本主义社会的政治统治。资本主义社会的政治统治是资产阶级革命胜利后确立起来的，它是建立在商品经济基础上的政治统治，基本特征是具有民主统治的制度色彩，从而构成了剥削阶级政治统治的最高形态。这种政治统治的主体是资产阶级，他们占有生产资料，依靠资产阶级国家机器而实施政治统治，正是在这个意义上，“现代的国家政权不过是管理整个资产阶级的共同事务的委员会罢了”①。这种政治统治的客体是无产阶级和广大劳动人民，无产阶级虽有人身自由但无生产资料，受资产阶级的经济剥削和政治压迫。这种政治统治的目的，是维护资产阶级的政治统治和经济利益，维护资本主义政治秩序。这种政治统治手段也有两种：一种是暴力方式，它强迫无产阶级和广大劳动人民服从资产阶级制定的法律和规定的秩序；另一种是怀柔方式，它通过安抚、分化、瓦解和收买等手段来笼络无产阶级和劳动人民，同时加强资产阶级世界观和价值观的灌输，使无产阶级和劳动人民“自愿”服从其意志，从而维护资产阶级的统治地位和阶级利益。这两种手段是资产阶级常用的“两手”，经常交替使用。当阶级矛盾缓和时主要运用怀柔方法，而当阶级矛盾激化时则主要运用暴力方法，法西斯专政就是运用暴力野蛮统治的具体表现。

第三，社会主义社会的政治统治。社会主义社会政治统治的主体是无产阶级和广大劳动人民，他们结成特殊的阶级联盟，利用社会主义国家政权，对敌对分子进行专政。这种政治统治的客体，包括剥削阶级残余分子、各种政治异己力量和社会主义建设的破坏者。这种政治统治的目的，是维护无产阶级和广大劳动人民的根本利益，维护安定团结的秩序，促进社会主义物质文明、政治文明、精神文明和社会文明的协调发展。这种政治统治的手段有两种：一种是对反动阶级和反动势力使用暴力，然而暴力不是主要方法，更为重要的方法是通过发展经济文化事业，使旧社会的剥削者在劳动中改造为自食其力的劳动者；另一种是运用社会主义核心价值观凝聚人心，提高人民群众的思想文化素质，增强社会主义国家文化软实力，巩固社会主义共同理想。无产阶级政治统治的最终使命，是消灭包含自身在内的所有政治现象，使人类迈向共产主义。因此，无产阶级政治统治，是人类历史上最后一种政治统治。

若以统治主体的阶级本性进行划分，人类历史上的政治统治可分为两种基本类型：一种是少数人统治多数人，亦即少数剥削阶级对多数劳动群众的政治统治，前资本主义社会的政治统治和资本主义社会的政治统治就属于此类；另一种是多数人统治少数人，亦即广

---

① 《马克思恩格斯选集》，2版，第1卷，274页，北京，人民出版社，1995。

大劳动人民对极少数反对分子的政治统治，这种政治统治特指无产阶级的政治统治。如果说，少数人统治多数人是建立在生产资料私有制的基础之上，那么，多数人统治少数人则是建立在生产资料公有制的基础之上。前者是剥削阶级的政治统治，而后者是对剥削阶级的政治统治，二者具有本质的区别。

第三节　政治统治的运演

统治阶级为了实现其政治统治，必然将其政治意图贯穿政治统治的运行过程，从而形成了人类社会政治统治的运行规律。

一、政治统治的运行过程

政治统治的运行过程主要包括政治统治有序化和政治统治合法化两个环节。

1. 政治统治有序化

政治统治的内容集中表现在维护社会的统治秩序。所谓统治秩序，就是取得胜利的阶级强加于整个社会的统治行为，其实质是在阶级对立社会中处于主导地位的政治关系和经济关系的总和。在政治统治秩序化过程中，统治阶级首先依赖的是国家机器，国家机器的本质是“国家政权的主要强力工具”①，统治阶级利用这个工具，以实现自身的稳固统治。可见，建立政治秩序依赖的是强制性的国家权力。统治阶级依赖的暴力后盾是为了确立有利于自己的政治格局，这种政治格局就是政治制度。制度与法律和政策密切相关，一方面，制度是以法律方式规定的，制度是法律内容的具体表现；另一方面，制度又依靠政策来维持，制度的运转少不了政策的配合作用。如果说，法律是统治阶级政治意志的最高体现，是统治阶级把现存的统治关系固定化的刚性形式，是统治阶级达到利益普遍化目的的最好手段，那么，政策则是统治阶级优化现存政治关系的柔性导向，是统治阶级达到利益最大化目的的制度创新。二者相比，法律刚性强而变化慢，政策弹性大而变化快。总之，法律和政策是制度存在的两大维度。法律是制度的静态凝固，而政策则是制度的动态运演。政治统治的制度化程度越高，政治统治的秩序性也越强，政治统治体系也就越稳定。

2. 政治统治合法化

每一种政治统治秩序建立之后，统治阶级都要力图使这种统治秩序获得合法性，以最少的统治成本获得最大的政治效益。政治统治合法化就是政治统治获得合法性的过程。政治统治合法性是政治生活应有的特性，它不仅来自正式的法律，更主要的是来自社会成员所给予积极支持的社会认同。因此，合法性不仅是指法律意义上的合法性，而更重要的是指价值意义上的正当性。就其本质而言，政治统治的合法性就是社会成员对于政治统治的承认，亦即社会成员对于政治统治正当性的认可，它是维护政治统治秩序的文化机制。法律是统治秩序的刚性规定，是合法性的基础，而不是合法性本身，亦即合法性不等于法律性。法律性是强制推行的结果，而合法性主要是观念内化的结果，前者靠国家权力维持，

---

① 《列宁选集》，3版修订版，第3卷，116页，北京，人民出版社，2012。

后者靠意识形态教化。在政治统治的合法化过程中，意识形态扮演着重要的角色。意识形态通过对政治权力的合理性论证，以塑造自己的权威形象，从而促使国家权力向政治权威的有效转化。无论是哪种类型的政治统治，都试图通过特定政治意识形态的社会化，来使人们相信政治统治的合法性。因此，思想政治教育是政治统治合法化的重要途径，也是政治统治系统工程的有机内容，其目的在于使人们相信现存制度是这个社会的最佳选择。

二、政治统治的运行规律

人类社会政治生活的政治统治，伴随着阶级社会的产生而出现。作为政治行为的最高层面，政治统治有其自身的发展规律。

1. 阶级关系对政治统治有决定作用

阶级关系决定着政治统治的基本性质，规定着政治统治的基本面貌，从而对政治统治具有决定性作用。

首先，阶级对立是政治统治产生的社会前提。到了原始社会末期，随着剩余产品的出现和私有制的形成，氏族和部落的公职人员逐步将公共产品据为己有。伴随着这种剥削现象的出现，人类历史上第一次出现了不平等现象，人类社会随之出现了立体式分化，产生了两大对立阶级。有了阶级就有阶级之间的斗争，被剥削阶级的阶级反抗必须引起剥削阶级的政治压迫，两大对立阶级之间经济上的剥削与被剥削关系，就必然延伸为政治上的压迫与被压迫关系。因此，阶级对立是政治统治的社会前提，经济剥削是政治压迫的物质根源。

其次，阶级矛盾是政治统治形态的决定因素。阶级本质上是一个经济范畴，阶级矛盾根源于经济利益。政治统治作为人类社会的政治现象，根源于经济利益的根本冲突，一切阶级矛盾都是建立在经济利益根本对立基础之上的。在阶级对立社会中，阶级矛盾是一种对抗性矛盾，这不仅决定了阶级对立社会政治统治的强势特征，而且也决定了剥削阶级进行政治统治的多维途径。阶级矛盾表现剧烈时，政治统治的方式更多地具有暴力性质；阶级矛盾趋向缓和时，政治统治的方式更多地具有怀柔性质。随着现代科技革命的发展，资本主义国家的阶级矛盾日趋缓和，资产阶级更加注重怀柔利用和思想控制，这是新的历史条件下资产阶级政治统治的新特点。

最后，阶级关系是政治统治发展的历史坐标。阶级关系的存在仅仅与人类社会发展的一定历史阶段相联系。人类社会的阶级关系，先后经历了奴隶社会、封建社会和资本主义社会三大对立形态之后，发展到社会主义历史阶段，社会主义历史阶段是阶级现象逐渐消亡的历史阶段。阶级关系是政治关系的本质内容，政治现象随着阶级和国家的产生而产生，又随着阶级和国家的变化而变化。政治统治作为政治现象的有机内容，也随着阶级关系的发展而变化。在阶级对立社会，对立的阶级关系决定了剥削阶级强势的政治统治，社会主义阶级关系的发展趋势，表现为从对立关系到非对立关系，最后直至阶级消亡。在社会主义历史阶段，随着阶级关系的逐渐消亡，政治统治的政治功能逐渐减弱，社会功能逐渐增强。政治统治也就随之逐渐转化为社会管理，这是政治统治发展的一般规律。

2. 政治统治对社会生活有能动作用

“政治统治到处都是以执行某种社会职能为基础，而且政治统治只有在它执行了它的这种社会职能时才能持续下去。”① 政治统治通过对政治生活的控制而能动地作用于社会生活。

首先，政治统治对社会行为有控制作用。政治是经济的集中表现，政治行为是社会行为的高度浓缩。人类进入阶级社会之后，经济利益的根本对立引发了阶级之间的矛盾和斗争。被剥削阶级的反抗和斗争，迫使统治阶级建立国家机器，实施政治统治。正是剥削阶级的政治统治，才把被剥削阶级的政治行为控制在一定的范围之内，从而维护着剥削阶级的政治地位和特定社会的阶级结构。政治统治不仅控制了被统治阶级的政治行为，而且对统治阶级自身的政治行为也有制约作用。统治阶级为了维护自身的统治地位，通过政权的组织形式来控制和调节统治阶级内部的政治行为。社会主义历史阶段，政治统治通过人民民主专政的形式，来控制和制约社会主义国民的社会行为。总之，政治统治，特别是阶级对立社会的强势政治统治，对特定历史阶段人们的社会行为具有很强的控制作用，对特定社会形态的存在和发展发挥了有力的推动作用。

其次，政治统治对社会关系有构建作用。在阶级对立社会，正是由于政治统治，才历史地构建出两大对立阶级之间的剥削和压迫关系，政治统治的主客体关系是在政治统治的实践中建立的，政治实践是政治关系产生的内在源泉。政治统治不仅构建着政治统治行为的主客体关系，而且也构建着统治阶级自身的内部关系，从而产生了统治阶级内部不同阶层和利益集团的联盟关系。不同性质的政治统治，也构建着不同类型的统治关系，剥削阶级的政治统治构建出少数人统治多数人的统治关系，而无产阶级的政治统治构建出多数人统治少数人的统治关系。人类在进入阶级社会之后，政治统治逐步渗透到社会生活的各个领域，社会生活也纳入特定的统治秩序之中。随着人类社会政治统治的不断发展，特定的统治秩序逐渐升华为法律规范。法律规范逐渐成为政治统治的现代形式，它不断调节着人与人之间的社会关系，从而构建出社会关系的优化形态。由此可见，法治社会是政治统治现代化的必然趋势，也是人类社会政治文明制度化的内在要求。

---

① 《马克思恩格斯选集》，2 版，第 3 卷，523 页，北京，人民出版社，1995。

政治管理

政治管理作为一个历史概念，最初孕育于原始管理的母体之中，它是与政治权力同生并存的一种政治行为，并与政治权力的历史发展是同步共进的。政治管理作为公共事务管理的主要内容，是维护社会公共利益、协调社会矛盾冲突、促进社会健康发展的基本手段，是现代政治生活最为重要的政治行为。

第一节　政治管理的内涵

人们对于政治管理的认识，有一个逐渐深化的发展过程。马克斯·韦伯和伍德罗·威尔逊是较早研究政治管理的代表人物。在现代政治生活中，政治管理已经成为衡量一个国家政治发展的重要标志，世界银行定期要从政治管理层面上提供管理发展报告。中国早在政治学的恢复时期，就有人提出要研究政治管理，并认为政治管理是政治学的一个分支学科。

一、政治管理的含义

由于人们所处的社会地位和历史条件不同，对政治管理的理解也不相同。纵观国内外广大学者的研究成果，主要表现在以下三个方面：（1）政治管理就是政治活动的全部；（2）政治管理就是社会管理；（3）政治管理就是行政管理。我们认为，政治管理就是国家权力体系对社会政治生活的协调和控制，它随着国家的产生而产生，是维护政治统治秩序的重要手段。

第一，政治管理的主体是国家公共权力体系。国家公共权力体系中最主要的是政府，此外也有执政党和参政党，以及其他社会政治组织，诸如我国的人民政协、共青团、工会、妇联等政治性组织。而一般社会管理的主体要广泛得多，除了政治管理主体之外，还有其他非政治性社会组织，诸如企事业单位、群众社团、宗教团体等社会管理主体，当它们的行为与国家意志相一致时，也可以产生政治管理行为，因此，它们可以被看作政治管理主体的社会延伸，发挥着政治管理的辅助作用。

第二，政治管理的客体是社会公共政治生活。政治生活是人类社会生活的重要部分，它主要表现为在社会公共领域中人们的政治互动行为和政治互动过程，主要内容包括政治思想、政治言论和政治活动。那些不具有政治性的行为，或虽具有政治性而没有产生互动效应的行为，都不属于政治管理的范围。除社会政治生活外，经济、科技、教育、文艺、体育、卫生等方面的管理，都属于社会管理，不具有政治管理的性质。

第三，政治管理的运行是自上而下的政治行为。政治管理是少数人对多数人的约束，其运行机制呈现出金字塔式的伞状放射结构，居于塔顶的管理者是少数人，居于塔座的被管理者为社会多数成员。因此，政治管理的行为方向是自上而下的单向行为，这体现了政治权力的一般特性，表现了管理者与被管理者的不平等性。政治管理主要通过法律和政策的方式进行，它是国家意志的政治体现，具有约束人们政治行为和调整社会政治关系的特殊作用，因而政治管理具有很强的权威性和约束力。

第四，政治管理的目的是维护统治阶级政治统治。如果说政治统治侧重于国家的阶级职能和宏观的制度建设，那么政治管理则侧重于国家的社会职能和微观的管理活动。从价值结构来看，政治统治与政治管理是一种目的与手段的关系。政治管理是“按照某种特定的秩序和目标对政治生活进行自觉地、有计划地约束或制约的一定方式，即是说，通过这种特殊的约束方式使政治生活的各方面都能按照某种既定的秩序和目标运行和发展”①。也就是说，政治管理的目的是保证社会政治生活的正常运行，维护统治阶级的政治统治。

二、政治管理的定位

政治管理与政治统治、行政管理、社会管理等国家政治现象有着密切的关系，相互之间既有联系，又有区别。

1. 政治管理与政治统治

政治管理与政治统治首先表现为一种相互依赖的关系。因为政治管理与政治统治都是国家的政治行为，统一于国家的职能之中，目的都是维护特定的社会秩序，实现特定政治主体的政治利益。政治统治是政治管理的前提，有了这个前提，社会特定的管理活动才有了政治性质。政治管理是政治统治的延伸，是人类阶级社会的必然要求。没有这个政治行为的延伸过程，政治统治就难以实现并维持下去。随着人类社会的不断进步，政治统治越来越呈现出技术化的发展趋势，日益成熟的政治管理则反过来也更巧妙地掩盖着政治统治的阶级本质。

尽管如此，政治管理与政治统治仍有明显区别：首先，行为主体不同。政治统治行为主体直接表现为以暴力为基础的国家政权机关，主要是军队、警察、监狱等物质形式。由于政治统治实质上是一个阶级对另一个阶级的统治，因此，从根本上说，政治统治主体不是具体的政权机关，而是整个统治阶级。而政治管理主体是政府、政党和相关政治社团，除此之外，当一些非政府组织的行为与政府行为一致时，即可作为政治管理主体而存在。在一定意义上说，凡是能够与国家意志贯彻相一致而起作用的权力主体，都可以产生政治管理行为，因此，政治管理行为主体范围明显有别于政治统治行为主体。其次，作用对象不同。政治统

① 李景鹏：《试论社会主义民主的运行机制和理论基础》，载《政治学研究》，1988（2）。

治的作用对象是被统治阶级的全体成员，而不包括统治阶级成员，这体现了阶级之间利益的根本对立，表现了阶级对阶级的直接作用；而政治管理的作用对象是社会中的全体成员，它既包括被统治阶级成员，也包括统治阶级成员。最后，运行方式不同。由于统治者和被统治者的根本利益是对立的，因而当威胁和动摇统治阶级地位的情形出现时，统治阶级总是会直接借助于国家政权的力量，以暴力为后盾并辅之以特定的意识形态来实现统治阶级需要的政治秩序，因此，专政便是政治统治行为的根本方式。而由于政治管理主要是调控民众的政治性行为、协调社会公共事务，因此，管理者和被管理者在根本利益上是非对立的，这就决定了政治管理的基本作用方式是行政和民主的，而非暴力和专政的。

2. 政治管理与行政管理

政治管理和行政管理都是以国家为中心的政治事务管理活动，都侧重于管理活动中的公共性内容。在政治管理与政治统治职能分化较为明显，政治管理与行政管理区别尚不突出的年代，马克斯·韦伯、伍德罗·威尔逊等人在很大程度上都把政治管理看作行政管理，认为它们都是体现国家意志的管理活动。随着政治活动和行政活动的历史分化，政治管理和行政管理的也日益明显，从而形成了二者不同的活动定位。

但行政管理和政治管理毕竟是两个不同的范畴。首先，行政管理和政治管理的主体不同：行政管理的主体是政府机构，而政治管理的主体除政府机构外，还包括政党及政治社团等其他政治组织，甚至还包括非政治组织。其次，行政管理和政治管理的客体不同：行政管理的客体主要是政府机构内部的政治生活，而政治管理的客体是全社会公民的政治生活，其中自然包括政府机构内部的政治生活。因此，从概念外延的角度来讲，政治管理包含着行政管理，二者之间的关系是整体与部分的关系。最后，行政管理与政治管理的方式不同：行政管理的方式集中表现为行政方式，而政治管理的方式除行政方式之外，还包括经济方式、文化方式等多元化方式，从而形成了刚性方式与柔性方式的有机统一。

3. 政治管理与社会管理

政治管理与社会管理都是对社会公共事务的管理，与大多数人的利益密切相关。但从严格意义上来看，政治管理是指以政府为主体、政党组织以及某些相关的社会组织参与其中、围绕政治统治而展开的对公共政治性事务的管理，是以政治权力所进行的一种自上而下的管理。社会管理则是社会团体和组织所进行的不带有政治性的社会性事务的管理，是一种体现平等价值和民主精神的自我管理，具有社会自发性、自主性和自治性特征。由此可见，政治管理主体的性质有明显的政治色彩，并形成了以政府为核心的一元化主体结构；而社会管理主体的性质则具有典型的民众性和非政治性的特点，且形成了多元化的主体结构。另外，前者的作用方式是自上而下的垂直管理，后者则是平等自治的民主管理。

在政治发展的不同阶段和区域，两者表现出不同的功能和尺度。在自由资本主义时期，在自由市场观念的支配下，政治管理的功能以维护社会秩序、确保市场经济正常运行为限度，社会管理职能由于市场经济的迅速发展而大大增强。在政治管理与社会管理的关系中，是政治管理弱于社会管理。在垄断资本主义时期，由于凯恩斯主义的流行，各国政府加强了对社会经济生活的干预，从而使政治管理与社会管理的关系发生逆转，即政治管理强而社会管理弱。目前，西方各国新公共管理运动的兴起，又标志着新一轮社会管理的复兴，从而使社会管理功能日益凸显。

如何定位政治管理与社会管理的关系，并将两者结合以充分发挥各自的功能，一直是影响各国政治、经济、社会发展的重要问题。在资本主义的历史发展过程中，西方国家出现了政治管理与社会管理相结合的不同模式，美国政府奉行的是有调节的市场经济模式，法国政府奉行的是与计划相协调的市场经济模式，德国政府奉行的是社会市场经济模式。我国在改革开放之前是实行计划经济的社会主义国家，整个社会都被置于政府高度集中统一的管理之下，政治管理全面替代了社会管理，从而使政治管理失去了本来的意义。然而，马克思主义政治观认为，政治管理只是阶级社会特有的现象，随着社会不断进步和国家逐步走向消亡，人类历史发展的总趋势是政治管理的规模、功能和作用不断减弱直至退出历史舞台，而社会管理的范围则不断扩大而最终取代政治管理。因此，我们在充分发挥政治管理功能的同时，更应扩展社会自我管理的范围，增强社会自主治理的能力。

三、政治管理的功能

政治管理的目的和任务，是通过政治管理的行为过程来实现的，从而发挥着政治管理的政治功能。

1. 巩固经济基础

政治管理属于社会的上层建筑，它建立在一定的经济基础之上并为其服务。在人类社会的政治生活中，维护和巩固统治阶级赖以生存的经济基础，是全部政治管理活动的根本任务。政治管理主要通过对社会经济生活的调节、干预和控制来维护经济基础，其具体任务主要有：一方面，维护基本经济制度。基本经济制度规定了统治阶级对生产资料的占有关系，确立了统治阶级的经济成分在国民经济体系中的支配地位。因此，要巩固自己的经济基础，必先维护经济制度。通过政治管理来维护基本经济制度，不仅要对严重危害基本经济制度的行为依法进行政治打击，而且还要通过经济体制改革使基本经济制度不断得到完善。与此同时，政治管理对基本经济制度的维护作用，还表现在为经济活动制定路线、方针和政策，并为其确定方向、目标和任务，从而使社会经济生活不致偏离基本经济制度的性质要求和发展趋势。另一方面，协调各种经济活动。在具有战略性的经济活动中，要顺利取得预期的经济效益，就离不开国家用政治管理手段对全部经济活动从总体上给予协调。从经济形式的角度来讲，协调经济活动主要表现为：积极维护与社会经济性质相适应的经济形式，进一步为有利于统治阶级的经济形式开拓空间，确保统治阶级物质利益的持续实现。从利益主体的角度来讲，协调经济活动主要表现为：及时化解经济利益主体之间的矛盾，保证社会经济体系的正常运行，促进社会经济水平的不断提高和社会生产力的持续发展。

在社会主义条件下，由于国家职能更多地表现为进行经济文化建设，因此，政治管理在维护社会经济基础，保障社会主义经济发展上更是起着极为重要的作用。我国正处于社会主义初级阶段，生产力水平较低，因此，我们必须通过经济体制改革，不断完善基本经济制度，积极发展多种经济形式，大力促进社会生产力的快速发展。

2. 维护社会秩序

调节利益矛盾，维持社会秩序，是社会发展的重要条件，也是政治管理的基本职能。社会不可避免地存在利益分化，因而必然会引起利益矛盾，对此如果不加以有效调节，任其发展下去，会给社会造成极大危害。因此，只有积极调节利益冲突，化解各种利益矛盾，使之趋于基本合理，才能维护社会秩序正常运转。政治管理的重要作用，就是缓解因利益分化而引起的矛盾冲突，使其在一定的秩序范围内合理存在。

良好的社会秩序，对社会的发展至关重要。也只有在社会秩序得到维持，社会稳定得到保证的情况下，社会生产力才能发展，社会财富才能增长，人民才能安居乐业。因此，维持社会秩序作为政治管理主体的基本要务，主要表现为三大维度：首先，严厉打击破坏社会秩序的反动分子和敌对势力，有效制止各种利益矛盾所引发的破坏社会秩序的行为。其次，完善各种规章制度，规范人们的社会行为，调节各种社会关系。最后，开展各种有益活动，净化国民精神世界，培育民族团结精神。

社会主义的发展目标是共同富裕，广大人民群众的根本利益是一致的，但并不排除暂时性的利益分化和局部性的矛盾冲突。对此，必须通过政治管理进行调节和化解，否则就可能危及人民群众的根本利益和发展目标。社会主义改革就是利益关系的重新调整，但其本身也会引发新的利益矛盾，因而我国必须处理好改革、发展和稳定的关系，要在不断协调各种利益矛盾的实践过程中，努力实现社会各方的利益均衡，构建健康有序的和谐社会，从而为全面建成小康社会营造良好的社会环境。

3. 建设政治文明

建设政治文明是政治管理的政治功能，集中表现在确立政治生活方向、完善政治制度体系、推进政治民主进程三个方面。

首先，确定政治生活方向。任何一种政治力量，要想取得相对优势，必须在政治生活中占据主导地位。而在政治生活中占主导地位的重要标志，就是要掌握国家政权，使自己成为政治管理的主体。唯其如此，政治管理主体才可以凭借国家特有的强制力量，按照自己的意志来确立政治方向，内导社会运转，进而改造社会面貌。

其次，完善政治制度体系。统治阶级掌握了国家政权，并把政治统治秩序上升为基本政治制度；维护基本政治制度的任务则主要由政治管理来承担。政治管理的政治作用，不仅表现在维护政治稳定方面，而且还表现在促进政治发展方面。政治发展的重要标志是政治制度的不断完善。完善政治制度体系，其实质是优化社会利益格局，而政治管理通过调整社会利益关系，兼顾各种利益协调发展，以实现政治生活的动态平衡。

最后，推进政治民主进程。政治管理不仅表现为对敌对势力进行政治专政，而且还表现为在政治统治力量内部实行政治民主。现代政治管理注重保障全体公民的“民主权利”，即宪法赋予每个公民所享有的基本政治权利，与法律规定的公民对国家应尽的义务相对应。政治管理通过提高公民民主意识、加强民主制度建设等途径，不断推进民主政治的发展。发展社会主义政治民主，建设社会主义政治文明，是社会主义现代化建设的重要目标，也是政治管理现代化的内在要求。

第二节 政治管理的形态

从人类政治管理活动发展的历史进程来看，政治管理可分为传统政治管理和现代政治管理两大历史形态。

一、传统政治管理

传统政治管理的经济基础是农业社会的自然经济。在传统社会，土地资源的有限性、生产方式的分散性、经济形态的封闭性及其利益结构的简单性，决定了传统政治管理的明显特征。

第一，传统政治管理的主体具有单一性和同构性。由于传统社会利益结构简单，社会分化程度较低，国家政权体系构成单一。因此，传统政治管理主体一般只局限于政府机关，没有政党和其他以政党为依托的政治组织，没有工会等人民团体组织，能与政府配合的只有宗族组织或宗教组织，而且这些组织也往往与政府组织同构乃至合一。西方中世纪的政教合一和中国封建社会的家国一体即是如此。另外，在国家机构内部，其组织结构和功能分化的程度也相当低，在中国古代，行政、立法和司法机关合为一体，国家机构内部一般只有“吏、户、礼、兵、刑、工”六部。

第二，传统政治管理的权力具有任意性和连带性。自然经济条件下，农民的特点是“他们不能代表自己，一定要别人来代表”，而他们的代表一定是他们的主宰和不受限制的政府权力。当这种不受限制的政府权力高度集中于主宰者一人之手时，就变成了任意权力，变成了绝对的君权和王权。任意权力集立法、行政、司法三权于一体，集军权、政权、法权、财权于一身，一切以个人意志为转移，成了一种不受任何制约的绝对权力。为此，最高统治者可以随心所欲，实行个人专断。同时，由于社会分化不充分和家庭在社会结构中发挥核心作用，传统的政治管理权力又常常与宗法权力和宗教权力相结合，从而形成了政治管理权力的连带性。传统政治管理权力的连带性，在中国表现尤其突出，毛泽东对此曾作了精辟概括：“政权、族权、神权、夫权，代表了全部封建宗法的思想和制度。”①

第三，传统政治管理的功能具有封闭性和排他性。与自然经济的经济结构相适应，传统政治管理一般都把“重农抑商”作为基本国策。古代中国虽有士、农、工、商四个阶层，但“士、工、商”皆依附于“农”而存在；在中世纪的欧洲，城市工商业也一直处于无权地位。可见，在国家的经济管理方面，农业是中心，而其他行业很难进入并代替农业。与传统政治管理在国家经济职能方面的封闭性和排他性相一致，传统政治管理功能的封闭性和排他性还表现在社会利益分配方面。农业社会在权力与财富的关系上，是权力支配财富，因而形成官本位的价值观，而官本位与家族本位相结合，又导致了对社会财富的家族性掠夺，造成族外人在财富分配中的劣势地位。此外，传统政治管理的封闭性和排他性功能还表现在思想控制方面，中国历史上“罢黜百家，独尊儒术”的措施，就是其典型代表。

第四，传统政治管理的方法具有简单性和落后性。在传统政治管理的方法结构中，行政强制和思想教化非常突出，而经济方法和法律方法极不发达，其作用微乎其微。传统政治管理的管理技术是采取手工式的管理手段，其信息传递依靠的是人力，中国古代的驿站就是为朝廷传递公文而设立的。传统政治管理的政治决策与效益评估采取的是定性分析方

---

① 《毛泽东选集》，2版，第1卷，31页，北京，人民出版社，1991。

法，中国古代选官时采取八股取士就是明显的例证。传统政治管理方法的简单性和落后性，是与传统社会经验型管理的时代特征相一致的，表现着农业社会管理手段的原初性。总之，传统政治管理的管理方法，都是与落后的自然经济活动相适应的。

第五，传统政治管理的运行具有集权性和人格性。首先，传统政治管理的管理权力集中于最高统治者一人手中，实行家长式的独断领导。家长意志和以言代法，均表现出明显的人治特征。其次，传统政治管理推行经验决策，强调个人在决策中的作用，没有严格的决策程序和明确的优化目标，并且在决策中强调沿袭古训和惯例。最后，传统政治管理采取人格化的行为规范，由家法演化而来的礼支配着政治管理行为，强调义务本位。“三纲五常”一直是中国古代政治管理所遵循的规则，在宗法传统浓厚的中国古代政治管理的运行机制中，“人治”“礼治”“德治”三者具有内在的相通性。传统政治管理集权性和人格性的整合浓缩，集中体现了传统政治管理的人治特征。在人治状态下，政治管理的或然性非常突出，虽然在特定条件下也许会出现较高的效率，但常常会出现政治管理危机，极易出现政治不稳现象，造成“人存政举，人亡政息”的恶性循环。

二、现代政治管理

现代政治管理的经济基础是工业社会的商品经济。在现代社会，资源配置的市场机制、社会生产的联合方式，商品交换的开放格局以及社会利益的相互联系，决定了现代政治管理的基本特征。

第一，现代政治管理的主体具有复合性和多元性。由于社会利益结构的高度分化，现代国家政治体系结构日益复杂化，呈现出明显的复合性特征。现代政治管理主体，除了分工高度发达的政府之外，还有政党和其他以政党为依托的准政府性政治组织，它们在一定条件下起着政治管理主体的作用。特别是执政党在现代政治管理中占据特殊地位。它往往把政府作为自己的工具，通过政府来贯彻自己的政治路线，利用政府来实现自己的政治意图。准政府性的社会政治组织，一般称为准政治管理主体，如我国的人民团体就是主要的准政治管理主体，它们在政治管理中也发挥着重要作用。就政府机关而言，其内部结构与功能的分化程度之高，也是传统社会的政府无法比拟的。因此，现代政治管理主体具有多元复合的特征。

第二，现代政治管理的权力具有规范性和独立性。在经济全球化和政治多极化的现代社会生活中，要保证社会生活有序运行，就需要有一定的规则和程序，这就要求政治管理权力首先是一种规范性权力，不得随心所欲。规范性权力表现为非人格化的权力，不依个人的意志为转移，因而呈现出独立性。同时，规范性权力也必然是受制约的权力，它以法律为基本依据进行运作，“把权力关进制度的笼子”。现代政治管理权力的独立性，则主要表现在政府与其他政治管理主体权力的独立运行，西方国家“政治中立”的国家公务员制度发挥了这种作用，我国政治体制改革的党政分开原则也体现了这种特征。

第三，现代政治管理的功能具有开放性和包容性。适应现代市场经济发展的需要，现代政治管理兼容多种利益主体的政治诉求，并利用宏观调控对之加以协调。现代政治管理的透明度大大增强，利益表达、政策制定、过程监督和信息反馈的机制较为完善。现代政治管理的开放功能，还表现在经济全球化背景下的国际交往之中。在当代中国，现代政治管理功能的开放性，对内表现为“一国两制”的伟大构想，对外表现为“对外开放”的基本国策。我国倡导的“一带一路”战略，标志着我国进入了全球经济共同发展的时代平台，进一步促进了我国政治管理功能开放度的全方位提高。吸收一切有益的政治管理经验，构建我国政治管理功能的新型结构，乃是我国政治管理体制改革的当务之急。

第四，现代政治管理的方法具有科学性和先进性。现代政治管理以法律手段为根本，强调行政手段、经济手段和文化手段的综合运用。现代政治管理通过广泛参与来体现民主精神，不断推进政治管理决策的民主化进程。与此同时，现代政治管理推行科学决策，要求有明确的管理目标、严格的管理程序、完整的评价系统及快速的信息反馈。现代政治管理倡导民主精神，强调集体决策，反对个人臆断，追求目标优化。就管理技术而言，现代政治管理采用了定量化、系统化与信息化的现代科技手段，充分利用现代科技文明成果实现管理技术的现代化。

第五，现代政治管理的运行具有分权性和有序性。现代政治管理的权力体系，依法规定由不同的机构和职位来行使不同的权力，从而构成了现代政治管理权力结构的宝塔式体系，形成了政治管理权力纵横分布的立体图，并且确保了权力的依法运行。这种分权结构及其依法运行，避免了权力集中滥用的“人治”状态，突出了依法授权和依法用权的“法治”特征。法治化的政治管理，具体表现为政治管理法规的完善化、政治管理权威的法制化、政治管理责任的明确化和政治管理过程的程序化。而政治管理的权威性和法制化，是现代政治管理运行机制的核心内容，它遵循“法律至上”和“依法管理”的行为原则，以保证市场经济社会的公平性和人民政治地位的平等性。我国全面建设社会主义法治国家，体现了我国政治管理文明的历史提升。

第三节　政治管理的运行

政治管理是政治行为的互动过程，它必然有自身独特的运行方式，并形成了自我发展的历史演进。

一、政治管理的方式

政治管理作为统治者维护政治利益的重要手段，在长期的政治实践中，形成了政治领导、政治决策、政治组织、政治协调、政治沟通和政治监督等多种行为方式。

第一，政治领导。政治领导是指政治管理主体运用权力，通过对政治管理客体施加政治影响力，确立社会政治生活的原则和方向，以实现政治统治目的的行为过程。政治领导着眼于整体利益和长远利益，旨在为社会政治生活确定价值、规范、方向、目标和原则，这是政治领导与其他政治管理方式的显著区别之一。政治领导在形式上主要表现为政治领袖的活动，政治领袖是政治管理主体中的关键人物，政治领导正是通过他们对政治管理主体自身的统领作用和对全社会的导向作用来实现的。政治领导既是社会领导的重要组成部分，又是政治行为的一种特定方式，它以政治权力作为后盾和保障，具有特殊的权威性和一定的强制性。政治领导是一个动态过程，主要包括政治判断、政治动员和政治指挥等基本环节。政治判断，就是对复杂的政治生活情境做出合乎实际的权威性分析，并在此基础上确立政治管理的目标、任务和方向，提出政治管理的路线、方针和政策，这是政治管理的先决条件。政治动员，就是政治管理主体最大可能地调集人力、物力、财力来为实现自己的政治管理目标和任务而奋斗，其主要任务是调动政治管理客体的积极性，使之对政治管理主体的决策予以认同和支持，并进而积极参与和贯彻执行。政治指挥，就是政治管理主体对公众意志和行为的支配和运用，主要包括权威性的带领引导和强制性的命令干预，这是政治领导活动的实质性环节。

第二，政治决策。政治决策是政治管理主体对社会政治生活重大问题的决定。具体来讲，政治决策就是政府和政党等政治管理主体，为政治生活的重大问题制定并选择行动方案的过程，其实质是对政治生活的方向、目标、原则、方法和步骤进行抉择的过程。如果说政治领导是整个政治管理行为的核心，那么政治决策活动就是全部政治管理行为的基础，它对政治管理具有决定性作用。政治决策在政治管理活动中有其自身的特征：首先，政治决策具有权威性，它是整个国家权力体系的政治行为，代表和反映的是国家意志，决策的制定者主要是政党和政府，特别是处于权力体系核心的政治领袖，他们的权威性也给决策结果带来了权威性。其次，政治决策具有战略性，它是对社会重大政治问题的战略抉择，涉及国家的全局利益，事关国家的前途命运，对整个社会政治生活具有广泛而深刻的影响。最后，政治决策具有强制性，它是对政治管理工程的宏观设计，其实施以国家强制力为后盾，要求绝对地服从并加以执行。无论何种类型的政治决策，都得遵循一定的程序，展示出共同的逻辑运演。作为动态过程的政治决策，主要由以下逻辑环节构成：判断政治形势，确定政治目标；根据政治目标，设计行动方案；选择最佳方案，执行政治决策；进行政策评估，反馈政策效果。从认识过程来看，政治决策代表了政治认识的全部过程，这个过程也是从政治实践中来到政治实践中去的政治过程，政治实践与政治认识互动共进，从而使人类社会政治决策更加科学。

第三，政治组织。政治组织就是政治管理主体对自身和政治管理客体进行行为控制，使之达到政治活动有序化的过程。政治组织的实质是对政治活动的人力资源进行整合，使之成为有序化的行为系统，并朝向特定的政治目标运行。现代社会，人们政治利益高度分化，而政治组织可以产生内聚力，使政治活动具有确定的目的性；同时，政治组织还可以产生某种制约力，使政治活动具有某种有序性。因此，政治组织是构建政治行为目的化和有序化的过程，是实现政治决策的制度化保障。根据政治管理主体自身、客体对象及其相互关系三个维度，可以把政治组织行为分为三类：政治管理主体维度的组织行为，主要表现为一种职权行为；政治管理客体维度的组织行为，主要表现为规范行为；政治管理主客体关系维度的组织行为，主要表现为双方的互动行为，这种互动行为带有复合性和复杂性的特点。任何一种政治组织行为，都有其基本相同的运作过程，主要表现为：提出政治纲领，制定政治计划；设计政治结构，组建政治组织；确定政治关系，设立政治规范；整合政治行为，聚集政治力量。政治组织的四个环节，构成了政治组织行为的动态过程。

第四，政治协调。政治协调就是政治管理主体对社会政治生活中存在的矛盾和冲突进行调节，从而维持社会政治生活和谐稳定发展的政治过程，其核心是调节人们的利益关系和政治矛盾。政治协调是社会利益分化的必然要求，也是政治生活达到均衡和谐的时代需要。政治协调作为一种经常性的政治管理方式，可分为三种基本类型：对政治管理主体内部政治关系的协调，主要表现为对政治管理主体内部因职能分工而引起的矛盾关系的协调；对政治管理客体内部政治关系的协调，主要表现为对政治管理客体内部因利益分化而引起的矛盾关系的协调；对政治管理主客体互动关系的协调，主要表现为对主客体互动过程中产生的矛盾关系的协调。在这三种类型的协调中，对政治管理主体内部政治关系的协调，具有关键性的意义，它既是全部政治管理行为的基本前提，也是其他政治协调行为的根本保证。政治协调的主要方式有强制干预、权威仲裁、协商妥协、拖延回避等。所谓强制干预，就是采取强制性手段，对政治生活中的冲突行为进行打击、压制和干涉，使冲突各方退回到原来的秩序范围内。所谓权威仲裁，就是对陷入僵持状态的冲突各方做出公正的权威性裁定，要求双方共同认可和遵守。所谓协商妥协，就是冲突各方通过对话或谈判，达成相互谅解与妥协，求同存异，化解争端。所谓拖延回避，就是对无碍于社会生活大局的矛盾，采取拖延回避的办法，等待政治条件的变化来促进矛盾的转化。

第五，政治沟通。政治沟通就是政治管理系统进行政治信息交流的过程，亦即政治系统进行政治信息的输入输出的过程，其主要内容是政治管理主客体之间的信息交流。政治沟通实质上是政治信息的获取、输送、存储、处理和反馈的全过程，表现为从政治信息的发送者到接收者之间的完整回路。政治沟通是政治管理的中枢神经，有助于实现社会控制的规范性，它对整个政治管理活动起着整合、疏导和驱动作用。根据政治沟通是否依法进行，可以把政治沟通分为合法性政治沟通和非法性政治沟通两类。合法性政治沟通就是依照法定权限、遵循合法程序进行的政治信息的流动和传播的过程，它又可以再分为正式政治沟通和非正式政治沟通，其中正式政治沟通还可以分为纵向沟通和横向沟通。非法性政治沟通则是违反国家法律规定，通过各种非正常途径来传播政治信息的行为，先进阶级在剥削阶级国家所进行的非法性政治沟通具有革命性，而社会主义国家的反动分子所进行的非法性政治沟通则有破坏作用。随着人类社会的不断发展，政治沟通的方式也日益多样化。正式政治沟通的主要方式有会议、电函、媒体、察访等。会议是较早出现的政治沟通方式，也是一种直接的政治沟通方式。电函包括电话、电报、传真、网络、公函等信息载体形式，它代表了沟通方式发展的方向，将在信息社会中发挥越来越大的作用。媒体包括电视、广播、报刊等信息沟通渠道，它已成为政治信息沟通的便捷工具，在现代政治生活中有着广泛的影响力。察访包括视察和互访，这种方式以人员流动为载体，从纵向和横向两个方面有针对性地进行信息交流。

第六，政治监督。政治监督是指政治管理主体为了防止权力的滥用，限制公共权力机关在所掌握职权的正当范围内活动，而对其进行的监视、检查、控制、纠偏等活动的总称。政治监督是政治管理的监督系统，其目的在于防止权力的政治异化，保障公民的合法权益，实现管理的目标价值。政治监督可以说是政治管理的免疫系统，其作用在于控制政治权力的滥用，纠正政治权力行使过程中出现的偏差，避免普遍利益受到特殊利益的干扰。因此，在政治管理过程中，政治监督的主要任务是防止政治腐败。所谓政治腐败，就是在政治管理过程中，担负公共责任的政治管理主体，为了某种特殊利益而侵犯普遍利益的行为，其特征是违背职责、滥用职权。对政治权力的控制，已成为现代政治管理的主要内容。加强政治权力的监控，以权力制约权力，这正是政治监督的本性之所在。从权力制约层面上讲，政治监督主要有宪法监督、立法监督、行政监督、司法监督和政党监督五大维度。宪法监督就是由最高立法机关或宪法委员会，审查国家立法、行政、司法等机关在运行当中是否违反宪法，并对违宪行为给予纠正乃至制裁。立法监督就是由国家代议机关，对行政、司法及其他国家机关实施的监督。行政监督就是由国家行政管理机关或其内部专门的监察机关实施的对违法、违纪行为的检查、惩戒等活动。司法监督就是由司法机关实施的对各类违法行为进行的防范、检查或纠正。政党监督主要是由政党内部的纪检机关实施的对党内违纪现象的监督。

二、政治管理的演化

20 世纪 90 年代以来，在西方学术界，特别是在经济学、政治学和管理学领域，治理概念开始流行。对治理的理论关注也逐渐引发人们对政治管理的理性反思。从总体上讲，治理与善治的兴起正在逐渐改变着政治管理的实践模式，并促使政治管理实践进入一个新的发展阶段。国家治理体系和治理能力现代化，是我国当前政治治理的时代重任。

1. 政治治理

政治治理是指公共管理组织在一个既定的范围内运用权威来维持秩序，以满足公众对社会政治生活的需要。政治治理的主要特征是权力分散、多元互动和对话协商。其目的是在多元主体互动中运用权力引导公民的各种活动，以最大限度增进共同体的公共利益。政治治理本质上是公共治理，它与政治管理的区别表现在以下几个方面：

首先，主体范围不同。政治管理的主体一般只是政府，政治治理的主体不仅包括政府机关，还包括其他社会公共组织与私人机构，也可以是公共机构和私人机构的合作。政治治理在本质上就是政治国家与公民社会的合作、政府与非政府的合作、公共机构与私人机构的合作、强制与自愿的合作。所以，政治治理是一个比政治管理更宽泛的概念，它涵盖了政治生活的宏观层面和微观领域。可以说，现代社会系统的微观领域，如果要实现有序运行，可以没有政府的管理，但却不能没有有效的治理。

其次，权力运行不同。政治管理的权力运行方向总是自上而下的，它运用政府的政治权威，通过发号施令和制定政策，对社会公共事务实行单向度的管理。与此不同，政治治理则是一个上下互动的管理过程，它的权力向度是多元互动的，而不是一元单向的。它主要通过合作与协商的方式，形成政治共识、确立政治目标，以实施对公共事务的管理。所以，政治治理的实质应是建立在市场原则、公共利益和政治共识之上的政治合作。

再次，适用领域不同。政治管理主要是在一国领土范围内进行，若延伸到其他国家，那就是对其他国家主权的侵犯，为国际法所不允许。人类迄今还没有产生凌驾于主权国家之上的、对各国政府和公民具有强制约束力的世界政府，因而也没有世界范围内的政治管理。与此不同，由于政治治理的主体既可以是政府，也可以是非政府的、跨国界的私人机构和民间组织。所以，政治治理既可以在一个国家的领土界限范围内适用，也可以在超越国家领土界限的国际领域里适用，因而就形成了全球治理的政治理念。

最后，实施手段不同。政治管理的主要手段是政府的法规命令，政治治理的手段则主要是一种协商沟通。前者具有单向强制属性，后者具有双方自愿特征。因此即使没有多数人的认可，政治管理照样可以发挥其作用；但如果没有多数人通过协商与沟通而获得政治共识，政治治理就很难发挥真正的社会效用。

2. 善治实践

如果说治理是一种实践方式，它关注的是当代社会主体行为的政治互动，那么善治则是一种价值模式，它关注的是当代社会政治价值的实践生成。因而和治理相比，善治更具当代社会政治发展的时代气息，代表了政治治理实践模式的发展方向。善治是人们在讨论如何克服治理的失效、如何使治理更加有效等问题时的观念创新。简单说，善治就是使公共利益最大化的政治治理过程，是政府与公民对公共生活的合作管理，是政治国家与公民社会有序互动的最佳状态。构成善治的基本要素主要有以下六个方面①：

第一，合法性。治理实践的合法性越大，善治的程度便越高。取得和增强合法性的主要途径，是尽可能增加公民的政治认同感。所以，善治要求有关的管理机构和管理者最大限度地协调公民之间以及公民与政府之间的利益矛盾，以便使公共管理活动取得公民最大限度的政治认同。

第二，透明性。透明性指的是政治信息的公开性。每一个公民都有权获得与自己利益相关的政府决策信息，包括立法活动、政策制定、法律条款、行政预算、公共开支等。透明性要求政治信息能够及时通过各种传媒为公民所知，以便公民能够有效地参与公共决策过程，并且对公共管理过程实施有效的监督。透明程度越高，善治的程度也就越高。

第三，责任性。责任性指的是人们应当对其自己的行为负责。在公共管理实践中，它特指与某一特定职位或机构相连的职责与义务。责任性意味着管理人员及管理机构由于其承担的职务而必须履行一定的职责和义务。没有履行或不适当地履行其应当履行的职责和义务，就是失职，或者说缺乏责任性。公职人员和管理机构的责任性越大，表明善治的程度越高。在这方面，善治要求运用法律和道义的双重手段，增大个人及机构的责任性。

第四，规范性。规范性的基本意义是，法律是公共管理的最高准则，任何政府官员和公民都必须依法办事，在法律面前人人平等，即法治社会。法治的直接目标是规范公民的行为，管理社会事务，维持正常的社会生活秩序，但其最终目标在于保护公民的基本政治权利。从这个意义上说，法治与人治相对立，它既规范公民的行为，又制约政府的行为，它是专制政治的死敌。法治是善治的基本要求，没有健全的法制，没有对法律的充分尊重，没有建立在法律之上的社会秩序，就没有善治。

第五，反馈性。这一点与责任性密切相关，从某种意义上说是责任性的延伸。它的基本意义是，公共管理人员和管理机构必须对公民的要求做出及时的和负责的反应，不得无故拖延乃至没有回复。还应当定期地、主动地向公民征询意见、解释政策和回答问题，并形成回应民众诉求的制度安排，完善民众诉求与社会回应的闭合回路。回应程度越高，善治的程度也就越高。

第六，有效性。善治模式的有效性有两方面的意义：一是管理机构合理，管理程序科学，管理方法灵活；二是最大限度地降低管理成本、增进管理效益，以实现政治共同体的价值增益。善治概念与无效的或低效的管理活动格格不入，注重管理效率是善治的本质特征。善治程度越高，管理的有效性也就越高。

善治实践是国家权力向社会的政治回归，是政府还政于民的政治过程，它体现了政府

---

① 参见俞可平：《全球化研究的中国视角》，载《方法》，1999（1）。

与公民之间积极而有成效的政治合作。这种合作成功与否的关键，是公民参与政治管理的权力大小，公民必须具有足够的政治权力来参与选举、决策、管理和监督，才能与政府一道共同形成公共权威和公共秩序。显而易见，善治与民主参与有着密切联系。专制政治在其最佳的状态下，可以有善政，但不会有善治，善治只有在民主政治的条件下才能真正实现。因此，善治体现着人本政治的价值理念，将成为人类社会政治管理的发展趋势。以党的十八届三中全会为标志，我国全面进入了政治治理的新时代，以“四个全面”战略思想为指导，以国家治理体系和治理能力现代化为目标，全面推进我国政治治理的时代创新，全力构建社会主义公平正义的善治社会。

政治参与

政治参与作为国家公民参与政治生活，影响国家政权行使的政治行为，是现代政治民主的基本内容，标识着人类社会政治文明的时代成果。党的十八大报告明确指出：“健全权力运行制约和监督体系。坚持用制度管权管事管人，保障人民知情权、参与权、表达权、监督权，是权力正确运行的重要保证。”其实质就是要鼓励公民的政治参与，进而成为当代中国民主政治的制度安排。

第一节　政治参与的内涵

政治参与是指一个国家的公民依法通过一定的方式和程序，对政府行政过程表达政治意愿的活动。它是一种非职业性的政治活动，所以其主体不包括政府官员和政治家，且方式只限于用合法的手段来影响政府的决策。

一、政治参与的含义

政治参与作为政治实践活动的重要内容，是社会成员影响政治关系、获取政治利益的主要途径。在马克思主义产生之前，由于阶级属性和社会环境的局限，学者对政治参与的理解和把握存在一定的理论缺陷。马克思主义深入分析了政治参与的科学内涵，为我们研究政治参与的内在本质提供了新的理论视角。

1. 非马克思主义的政治参与观

早在古希腊的政治学说中，就已孕育着政治参与的思想基因。而现代意义上的政治参与，源自近代民权理论。真正将“政治参与”作为政治学研究的重要内容，是二战后西方学者从对选举问题的研究中拓展而来的，并在20世纪60年代随着政治社会学的兴起得到了进一步拓展。学术界对政治参与的界定有以下几种代表性观点：

第一，政治参与是合法的行为。这种观点认为，只有依照法定程序参与政治的行为，才属于政治参与。美国学者诺曼·H·尼和西德尼·伏巴在《政治参与》中就持这种观点，他们认为政治参与是平民或多或少以影响政府人员的选择及（或）他们采取的行动为直接目的而进行的合法活动。① 这种定义限定了政治参与的范围，将“不合法”的政治行为排除在政治参与之外，具有积极意义，但其平民概念仍具有阶级局限性。

第二，政治参与是自愿的行为。这种观点认为，一些被动员起来的政治行为不属于政治参与的范畴。美国学者迈伦·维纳是这种观点的典型代表。这种观点把自愿性参与同动员性参与区分开来，并把后者排除在政治参与之外，显然这种界定有很大的局限性。不仅动员性参与和自愿性参与在参与实践中往往是混合在一起的，二者的界限难以分辨，而且自愿性参与和动员性参与是相对的动态关系，二者在一定条件下可以相互转化。因此，只把注意力局限于自愿性参与，实际上是一种政治偏见。

第三，政治参与包括政治态度。这种观点认为，政治参与不仅包括政治行为，而且还包括与政治相关的观念形态。美国学者阿尔蒙德、巴恩斯、斯通等是这种观点的主要倡导者。② 政治态度属于政治文化的范畴，它虽然与政治行为有密切关系，但它并不必然与政治行为发生联系。在现实生活中，一些公民对政治问题很有兴趣，但他们并不一定要试图影响政治，政治参与的行为更无从谈起。另外，客观的政治行为和主观的政治态度，是两个分离的政治变量，需要用不同的方法加以研究。

2. 马克思主义的政治参与观

马克思主义对于政治参与问题十分重视，把它作为工人阶级取得政权之后实现政治民主的重要标志。根据马克思主义经典作家的一系列原则性论述，我们可以概括出政治参与的本质内涵。所谓政治参与，就是普通公民通过合法方式影响政治权力体系的政治行为。为此，可以从以下几个方面来理解政治参与：

首先，政治参与的主体是普通公民。所谓普通公民，是指以从事非政治性工作为主业，而又有必要介入政治活动的人。而政治职业者是指专门从事政治或政府工作的人员，诸如政府官员、政党干部以及西方国家的院外活动分子。这些人的职业性活动已不属于政治参与的范畴。当然，政治职业者作为普通公民的身份出现，从事诸如投票之类的活动，也属于政治参与。将政治参与者与政治职业者区分开来，是为了将政治参与同其他政治行为相互区别，这样有利于把政治统治、政治管理和政治参与相区别，从而使政治参与有科学的逻辑定位。如果把政治参与主体看成所有社会成员，那么政治参与行为就泛化为一般政治行为，而失去了自身应有的独特本质。

其次，政治参与的客体是影响权力体系的活动。政治参与的直接对象是政府决策过程，表现为自下而上地影响国家政治过程的行为。只要是对政府决策过程施加影响的行为，无论这种行为是否产生了实际效果，也不论这种行为是否出于行为主体的意志，均属于政治参与的范畴。这里的“政府”，既包括中央政府，也包括各级地方政府。在通常情况下，政治参与的程度和规模受制于政府职能所涉及的范围。在实际政治生活当中，特别是在现代政治社会中，政党和其他政治组织都不同程度地进入了政治权力体系，它们有很多实际的政治功能，其政治活动对国家政治生活亦有重大影响。公民的政治参与，无疑也

① 参见［美］格林斯坦、波尔斯比编：《政治学手册精选》，下卷，290页，北京，商务印书馆，1996。

② 阿尔蒙德等在《公民文化》一书中认为政治参与的定义应当包括对参与的态度等心理取向。

应包括这些方面。也就是说，政治参与的客体不只是局限于政府决策活动，还应包括与政治权力体系相关的公共政治生活。

再次，政治参与是具体的政治行为。政治参与的形式具有多样性，既有个体性参与，也有团体性参与；既有自愿性参与，也有动员性参与；既有有效性参与，也有无效性参与。从本质上来看，政治参与是公民对于国家的权利、义务和责任关系，并且随着时代的变化而变化。近代政治文明是民主政治文明，民主政治文明表现在“主权在民”，公民在政治生活中既有服从的义务，也有参与的权利，享受权利和履行义务是公民政治参与的重要特征。同时，政治参与过程也是一种责任过程，它首先建立在对民主价值承诺的基础之上，是政治权利、政治义务和政治责任的统一。然而，公民的权利、义务和责任的统一，在剥削阶级国家和社会主义国家有不同的具体内容。因而，政治参与的形式和内容都是具体的、历史的，政治参与的深度和广度也随着社会条件和政治制度的变化而不断变化。

最后，政治参与是合法的政治行为。如果不给政治参与套上合法性的项圈，将政治参与的外延扩展至非法性活动，必将会带来逻辑和现实的混乱。政治参与很可能与一些政治行为，如政治斗争、政治暴乱、恐怖行为混为一谈而缺少清晰的边界。政治参与是近代民主政治的历史产物。一般来说，专制制度下的民众只能通过政治斗争才能实现自己的政治权利，其政治参与没有也不可能获得法律的保护。因此，传统政治参与的合法性问题就缺乏现实基础。而在现代民主制度下，法律制度不断完善，社会更加民主文明，公民的个人利益完全可以在法律的基本框架下得到最大程度的实现。因此，合法便成为现代公民政治参与的基本要求。这既是现代社会政治参与区别于其他政治活动的主要标志，也是实现政治生活有序发展的必然要求。

二、政治参与的方式

政治参与并不是与政治现象同时产生的，它是人类社会进入民主政治时代的历史产物。就其行为方式而言，政治参与主要有以下几种常见方式：

1. 政治投票

政治投票是现代政治参与人数最多的政治活动，它是公民个人在竞争性的政策或候选人之间，或其他有争议的政治问题面前表达其政治态度的一种政治行为。作为一种政治参与方式，政治投票的主要目的有两点：一是选举政治官员，二是决定重大国事。公民政治投票这种政治行为对政治过程的影响重大，具有直接性和广泛性，因而成为现代政治生活中最重要的政治参与活动。投票的方式很多，可以通过声音来表达，可以通过姿势来表达，也可以通过书面来表达。在信息文明时代，还常常通过电子信号来投票。投票有公开投票和秘密投票之分，一般来讲，通过声音和姿势等方式投票都是公开投票；书面表达和电子信号表达虽然也可用于公开投票，但它们通常是秘密投票所使用的技术方法。在一般情况下，投票率反映一个国家公民对政治的关心程度以及对执政者的支持程度。

起初，由于投票和选举是意义相关的，因而人们一般都将投票与选举相提并论，甚至将投票仅当作选举的特有方式。其实政治投票是一个国家的公民在选举、罢免、复决等各领域表达自己政治倾向的行为方式。今天的政治投票有多种作用：在选举意义上，投票的作用在于确定特定的国家公职人员、国家政务官员或其他政治组织中相当于此类的公务人员；在罢免意义上，投票的作用在于决定某些官员的去留，以此表达公民的政治倾向；在复决意义上，投票的作用在于影响国家的重大决策。就政府某项决策投票，或者就国际组织提出的措施进行表决，这在现代社会被称为全民公决，它是直接民主的一种手段，常常使用于富有直接民主经验的国家或地区。

2. 政治选举

政治选举是指国家或其他政治组织依照一定的程序和规则，由全部或部分成员抉择一个或少数人充任某种权威职务的政治过程。政治选举有直接选举和间接选举之分：直接选举是由选民直接投票选出应选公职人员的行为；间接选举是由选民选出代表，再由代表来选举应选公职人员的行为。在选举过程中，投票是其最明显的部分，也是其最关键的部分，其作用在于使选票转变为席位。但投票毕竟不等于选举，除投票之外，选举活动还包括组织协调、宣传动员、政治捐助、干部培养等环节。

在各种政治参与行为当中，选举是规模最大、影响最广泛的政治活动，也是普通公民控制政府最为有效的手段，公民可以通过定期选举的方式向决策者表达自己的政治意愿。由于选举的非连续性，因而它不是公民表达个人政治意愿的最通畅的手段。但选举作为一种有效的政治参与方式，其普遍的政治意义是使当选者获得某种合法的权威地位，具有对政治竞争的裁判作用和对政治领袖的评价作用。

3. 政治结社

政治结社是指具有共同政治目的的公民，为了相同的利益而结成持久性的集团组织的政治行为。这种组织可能专门致力于非常特殊的利益，也可能致力于广泛的公共问题，但其基本的目标是通过自己的活动影响政府决策。政治结社主要包括参与政党活动和参与社团活动两大类。

在西方国家，政党活动多集中在选举期间，因为资本主义政党的基本任务是操纵选举；在社会主义国家，政党活动是经常性的，公民参加政党是一种独立形式的政治参与，其作用表现在参政、议政和评政三大方面。参加社团活动在资本主义国家主要是加入压力集团。所谓压力集团，是代表和维护社会特殊利益的社会集团，它虽不具备政党条件，没有掌握政权的目的，但它能把部分公民的利益和压力结合在一起，积极参与社会政治活动，企图影响政府公共政策。公民参加了这种组织，也就构成了政治参与。在社会主义国家，政治性社团是社会团体中参与政治比较显著的部分，它是由具有某种公共利益的社会成员组成的。中国的政治社团一般称作人民团体，分别代表不同方面社会成员的具体利益，同时又在中国共产党的领导下，积极参与政府合作，是参加国家事务管理的重要组织形式。公民只要参加了这些组织，也就意味着进行了政治参与活动。

4. 政治表达

政治表达是公民通过宪法规定的途径来表达自己的政治观点和政治态度，从而影响政府政策的政治行为。政治表达主要是通过一种集体效应，使政府明确感受到某些公民的利益要求和支持意向。政治表达主要包括政治集会、政治请愿、政治言论等形式。

政治集会是指人们为了共同的目的，集中起来联合表明政治观点，向政府提出某种要求的政治行为。在资本主义国家，公民往往通过政治集会表达自己的政治要求，促使政府改变某种政策。社会主义国家的政治集会多是有组织的，通过收集群众意见，不断完善政府决策。政治请愿是公民向国家政府和公民团体表达自己对有关政策事务的意见和要求的行为。其中游行示威在当今世界大多数国家都是政治请愿的重要方式，但具体的实施细则各国有所不同，且参与者必须承担相应的政治义务。政治言论是公民通过语言文字，表达和宣传自己的政治主张和政治见解的行为，主要有口头和书面两种形式。现代社会的政治言论参与，主要是运用大众传播工具形成政治舆论去影响政府决策。

5. 政治接触

政治接触是公民为解决个别政治问题，谋求自己的特殊利益，接触有关政府官员并试图对其影响的政治行为。随着现代社会政治民主渠道的不断拓宽，政治接触越来越成为公民政治参与的重要方式。

在资本主义国家，公民的政治接触主要有个别接触和院外活动两种形式。个别接触是指公民为了本人或小范围的利益而去接触官员和政治家的行为；院外活动一般是指在涉及许多人的利益时，通过与政府官员接触，力图影响政府官员做出决定的行为，它基本属于社会上层的政治行为，与普通公民的政治参与行为无缘。在社会主义国家，公民的政治接触形式是多种多样的。我国制度化的政治接触渠道是信访，亦即公民通过来信或来访的形式同政府进行接触，政府也设有专门的信访工作机构。另外，一种新的政治接触形式正在中国形成，亦即政府官员与广大民众的政治对话，这也是现代民主政治生活发展的必然产物。当然，随着法治中国建设的实践推进，政治对话的机制还有待进一步完善。

6. 政治冷漠

政治冷漠是指公民不参与政治生活的一种无作为行为，它是公民消极的政治态度在政治行为上的具体表现，反映出公民对政治问题和政治活动冷淡的政治心理。如果说上述几种行为均属于积极参与型，那么政治冷漠则属于消极参与型。

作为政治参与的重要方式，政治冷漠可能出于两方面的原因：一方面是在长期的政治活动之后，公民对政治产生反感，因而敬而远之，无动于衷；另一方面是在现代社会制度完善的国家，政治机构在正常情况下已为成员解决了大部分问题，因而有些公民觉得自己是否关心政治无关紧要，从而无所作为。政治冷漠虽然表明了公民一定的政治态度，也可以在特定意义上影响政府政策，但政治冷漠的负面效应是不容忽视的。首先，政治冷漠不利于政府对实际情况的掌握，容易出现决策专断。其次，政治冷漠给政治投机分子提供了更多的控制政府的机会，容易出现权力滥用。最后，政治冷漠使社会公民难以组织到政治活动中去，从而形成政治软弱。如果公民因为对政府失去信心而采取政治冷漠，在一定条件下，就有可能发展成为不服从政治，甚至导致政治对抗。

三、政治参与的功能

作为实现公民政治权利的主要途径，政治参与在经济、政治和社会生活中均有其重要作用。

1. 促进经济发展

政治参与作为一种政治行为，本质上是民主政治时代的政治产物，同时也是政治文明发展到近代的历史标志。政治参与和经济发展，作为同向的社会活动，具有相互促进的内在联系，从而构成了互动共进的逻辑格局。国家经济发展水平越高，政治参与的水平也就越高，自主性参与的比例也就越大。同样，一国的政治参与水平越高，劳动人民的主人翁意识也就越强，促进经济发展的积极性也就越高。

具体分析政治参与对经济发展的作用，我们可以看出政治参与对经济发展的影响具有二维性。从消极维度来看，非理性的、无序的以及过度的政治参与都会阻碍经济的发展。政治参与的扩大要么影响政治权力的行使而降低经济发展政策的效率，要么引起政治形势的动荡而延缓经济发展的速度。西方国家普遍建立的福利制度，苏联改革中追求更多的政治平等，都是现实的例证。从这个意义上讲，公民的政治参与制约着经济发展。但是，判断政治参与对经济发展的影响，要根据政治参与的本质内容及其历史条件而定。

在经济发展中，公平与效率问题是一对复杂的矛盾，它们之间的复杂关系在政治参与的作用上表现得非常明显，比如扩大政治公平，在一定意义上不仅增加了决策成本，而且也影响发展效率。但我们不能因此否认政治参与对于经济发展的积极意义。一方面，公民的政治参与能够促进经济资源的合理配置，迫使公职人员的政策行为符合经济效益原则，亦即带有支持性的政治参与，能够加大政府推进经济发展政策的力度，从而发挥政治参与对经济发展效率的积极作用。另一方面，政治参与不仅沟通了公民与政府之间的信息交流，使政府能够集思广益地吸收公民的建议，做出较为合理的经济政策选择，而且还可以通过使公民物质利益直接实现来调动广大人民群众的劳动积极性，从而为经济发展提供取之不竭的动力源泉。

2. 维护社会稳定

政治参与是公民表达政治诉求的过程，它给公民提供了将其利益诉求传递至政治系统的通道，从而使公民获得发表意见的机会、参与管理的机会和实现价值的机会，有助于社会利益分配政策向符合公民利益的方向发展。西方福利国家的出现，在很大程度上是公民政治参与的结果。竞争性选举作为一种参与方式，也是促使统治者更广泛地分配物质利益的重要因素。因此，政治参与促进了社会公平，有利于维护社会稳定。

政治参与不仅促进了社会的静态公平，而且还促进了社会的动态流动，从而建立一种社会的动态平衡，维护社会的长期稳定。政治参与通过优化社会关系来为社会流动者争取各种机会，从而维护社会流动者的政治利益。政治参与在促进社会流动的同时，还促进了社会自治的快速发展。公民通过对基层政治生活和社会事务的管理，对社会自治组织发生作用，促进社会自治制度的发展，从而维护社会稳定。另外，政治参与还可以经常提醒统治者和被统治者，不要忘记各自对社会所承担的责任和义务，从而能够普遍地提高全社会的自律意识，以促进社会的稳定和发展。

当然，政治参与既可以增强政治稳定，也可以引起政治动荡，其实际作用取决于政治参与过程中公民参与的意愿和政治制度的能力。当政府代表了公民的根本利益，且政治制度能够为政治参与提供必要条件时，公民的政治参与就能与政府的决策取向保持一致，从而使政治体系处于稳定状态；反之，如果政府违背了公民的根本利益，且政治制度又缺乏应有的承受能力、应变能力和疏导能力，只具备非制度化的强制力量，且政府对公民激烈的政治参与和过度的利益期盼无力容纳和满足，就有可能增加公民与政府之间的紧张程度，最终将会导致政治动荡，甚至形成政治动乱。20 世纪 80 年代以来，亚非拉国家普遍的政治秩序混乱、政府合法性遭受破坏的现象就是典型例证。

3. 推进民主进程

政治民主的产生，标志着政治文明的历史提升；政治民主的发展，有赖于公民的政治参与。政治参与不仅具有工具性价值，而且也是一种目的性价值。因为在民主社会中缺乏参与能力，将意味着缺乏在政治体系内成为合格政治成员的资格。

现代民主政治起始于近代的资产阶级革命，然而，资产阶级民主政治的发展经历了一个相当长的历史过程，其中公民的政治参与对资产阶级民主政治建设的作用至关重要。选举权从限制选举到普遍选举的历史演进，是公民政治参与推进资产阶级民主进程的重要表现。社会主义民主制度的建立，人民成为国家的主人，这本身就意味着政治参与的扩大。社会主义制度的确立，把“少数人统治多数人”转变成“多数人统治少数人”，使社会主义政权的统治基础得到极大的扩展，从而为社会主义国家公民的政治参与提供了制度环境。我国人民的政治参与度大大提高，集中表现为参与主体的广泛性、参与客体的普遍性和参与途径的多样性。

纵观人类社会近代文明史，政治参与不仅推动了资产阶级民主政治的不断发展，而且通过社会主义革命，把资本主义少数人的民主变成了社会主义多数人的民主，从而使人类的民主政治实现了历史的提升。社会主义民主政治是人类社会民主政治的全新形态，也是民主政治实践与时俱进的历史过程，需要广大民众不断推动其向前发展。当前，我国人民在坚持四项基本原则的前提下，积极参与社会主义政治体制改革，发展中国特色社会主义民主政治，构建社会主义和谐社会，以实现社会主义民主政治的规范化、程序化和制度化。

第二节　政治参与的形态

划分政治参与的形态主要有两个维度：一个是与民主政治的历史发展相关联的纵向维度；另一个是与政治参与的实践方式相关联的横向维度。

一、政治参与的历史形态

依据社会形态阶级本性的不同，政治参与可分为剥削阶级国家的政治参与和社会主义国家的政治参与两类。

第一，剥削阶级国家的政治参与。民主政治作为政治参与的基本前提，在传统社会并不存在。虽然奴隶社会在古希腊也出现过民主制，符合一定年龄的男性公民也有一定的选举权利，但它只是统治阶级中极少数人享有的政治权利，奴隶阶级是排除在外的，就连成年女性也没有这种权利，这套民主共和制实质也只是奴隶主民主生活的特殊形式，此时形式上的政治参与不过是奴隶主阶级政治统治的一种特殊方式。而封建社会，君主制是政治统治的基本形式，君主通过绝对权力主宰一切，绝不允许臣民公开反抗政府统治。官民之间平等对话的政治平台并不存在。因此，臣民是不可能有政治参与行为的。而随着资本主义时代的到来，政治生活摆脱了宗法和“身份”因素的制约，政治生活中平等对话的平台在民主制度的保障下初步形成，臣民身份转型为现代公民，从而使人们具备了政治参与的主体资格，社会有了政治参与的制度安排，政治参与从此成为一种公开的、普遍的和合法的社会行为。因而，剥削阶级国家的政治参与，基本上是指资本主义国家的政治参与。然而，尽管资本主义国家的政治参与，一般来说取消了性别、种族、职业等因素的影响，在形式上规定了全体公民都有政治参与的权利。但是，经济地位、政治能力、职业状况等方面的差异，使得形式上平等的参与权利演变为事实上不平等的参与机会。因此，资本主义国家的政治参与，实质上依然是资产阶级的政治特权。一般平民的政治参与，不过是资产阶级政治舞台的工具而已。

第二，社会主义国家的政治参与。社会主义国家的政治参与是人民民主政治实践的组成部分。虽然与资本主义政治参与有着一定的连续性，而且都是商品经济的必然要求，但二者之间有明显的本质区别。社会主义的政治参与是与社会主义市场经济相适应的，它是以社会主义公有制为基础的上层建筑，表现了社会主义国家公民权利和义务的高度统一。在社会主义社会，人民是国家的主人和政治生活的主体，广大人民群众的根本利益是党和国家制定路线、方针和政策的根本出发点。社会主义政治统治从本质上讲，是多数人统治少数人，这就为多数人参与政治管理提供了必要条件，也为多数人享有民主权利提供了政治形式。我国人民代表大会就是人民参政议政的政治方式，人民政协也是人民参政议政的组织载体，在政治生活的其他各种政治机制中，也都有人民参与政治的特定渠道。当然，由于历史的原因，我国的民主制度建设还有待于进一步完善。因而，发展社会主义民主政治，是我国当前政治生活的时代主题；坚持中国特色社会主义政治发展道路，是我国社会主义现代化建设的战略目标。

二、政治参与的逻辑形态

政治参与是政治文明的现代形式，具有多样的表现形态。依据参与实践逻辑要素的不同，政治参与可以从以下三个维度进行分析：

第一，从主体特征角度将政治参与分为个别参与和组织参与。个别参与是指公民以个体的身份进行政治参与的过程，包括投票、选举、信访等形式。投票是一个国家的公民在选举、罢免、创制、复决等各领域表达自己政治倾向的行为方式。选举是个别参与最常见的形式，也是普通公民控制政府最为有效的手段。信访是指公民为了解决某个问题而采取的投诉、走访等形式。组织参与是公民以特定团体的形式参与政治活动的过程，包括政党、政治社团和基层自治组织等形式。在现代政治生活中，影响政治过程最重要的行为者是政党和政治社团，公民加入了政党或政治社团，不管其是否参与了影响政府的活动，“加入”这一事实本身就是一种政治参与行为。基层自治组织是公民以直接民主的形式行使自己民主权利的公民自我管理组织，社会主义国家基层自治组织是社会主义政治制度的有机组成部分。

第二，从活动方式角度将政治参与分为直接参与和间接参与。直接参与是参与者不通过任何中介直接介入政治过程的行为，包括公民直接发表自己的政见、与政府公职人员或政治家的接触、对重大政治问题的全民公决等。在现代社会中，随着国家规模的扩大和政治事务的日益专业化，公民的政治参与主要以间接方式进行。间接参与是参与者通过一定的中介影响政治过程的行为。公民通过自己的代表和代议机构参与国务政事，是间接参与的最基本形式，其代议机关是现代社会中担负利益表达和利益聚合的最有效率的政治组织。此外，理论参与和舆论参与也是常见的间接参与形式。在现代信息社会，舆论参与已成为现代公民最为普遍的间接参与方式。特别是在网络时代，网民的政治参与热情日益高涨。

第三，从主观态度角度将政治参与分为主动参与和被动参与。主动参与又称自主型参与，它是参与者在自觉自愿的基础上主动影响政府决策的行为；被动参与又称动员型参与，它是指并非出于参与者的自愿，而是通过他人动员、引导、劝说、威胁等方式产生的影响政府的行为。二者的根本差别在于参与主体是否具有影响政府决策的主观意图：主动参与的行为者具有明确的行为意图；而被动参与的行为者可能不理解或不明确自己的行为意图。行为者的动机和态度尽管不同，但在实际参与过程中都对政府的决策产生了作用，都属于政治参与的范畴。在当今社会，几乎所有的政治系统内都存在着主动参与和被动参与，其混合的程度则受政治系统自身性质的影响。在民主政治系统中，由于政治开明，公民政治素质普遍较高，主动参与水平则较高；而在专制政治系统中，主动参与水平则较低。显然，主动参与水平是衡量一国政治民主化程度的重要标志，也是衡量政治文明发展水平的基本尺度。

第三节　政治参与的规律

政治参与作为政治管理民主化的重要标志，其实践过程受不同因素的综合影响，其实践推进具有自身的实现路径。

一、政治参与的影响因素

政治参与作为公民影响政治体系的具体行为，其发生机制和运行过程必然要受到特定环境因素的制约，这些因素直接影响着政治参与的性质、形式、效力和程度。

第一，从宏观层面看，政治参与的影响因素主要有两方面：一方面是社会经济的发展水平。一般来说，一个国家政治参与的规模和程度与其社会经济发展水平之间呈正相关关系。究其原因表现在以下几个方面：其一，随着经济生活的发展和商品经济的成熟，人们的文化素质、收入水平和职业地位随之不断提高，他们参与政治的积极性也将不断增强，政治参与意识和政治参与能力也会不断提高，从而在全社会造就更多的参与型公民；其二，经济发展所产生的利益差异，有可能在各个社会群体之间形成利益矛盾和冲突，促使公民采取实际的政治行为来保护自身利益，从而实现自身的利益要求；其三，经济发展需要促使政府扩大其职能，这就意味着政府调节范围的扩大，受其直接影响的公民越来越多，这些公民会采取更加积极的参与态度去影响政府决策。另一方面是政治系统的整体状况。公民政治参与的程度，在一定意义上取决于现实的政治系统是否提供了充分、有效、平等的参与形式和途径。政治系统的民主化程度越高，为公民提供的参与形式和途径就越多。民主政治的制度化程度越高，公民政治参与的积极性就越高。

第二，从微观层面看，政治参与的影响因素主要有两方面：一方面是参与主体的社会属性，包括教育程度、职业种类、收入水平、居住条件、年龄状况、性别、种族、宗教及社会流动性等。一般而言，受教育程度较高、收入较高的男性公民政治参与率较高；定居者和都市居民也具有较高的政治参与热情；另外，种族、宗教及自愿组成的团体主要成员也是政治参与的主要活动主体。另一方面是参与主体的心理特征，包括对权力、功名和地位的需求及社会政治责任感等。公民的心理特征受家庭、同事及社会政治文化的影响，并同个人的性格特点有密切联系。调查发现：个性刻板、神经衰弱、性情狂躁的人参与意识较低；缺乏自信心、情绪悲观的人表现出较多的政治冷漠。正如美国政治社会学者安东尼·奥罗姆所言："公民政治参与恰如其分地反映了社会和经济不平等的本质特征，这一点在任何社会都可以都到证实，特别是在资本主义社会。"①

二、政治参与的实现途径

在民主政治实践发展的历史长河中，政治参与日益呈现出参与主体的全员化、参与形式的多元化和参与过程的有序化，进而集中表现为参与机制的制度化趋势。政治参与实践作为民主政治生活的重要内容，有着自身独特的实现途径。

如果说"制度"是政治组织和规范体系的静态表现形态，那么"制度化"则是其动态的发展演变过程。政治参与制度化可以定义为：政治参与的行为规范在民主政治建设中不断获得制度保证的过程。政治参与制度化有其基本特征：一方面，应根据政治参与的实践过程，不断加强政治参与的组织管理，制定系统的政治参与行为规则，不断拓宽政治参与的多元渠道；另一方面，要不断提高政治参与的制度化水平，使政治参与在规范有序中进行。显然，制度化的政治参与具有连贯性和可预测性，而非制度化的政治参与尽管也具有某些合理性因素，但却具有相当程度的随机性和不可预见性。另外，只有使政治参与的各种制度性规定得到广泛认同，得到共同的遵守和执行，政治参与制度才能真正获得权威性。在人类社会的政治发展历程中，政治参与制度化的实践路径有以下几个方面：

第一，不断拓展政治参与的基本途径，保证政治参与的渠道畅通。随着社会经济的不断发展，政治权力涉及的领域会不断调整，新的社会阶层也会随之产生。因此，必须根据社会的发展变化和公民的政治参与素质，不断开拓新的参与渠道，为新生的社会群体提供制度化的参与路径，同时不断完善原有的政治参与机制，使政治参与渠道畅通。当制度化参与渠道通畅时，非制度化参与自然会受到控制和限定。

第二，不断完善政治参与的法律规范，促进政治参与的法治进程。政治参与制度化必然要求实现政治参与的法治化，一个国家政治制度的行为规范，主要是以国家强制力为后盾的法律规范，政治参与制度化意味着政治参与的法治化。政治参与法治化，需要形成一套完备的法律体系，它不仅能满足社会现实发展的需要，同时又应具有一定的前瞻性，完善的法律法规体系应是理想与现实的契合。通过学习借鉴发达国家的立法经验，总结我国社会发展的成功做法，及时修改相对滞后的法律法规，最终逐渐形成一套完善的法律体系。但是完善的法律体系只提供了政治参与法治化的前提，还必须得到政府官员和广大民众的共同尊重，真正树立法律至上的政治权威，才能使政府官员和广大公民在政治参与中切实遵守。

第三，不断加强政治参与的组织建设，强化政治参与的组织权威。作为政治参与制度化的有机组成部分，政治参与应有健全的组织制度，为政治参与的实践运行提供组织保

① ［美］安东尼·奥罗姆：《政治社会学导论》，286页，上海，上海人民出版社，1989。

证。政治参与的组织有的是临时性组织，如投票选举活动的组织，还有许多是稳定的组织，如政党、政治社团都设有组织部门，各级政府和部门机构都专门设立负责信访的工作机构和专门工作人员。政治参与发展状况如何，能否取得成效，在很大程度上是由政治参与的组织水平决定的。从目前实际发展情况看，我国政治参与的组织有待加强，各政党、政治社团内有关政治参与的组织部门大多比较薄弱，各级信访机构职权尚不完备，在整个组织系统内得不到必要的重视，从事此项工作的人员素质也有待提高。只有加强政治参与的组织建设，提高政治参与组织的权威性，才能使政治参与获得可靠的组织保证。

第四，不断培养政治参与的主体素质，提高政治参与的整体水平。政治参与制度化，意味着广泛而理性的政治参与，如果没有大多数公民的广泛参与，政治参与的制度化便成了一句空洞的口号。公民要广泛而理性地进行政治参与，一是要有一个有利于政治参与的良好的外部环境，形成参与型文化的政治生态；二是公民具有较高的政治参与素质，不仅对政治生活有明确的理性认识，而且具有政治参与的实践能力。在此基础上，经过一定的组织发动，就能形成广泛参与的政治局面。目前我国公民政治参与素质有待提高，具体表现在两个方面：一是在政治参与的具体知识、技术和能力的培训上显得不够；二是受中国传统政治文化影响，一些人对政治参与持被动的消极态度，在政治活动中属于动员参与型。要努力培养和提高公民的政治参与素质，一方面必须有针对性地进行宣传教育，使公民全面了解自己的权利和义务，掌握一定的政治参与技术；另一方面应加强对政治参与的实践引导，努力营造参与型政治文化，使公民在政治参与实践中不断学习，进而在政治参与实践锻炼中不断提高。

第五篇

政治发展

政治发展是政治关系的根本变革，标识着人类社会政治文明的历史提升。政治发展的根本动力在于人类社会的基本矛盾，社会生产力是政治发展的决定力量，推动着政治生活从低级形态走向高级形态。政治稳定和政治民主既是政治生活现代化的必要条件，又是政治生活人本化的时代要求。维护政治稳定和推进政治民主，本质上是厚植人类社会的政治文明。政治文明是政治发展的积极成果，表征着人类社会政治实践的价值沉淀，构成了人类社会政治价值的存在形态。

政治稳定

政治稳定是指政治保持常态发展的连续性，政局没有发生影响全局的政治风波和政治动乱。在整个社会稳定系统中，政治稳定直接为经济稳定、治安稳定和思想稳定提供政治保障，直接关系到政治生活的健康发展。因此，政治稳定既是社会稳定的重要内涵，又是社会稳定的前提条件。

第一节 政治稳定的内涵

政治稳定作为统治阶级长期追求的政治目标和广大人民安居乐业的政治环境，是一个具有文明内涵的政治范畴。在人类社会长期的政治实践活动中，政治稳定拥有系统的构成要素和基本内容，同时也形成了自身独立的存在形态。

一、政治稳定的含义

政治稳定是反映社会政治生活有序状态的政治概念，是相对于社会政治动荡而言的。从理论上把握政治稳定的含义，学界形成了不同的观点。

美国著名政治学家塞缪尔·亨廷顿认为，政治稳定包含有两个基本要素，即秩序性和继承性。秩序性就是指没有发生暴力、压抑或体系的解体；继承性则是指没有发生政治体系关键要素的改变、政治演进的中断、主要社会力量的消失，以及导致政治体系根本改变的政治运动。这是从政治稳定的反面解释秩序性和继承性的。同时，亨廷顿认为政治稳定正如合法性一样，只有在其丧失时，才容易觉察分辨出来。政治稳定实际上是一种政治秩序，这种政治秩序部分地取决于政治制度的发展程度和社会力量参与政治程度二者之间的关系。他强调，发展中国家在走向现代化的过程中，最优先考虑的不应是经济发展和政治参与的扩大，而应是保持政治稳定。保持政治稳定需要一个权威，这个权威就是政府。政府是否稳定，全凭它能否在完成其政治制度化的速度与扩大参与水平二者之间求得最佳值，适时适度调整这二者之间的相互关系，使二者达到协调。亨廷顿所谓的政治稳定具有三个评判标准：第一，政治系统具有权威性，社会以其自身的稳定表明对其政治系统的肯定和承认。第二，政治系统具有能动性，功能齐全，运转正常，表现为政治体系的自身调控和对社会控制功能的正常实施。第三，政治生活具有秩序性，表明政治生活在法制的范围内合法进行。

美国学者普拉诺等人编著的《政治学分析词典》，是从具体内容上解释政治稳定的。他们认为，稳定在一般意义上，是指系统的组成部分保持和恢复到固定关系的一种状态，稳定往往被看作没有根本的或破坏性的变化，或者是把变化看作可以接受的或被限定在特定范围内的。政治稳定通常是指政府的最高领导层很少发生变化，且在一个国家的政治过程中没有暴乱和内部骚乱。在国际关系上，它通常是指没有出现大规模的战争状态，长期地保持国家之间的统治和依附关系。

我国学者借鉴西方政治学的研究成果，对政治稳定进行了较为深入的研究，并取得了一批研究成果，主要有以下三种代表性观点：

第一，主要从政治生活的秩序性和连续性方面来概括政治稳定的内涵。认为政治稳定是指一定社会的政治系统保持动态的有序性和连续性。具体而言，它是指没有发生全局性的动荡和社会骚乱、政权未发生突发性质变、公民不通过有组织的非法手段来参与政治或夺取政权、政府也不会为维护社会秩序而采用暴力或强制手段压制公民的政治行为。简言之，政治稳定是把社会利益矛盾和冲突控制在一定的秩序内。政治稳定的内容可包括以下几个方面：(1) 国家政治制度和国家政治权力主体的相对稳定；(2) 国家政治生活的稳定；(3) 国家政策、法律、法规的相对稳定；(4) 社会秩序的稳定；等等。总之，政治稳定是指统治阶级的政治统治既能维持已有的法制秩序，又拥有适应政治变迁的能力。这是一种动静结合的状态。①

第二，主要从政治系统对社会生活调适程度方面揭示政治稳定的内涵。这种观点认为政治稳定的基本含义是权威与秩序，但它并非一成不变。社会环境会不断变化发展，政治系统必须以社会环境为参照系，积极适应其变化发展，准确地做出反应才能在动态发展中维持社会稳定。因此，政治稳定的含义应概括为："政治系统为适应社会环境系统的变化和发展所建立或维持的一种有序社会政治态势。"并且指出："这样给政治稳定下定义有如下目的：一方面，政治稳定的实质是社会发展与政治发展的协调有序状态。政治稳定的程度取决于社会环境系统诸要素与政治系统诸要素互动的协调程度，这是确定政治稳定分析变量的出发点。另一方面，此定义也是确定政治稳定指标的依据。无论如何，政治稳定的目标都是有利于社会的发展。社会发展既不能没有秩序，又离不开自由。所以，政治稳定的总指标是适应秩序与适应自由的统一。"②

第三，认为政治稳定是指国家在发展过程中整体的连续性、政治机制运行的常态性、政治发展的直线性和政治规范的认同性，或者认为政治稳定产生于"政治体系的能力和社会要求之间的一致"③。

以上三种观点的分歧，在很大程度上是由于理论研究的对象和价值取向不同造成的，

---

① 参见李元书：《政治发展导论》，247页，北京，商务印书馆，2001。

② 同上书，261～262页。

③ 李明耀：《"利益分化与利益协调""政治民主与政治稳定学术讨论会综述"》，载《政治学研究》，1989 (2)。

或者从不同视角研究政治稳定这一复杂的社会政治现象，或者侧重于某些价值需要而研究得出不同结论。

我们认为，政治稳定是指国家政治系统既能维持既定的基本政治秩序，又有适应社会政治变迁的能力，政治生活表现出一种连续、合范、可控和有序的运动状态。要正确理解政治稳定这一概念的内涵，还必须把握政治稳定的以下几个要素：首先是政治系统的连续性。所谓政治系统的连续性，主要是指国家的根本政治制度、政权性质没有发生质的变化，国家政治系统正常运转，政治过程按照既定的程序不间断地进行。这就是说，政治稳定首先是作为政治核心的国家政权的性质没有发生根本改变，政治发展过程尚处于量变的范围内，也包括常规的社会政治过程没有中断。其最重要是没有发生因被统治者试图改变社会制度、夺取政权而引起的政治骚乱、动乱乃至内战等现象。其次是政治行为的合范性。所谓政治行为的合范性，主要是指国家权力机关、社会政治组织以及公民个人等政治主体的政治行为，基本合乎国家制定的法律法规、政策规则和行为规范，没有发生较大规模的有组织的政治诉求。再次是政治局势的可控性。所谓政治局势的可控性，主要是指国家的权力主体能够控制政治局势，即无论是国家的政治发展变革，还是当出现影响政治稳定的问题时，国家权力都能够有效调控其发展势态，把社会矛盾和冲突控制在其所允许的范围内，使其不至于酿成严重危害社会政治稳定的后果。最后是政治生活的有序性。所谓政治生活的有序性，主要是指国家权力机关、政治组织和社会成员的政治生活，基本上按照既定的行为规范程序正常进行，整体的政治生活秩序保持一种有条不紊的和谐状态，任何破坏和干扰正常政治秩序的行为都会受到相应的处罚。

二、政治稳定的特征

政治稳定表现为一个国家或地区没有发生全局性的政治动荡，政治生活表现出一种和谐有序的状态。但要准确理解政治稳定的本质内容，正确认识和判断一个国家政治是否稳定，还应全面深入分析政治稳定具备的基本特性。

1. 稳定目标的价值性

政治稳定并不是社会生活的自然状态，而是政治主体在政治价值追求过程中自觉调控的结果，是政治发展的客观规律性要求与人的主观能动性发挥的高度统一。政治稳定既是政治利益关系达成的动态平衡，也是政治生活可控有序的发展过程。马克思主义政治观认为，政治稳定反映了该社会的上层建筑能够较好地适应社会生产力发展的要求，能够有利于经济基础的巩固与发展。从深层次上讲，政治发展中所呈现的稳定状态，不仅表明了政治生活符合社会发展的规律性，而且也表明了政治主体自觉创造了政治稳定的现实条件。虽然社会规律和自然规律一样，都具有不以人的意志为转移的客观必然性的一面，但社会规律的表现过程又具有不同于自然规律的特殊性的一面，即自然规律的实现完全是自发的，而社会规律则需要通过人们发挥主观能动性的社会实践活动得以实现。政治稳定不仅取决于特定的政治实践在总体上是否符合社会发展规律的客观要求，而且还取决于政治主体对政治生活的组织管理能力，应对突发事件的应变能力和驾驭复杂矛盾的执政能力。

事实上，社会生活本身充满了各种复杂的矛盾和冲突，它不仅贯穿着生产力与生产关系、经济基础与上层建筑这两对基本矛盾，而且社会利益群体和社会个体成员之间的利益矛盾更是层出不穷，在社会发生急剧变革和快速发展的过程中，这一点尤为突出。这些新旧矛盾引发的各种社会冲突，必然在一定程度上影响和破坏社会政治生活的有序性与和谐性。要保持政治稳定，国家治理体系就必须自觉地对社会政治规范和利益关系进行必要的适应性调整，即使出现一些僭越现行社会政治规范的行为，也能够被有效地限制在可控和可以承受的范围之内，而不至于对整个社会的政治稳定造成严重危害。总之，政治稳定是在客观规律基础上，在客观条件允许的情况下，政治主体对社会矛盾进行自觉调适活动的结果，因而政治稳定具有政治生活实践追求的价值特性。

2. 稳定过程的有序性

由于社会总是存在复杂多变的矛盾与冲突，政治稳定本质上是政治生活秩序的动态平衡，不存在所谓的静态平衡。依据亨廷顿的观点，政治稳定并不意味着政治系统各要素没有变化，而是指政治系统内部的主要成分，比较持续或发生平缓的变化。① 究其原因主要表现在以下几方面：首先，人类社会的政治关系总是处于永无休止的发展变化过程中，政治稳定本身就是社会矛盾发展过程中表现出的政治现象，往往是旧的矛盾还没有完全解决，新的矛盾又开始不断涌现。任何社会都不能回避和人为地消灭这些矛盾，只有通过国家政治系统自身不断地进行适应性调整，不断地解决这些矛盾，才能实现和维护政治稳定，并在这一过程中促进政治发展。可见，政治稳定正是对社会矛盾冲突动态的解决过程。其次，政治稳定的有序性表明稳定更多的是一种追求目标的有序过程，任何国家的统治集团即便是正处于被誉为政通人和、国泰民安的盛世，也仍然需要居安思危、励精图治，否则这样的政治稳定局面也不可能长久地持续下去。最后，政治稳定既是社会政治发展进步的必要条件，又是政治发展不断追求的理想目标，这也就意味着政治稳定是一个不断发展变化的有序过程。

3. 稳定形态的相对性

政治稳定的相对性主要是指它的有条件性和暂时性。无论是传统的专制型政治，还是当今的民主型政治，总是充满了各种复杂尖锐的矛盾和冲突。局部的、个别的、偶发的政治不稳定局面，是人类社会不可避免的政治现象，因而政治稳定状态所谓的“连续、合范、可控、有序”只具有相对的意义，微观的、局部的政治不稳定是正常的，也是绝对的。

一方面，政治稳定是相对于政治生活的总体态势而言的。任何国家都不可能根本杜绝国内外政治敌对势力与敌对分子对其政治秩序的干扰和破坏，也就不能排除国家权力机关运用强制力对其实施制裁。只要国家还能凭借国家政权力量对出现的这些问题进行有效的干预和控制，使这些问题不能从根本上危及社会政治生活总体态势上的可控性与有序性，小范围的失范与无序就属于政治存在的常态现象，就可以说政治是基本稳定的。可见，政治稳定是相对于总体态势而言的，并不排斥该国政治生活的某些方面存在潜在的矛盾，也不排斥该国的某些地方存在局部的不稳定因素，只不过这些矛盾和冲突被国家控制在有限的范围内，尚未成为危害整体稳定的问题而已。

另一方面，政治稳定是相对于政治生活的特定阶段而言的。从整个人类社会历史发展

---

① 参见［美］格林斯坦、波尔斯比编：《政治学手册精选》，下卷，155页，北京，商务印书馆，1996。

过程来看，国家的统分、治乱、兴衰是相互伴随循环交替出现的。中国历史发展的“合久必分，分久必合”规律，其“合”与“分”交替的过程，就是伴随着“治”与“乱”、“兴”与“衰”的交替过程。因而，我们所说的政治稳定，仅仅是指政治生活在特定阶段上表现出的一种可控状态。随着人类社会的发展，这种稳定状态就可能会发生改变：或者因为政治系统所具有的调适功能，使政治稳定的内容和特点发生新的实质性变革；或者因为政治系统不能适应社会政治变化发展的需要而自我发展。

政治稳定的相对性告诉我们，政治稳定只能是相对的，政治不稳定才是绝对的。任何政治稳定系统都存在一定的不稳定因素，只是存在的层次和程度有所不同而已。任何人如果企求将某一种特定内容的政治稳定一劳永逸地保持下去，那只能是一种不切实际的幻想而已。

三、政治稳定的作用

政治稳定是古往今来世界各国统治阶级治国安邦的理想追求，也是当前世界各国完成现代化历史任务的必要条件，成为各国政治发展的基本条件和重要目标。因而，政治稳定问题受到当代世界各国执政党和政府的普遍重视。政治稳定的社会作用表现在以下三个方面：

首先，政治稳定是社会全面发展的条件。人类社会的发展史主要体现为四大实践，即经济建设、政治建设、文化建设和社会建设，其中经济建设是基础工程，政治建设是核心内容，文化建设是精神保障，社会建设是综合反映。在这四大建设中，政治建设的最终目标是维护社会政治稳定，它统领着其他三大建设。如果政治建设相对滞后，国家政局必然动荡，那么社会就不可能集中精力发展经济，也就不可能凝聚力量建设文化，更不可能实现社会公平正义。反之，如果一国政局稳定，统治阶级能最大限度维护和实现广大人民的根本利益，就能调动广大人民的积极性，为社会发展提供良好的社会环境。

其次，政治稳定是政治综合治理的前提。统治阶级实现其阶级统治是通过执掌国家政权的方式来实现的。统治阶级通过执政党和政府掌握国家政权，成为国家经济、政治、文化和社会制度的制定者，也是国家经济、政治、文化和社会生活的治理者，承担着解决社会问题的政治责任。如果社会发展中出现任何问题，人们都会将不满和矛头指向执政党和政府组织。可见，以执政党和政府为代表的治理体系总是一切社会矛盾的焦点，任何社会问题都会使人们丧失对政权体系的信心，都会影响统治阶级政权体系的权威性和合法性基础，一些严重的社会问题，还会直接导致政治变革，推翻国家现有政治权力体系。反之，如果国家的经济、政治、文化和社会持续健康发展，则有利于增强政权体系的稳固性。

最后，政治稳定是人民安居乐业的保障。政治稳定作为实现社会稳定的前提，是社会不断发展的重要制约因素。只有实现了社会稳定，广大人民才能在稳定的社会环境中获得现实的利益，具体表现在以下几个方面：只有实现政治稳定，经济文化生活水平才能快速发展，才能满足人民日益增长的物质文化生活需要；只有实现政治稳定，才能创造和谐安定的生活环境，人民才能避免战争和动乱之苦；只有实现政治稳定，社会公平正义才能得以体现，广大人民才能在良好的社会秩序中通过合法劳动实现自我需求。

政治稳定不仅是古今中外任何一个国家统治阶级治国安邦的理想目标，更是当代世界各国完成现代化历史任务的必要前提条件，维护政治稳定是政治现代化过程中必须首先予以保证的基本要求。因此，我国当前高度重视改革发展过程中的政治稳定，正确处理改革、发展、稳定三者之间的辩证关系，从而保证我国社会主义现代化事业的顺利推进。

第二节　政治稳定的形态

作为政治生活发展的有序状态，政治稳定的存在形态具有多样性，既有其内在的结构形态，也有其外在的表观形态。

一、政治稳定的内容结构

政治稳定是社会内部不同层面结构稳定的互动效应。因此，要从整体上把握政治系统的政治稳定，就必须具体分析内在结构稳定的具体内容及其相互关系。政治稳定的内容结构包括以下几个层次：

第一，政治环境的稳定。政治环境有内环境和外环境之分，内环境是指政治共同体的内部环境，外环境是指政治共同体的外部环境。国家作为社会的政治共同体，能够维持其主权和领土完整，使之不受外来势力的干涉，尚未出现内部势力的分裂，此可谓内环境稳定。维护国家主权的稳定还必须有和平的国际环境，如果国家遭受外来侵略或其内政受到外来干涉，处于战乱、动乱、骚乱之中，便不可能有政治稳定。政治共同体的内环境稳定，是政治稳定的首要含义；政治共同体的外环境稳定，则是政治稳定的基本条件。

第二，政权性质的稳定。这是指由宪法规定的基本政治制度及其反映的国家政权性质基本保持不变。马克思主义认为，一切政治斗争和政治活动都是围绕着国家政权进行的，国家政权问题是政治的核心问题，因而，维护国家政权稳定也就是维护社会政治稳定的核心问题。政权的性质是由占统治地位的阶级的性质决定的，一个国家政治稳定的重要标志就是国家政权的阶级性质以及国家的基本政治制度没有发生质变。即使政治发展，也是在同质的基础上进行的。从历史的情况看，如果发生国家政权性质的改变，无论是革命、政变还是复辟，往往都伴随着由于根本改变社会经济利益关系和政治利益关系而带来的一定程度的社会动荡。

第三，政治体系的稳定。这是指国家权力结构及其系统功能的正常发挥。政治体制与政治制度是形式与内容的关系，政治体制是基本政治制度的具体存在形式。政治体制是一个具有政治功能的政治系统，只有结构合理、功能齐全的政治体系，才能保证国家政权的稳定以及政治过程可控、有序、连续的高效运行。在现代法治国家，还包括作为国家政治生活中心的中央政府的稳定，即国家最高层执政领导人的依法产生和正常交替。如果出现非法更换或更换频繁，国家必要的政治权威就难以形成，这也是造成政局不稳的重要原因。

第四，政治过程的稳定。这是指国家政治体系在政治运行过程中表现出的有序状态。在现代法治国家，具体包括两个方面：一方面是国家机关立法、司法、行政等权力均在法制化的基础上有序运行，较少发生权力分化状态下的相互干扰与冲突。另一方面是执政党和政府能够科学地制定路线、方针、政策，并在贯彻落实中保持相对的稳定性和连续性。较少出现“随意决策，朝令夕改；令出多门，相互矛盾；上有政策，下有对策；有令不行，有禁不止”等现象，因为这些都是政治过程无序化的具体表现，必然会造成政治系统功能的弱化，导致政治过程的矛盾和冲突。当然，政策不稳定与政局不稳定，二者是双向互动的关系，政局不稳定往往是造成政策不稳定的原因，而政策不稳定反过来又会损害政府的权威性与合法性，给政府和政局带来负面影响。

第五，政治秩序的稳定。这是特指除了国家权力机关的政治行为之外，各种政治组织、社会团体、自治单位和公民个人等政治主体，在行使政治权利、参与政治活动中形成的政治生活秩序的合法、守常和有序状态。这是国家政治稳定在政治生活上的具体体现，而任何违反法律规范的政治行为，诸如各种反政权、反政府、反社会的政治行为的大量出现，都是政治不稳定的具体体现，会加剧社会的政治动荡。社会民众的政治生活是整个国家政治生活的基础，基础不稳，政局不稳；基础动摇，地动山摇。

第六，政治心理的稳定。政治心理是指建立在个人政治心理基础上，带有倾向性的政治认知、政治态度、政治情感、政治情绪和政治意向的总和。它是政治生活在政治主体主观上的综合反映。作为一种意识形态，政治心理是在人们的政治实践中产生和形成的，反过来又对政治实践过程产生重大的作用和影响。政治心理稳定，是政治认知、政治态度、政治情感、政治情绪和政治意向对政治稳定的积极反应。古人常说的“得民心者得天下，失民心者失天下”“民心思变，则天下易乱，民心思安，则天下必治”等政治格言，反映的就是政治心理与政治稳定互动的内在规律，这也说明了政治心理对政治稳定的重要性。

实现政治稳定是每个国家或主权者的愿望，政治稳定有助于社会经济和文化各方面的建设，社会的管理和服务活动都建立在政治稳定的基础之上，人们在相对稳定的政治环境中才能实现全面发展。

二、政治稳定的基本类型

各个国家在不同历史阶段上实现的政治稳定，可以从不同的角度进行划分，从而使人们更进一步深化对政治稳定的理性认识，有助于人们对政治现代化的理想目标进行理性选择。

1. 静态型政治稳定与动态型政治稳定

静态型政治稳定，就是指那种“不求发展，排斥改革、开放，死守过时教条，只消极地维持或简单地重复原有政治秩序的政治稳定”①。这种政治稳定由于其表现出保守、僵化、缺乏应变能力和对社会发展变化的难以适应，往往既会影响和阻碍社会经济、政治和文化各方面的发展进步，也不可能实现国家真正的长治久安。中国封建社会后期的封建君主专制制度就属于这种类型。

动态型政治稳定，就是指社会统治阶级和领导管理高层，在社会阶级关系发生新变动，新生力量要求变革原有利益关系时，能够通过对原有的政治系统进行自我调整，达到

① 张体魄：《关于政治稳定研究的梳理与解读》，载《探索与争鸣》，2004（8）。

吸纳新生力量、缓解社会压力、化解社会矛盾、消除不稳定因素的目的，进而实现更高层次上的政治稳定。这样既可以从根本上保护和适应生产力发展，顺应社会发展要求，使政治发展所需付出的历史代价降低到最低程度，也可以真正实现和维护政治稳定。近现代日益走向民主化的西方发达国家的政治稳定，就应当属于这一类型。

2. 封闭型政治稳定与开放型政治稳定

封闭型政治稳定，就是指其政治系统既不对外部环境开放，其内部的子系统之间也较少发生交流和沟通，因而拒绝对有利因素的借鉴、吸收和利用，基本是在墨守成规、故步自封状态下维持的政治稳定。欧洲的中世纪与中国封建社会后期所力图维持的政治稳定状态就是这一类型。封闭型政治稳定必然限制社会存在和发展应有的生机和活力，这样的社会政治稳定局面如同一潭死水，必然会因其僵化、死寂而导致停滞、落后，最终被社会政治发展的历史要求打破，因发生不可避免的政治危机而改变其封闭局面。

开放型政治稳定，就是指政治系统具有对外部环境的开放性，内部各个子系统之间又在顺畅地交流与沟通的情形下实现的政治稳定。这样的政治稳定由于其政治系统的开放性，可以海纳百川、不拒溪流、博采众长、为我所用，使其政治系统不断地得到优化和更新。一般而言，一个国家越是发达先进，具有国际竞争的优势，就越表现出政治系统的开放性。而一个国家越是落后，出于一种自我保护的本能反应，就越容易表现为封闭、保守；越是封闭、保守，就越落后，终将陷入政治危机而彻底失去政治稳定。在全球化的今天，维护封闭型政治稳定的国家越来越少，开放型政治稳定已经成为世界各国普遍的历史选择。

3. 专制型政治稳定与民主型政治稳定

凡是实行集权专制政体的国家，其统治者通过专制权威、暴力控制、政治高压和思想禁锢来达到的政治稳定，都属于专制型政治稳定。而成长于高度发达的商品经济环境中，建立在民主政体基础上，通过依靠国民广泛的政治参与，实现民意的正常表达，进行利益的多元整合，积极协调各种利益关系而实现的政治稳定，则是属于民主型政治稳定。靠专制与强力维系的政治稳定，一般都因其属于一种外在强制而具有脆弱性、暂时性；而现代民主型政治稳定，则具有内在性、稳固性与长久性。① 政治脆弱性是专制型政治稳定的基本特征。

如果说专制型政治稳定建立的社会基础是传统社会，它表征着以自然经济为基础的政治形态，那么民主型政治稳定建立的社会基础则是现代社会，它表征着以商品经济为基础的政治形态。民主型政治稳定是政治体系与环境系统协调有序的互动状态，是能够使政治现代化与社会现代化同步协调发展的现代型政治稳定。因此，民主型政治稳定具有动态型稳定的特征，当代资本主义发达国家在实行资本主义民主政治的基础上，不仅实现了社会经济的较快发展，而且整个社会呈现稳步发展的状态，是一种政治现代化条件下的政治稳定。

4. 集权型政治稳定与分权型政治稳定

集权型政治稳定不同于专制型政治稳定，“这种类型的政治稳定是指政治系统为迅速

---

① 参见李良栋等：《新编政治学原理》，366～367页，北京，中共中央党校出版社，2001。

启动、推动社会经济现代化进程而动员、组织社会力量，集中政治权力，建立起来的统一巩固的中央集权的政治秩序”[1]。西方现代化国家也都是在经历了中世纪长期分裂割据以后，'在资产阶级革命过程中，以社会革命、联合独立或王朝统一等方式实现了政治统一，建立了民族国家，形成了相对集中的权力体系，出现了强有力的中央政权。从经济因素上分析，这是因社会化大生产与商品经济充分发展而产生的对上层建筑变革的客观要求。任何一个国家的经济现代化都需要统一的国内市场与和平稳定的国际环境，这是世界各国启动现代化进程的必要条件，也是政治现代化在初级阶段权力运行的基本特征。集权的目的是稳定和发展。对于现代化起步较晚的国家来说，只有建立和保持一个强有力的中央国家政权，才能有统一的权威性和强大的政治能量去完成现代化的历史任务，也才能将一时难以解决的社会矛盾，控制在一定范围内，统一整合社会资源，着力推进民族现代化的发展战略，从而有利于形成适应现代化发展需要的稳定的政治秩序。

分权型政治稳定，就是指国家将过去集权状态下的大量政治权力向社会分散，社会主要靠成熟的法制和统一的政治文化认同来维系社会稳定秩序的一种政治稳定。一般而言，专制意味着集权、民主意味着分权，政治现代化的实质内涵是民主化和法治化。随着民族现代化高级阶段的到来，为维护稳定与实现发展而实行的集权型政治，最终将被更高水平的分权型政治稳定所取代，从而体现人类社会公共权力运行的历史逻辑。因而人类社会从初步启动到最终完成的整个现代化过程，必然是一个由集权型稳定向分权型稳定逐步过渡的政治过程。

5. 病态型政治稳定与常态型政治稳定

病态型政治稳定，就是指一种由于封闭、僵化而导致停滞、落后的政治稳定。在病态型政治稳定中，社会基本矛盾已经达到了尖锐化程度，上层建筑所保护的生产关系和社会政治秩序已经明显成为生产力发展的桎梏，因而经济出现停滞落后，绝大多数社会成员的生活得不到应有的改善，社会政治生活的现存秩序与社会经济文化发展变化的历史要求已经很不适应。“政治输入机制的失灵使得政治体系与社会基础相脱节，上层建筑的政策输出无力化解来自社会内部的深层次矛盾，只能将其在一定时期内缓和、减压，而在更长的时间里则只能坐视矛盾的成长束手无策。各种社会矛盾长期积累的结果使其一旦爆发则上层政治体系完全陷于崩溃。”[2] 社会的各种矛盾日益深重，国民已经怨声载道，渴望变革。但腐朽没落的统治阶级为了维护自己的既得利益，利用自己掌握的政治权力，借助各种手段，极力维护已经危机四伏的政治稳定。这样的政治稳定必然是一种封闭、僵化而导致停滞、落后的病态政治稳定，其存在是以严重阻碍社会发展进步为代价的。由此可见，并非任何情况下的社会政治稳定都是有利于社会发展进步的，也并不意味着任何社会在任何时期都是越稳定越好。

常态型政治稳定，就是指社会正常健康的政治稳定状态。代表先进生产力和经济社会发展进步要求的新兴阶级在建立自己的政治统治后，必然催生出一种全新的、更加适合人们社会正常生活和社会发展客观要求的国家政治系统，这种政治系统能够以其合法性、权

---

① 李元书：《政治发展导论》，271页，北京，商务印书馆，2001。

② 唐昊：《政治稳定的类型研究》，载《学术论坛》，2004（3）。

威性和广泛的社会认同性，实现一种开放活跃、充满生机、有序可控的政治稳定。这样的政治统治，由于能够使社会基本矛盾以及其他社会矛盾得到及时的解决，进而适应社会发展要求建立起新的社会规范，从而使社会政治生活的有序性、可控性加强。可见，常态型政治稳定自然成为当代中国实现更高阶段政治稳定的目标选择。需要指出的是，区分社会政治稳定的常态与病态，要用历史唯物主义的观点和标准做分析评判，不能简单地将专制型、封闭型、静态型的政治稳定，归类为病态型。这类的政治稳定，如果存在于特定历史时期，像封建社会前期的政治制度的某些特征那样，就属于常态型政治稳定，如果仍然还存在于经济文化已经高度发展的现代社会，当然就属于病态型政治稳定。

第三节　政治稳定的实现

政治稳定的实现过程是政治主体的价值追求过程，同时也是政治生活的客观发展过程。要深入分析政治稳定的价值生成，就需要进一步分析政治稳定的影响因素及其实现途径。

一、政治稳定的影响因素

一个国家能否保持长期的政治稳定，是由多个因素共同作用决定的。影响政治稳定的主要因素，可以概括为以下几个方面：

第一，财富分配不均是导致政治不稳定的经济因素。各个国家追求现代化的过程，往往也是产生经济不平等的高发期，容易产生贫富悬殊和两极分化：一极是由于政策失误和政府调控不力而形成的百万富翁阶层；另一极是大多数以低工资维持生活的普通群众。这样必然使多数的贫困群众产生心理失衡，从而造成他们对政府的不满情绪。通常，贫穷国家的财富和收入分配比经济发达国家更加悬殊，在发展中国家，政治集团内部没有合理解决分配问题，造成社会贫富不均，加剧了两极分化。[①] 在传统社会，人们对这种不平等处于默认或是不觉悟的阶段。而在现代社会，社会动员增强了人们的平等意识，引发了人们对分配不公的怨恨，而控制分配制度的权力掌握在政府手里，于是现代化过程中形成的财富分配不公现象，就往往成为群众反对政府的催化剂。同时，我们还要看到，虽然政府与过去相比已创造出了更为平等的分配方式，但在短期内，经济发展的成果仍然常常被少数集团垄断，由此产生的通货膨胀、物价上涨等弊端却要由多数人承担，这也会产生社会不安定心理。

第二，政治权力腐败是导致政治不稳定的政治因素。腐败破坏稳定的群众基础和社会基础，威胁社会的经济基础，破坏精神文明建设。[②] 在发展中国家，政府官员以权谋私、收受贿赂、贪赃枉法、任人唯亲、拉帮结派、欺压百姓已成为一种政治癌症，扩散到当代社会生活的各个角落，极大地摧毁了公民对国家的认同感和凝聚力。尽管权力腐败的人是

---

① Lucian W. Pye, *Aspects of Political Development*, Boston: Little, Browerand Co, 1996, pp. 63-67。

② 参见石云霞：《反腐败与保持政治稳定》，载《武汉大学学报（哲学社会科学版）》，1997（1）。

少数，但权力腐败的政治效应危害甚大，而且很难遏制。世界许多政府都难以找到一种有效遏制权力腐败的政治措施，有的国家腐败越反越严重，社会风气也越来越差。官员的腐败行为使广大人民群众产生了与政府的对立情绪，一旦遇到政府决策失误或由此引发的突发事件，公民将会借用反对官员腐败掀起政治动乱，直接危害国家的政治稳定。因而发展中国家必须把反腐败斗争作为政治文明建设的核心任务来抓，进而为政治生活的良性发展营造稳定环境。

第三，政治决策失误是导致政治不稳定的主体因素。决策失误是最大的政治失误，也是政治生活的战略性失误。重大政治决策失误是国家最高领导层不按民主程序进行科学决策，不顾及人民群众的根本利益，对社会主要矛盾不能进行动态把握，对关系到全局的长远的利益关系判断不清楚，对社会发展的道路把握不准确而造成的结果。因此，政治决策失误是政治生活重大的战略性失误，其政治影响深远。如果在事关国家长远利益问题面前，政治领导层所做的决策发生失误，就会导致经济发展出现周期性震荡，社会矛盾焦点日益增多，人民生活水平普遍下降，国内国外政治危机四伏，从而会导致国内政治运动频繁发生，进而造成国家的政治动荡。

第四，敌对势力破坏是导致政治不稳定的环境因素。任何一个社会，只要阶级没有消亡，都将面临着革命与反革命、复辟与反复辟、进步与倒退的反复较量和斗争。这种较量和斗争不是在法律秩序范围内进行的。只要阶级存在，国内的敌对势力必然采取各种手段颠覆国家政权，危及国家安全和政治稳定。国外的敌对势力所进行的侵略、颠覆和渗透，是危及一个国家政治稳定的外部因素。特别是发展中国家的快速崛起，引起了老牌发达国家的政治关注，发达国家的围攻扼杀行迹初显。帝国主义是战争的总根源，只要霸权主义和强权政治的手伸到哪个国家和地区，哪里的人民就不会安宁。各国必须抵制和反对霸权主义和强权政治，以维护民族国家的政治稳定。

在当代社会发展过程中，也会出现一些影响国家政治稳定的新因素，譬如网络空间因素、技术安全因素、制度创新因素等，这是随着社会的发展给政治稳定带来的新元素，如果处理不当，也会影响稳定，因此，我们要树立新型政治安全观，维护国家的政治稳定。

二、政治稳定的实现途径

实现政治稳定是人类社会政治实践的系统工程，关键在于找到实现政治稳定的有效途径。

第一，发展经济是政治稳定的物质基础。经济是政治的根源，发展经济是维护政治稳定的经济路径。没有经济的快速发展，就不会有政治的长期稳定，经济发展是政治稳定的基础工程。邓小平在改革开放初期曾告诉我们“发展才是硬道理”。发展是解决一切问题的根本途径，因而也是解决政治稳定问题的基础工程。夯实政治稳定的物质基础，就在于加快经济社会的可持续发展，从而为政治稳定提供物质力量。党的十八大报告进一步指出：“以经济建设为中心是兴国之要，发展仍是解决我国所有问题的关键。只有推动经济持续健康发展，才能筑牢国家繁荣富强、人民幸福安康、社会和谐稳定的物质基础。必须坚持发展是硬道理的战略思想，决不能有丝毫动摇。”

第二，践行法制是政治稳定的基本途径。法治实践是政治实践的历史延伸，从而勾勒出人类社会政治生活良性发展的历史逻辑。人类社会现代化的政治秩序，需要健全的法律制度作为政治保障。法制建设是维护社会政治稳定的政治技术，也是体现政治制度文明的实践路径。建设法治国家是建设现代文明的战略举措，也是维护民族共同体政治稳定的技术手段。法治实践要求做到“科学立法、严格执法、完善法治、创新制度”。与此同时，构建全方位、多层次、立体化的社会安全治理体系，以形成全社会的政治安全网络格局，从而全力推进政治安全体系的法治化进程。我国以党的十八届四中全会为标志，全面推进社会主义法治国家建设，加快推进法治国家、法治政府、法治社会一体化建设步伐，从而为我国社会主义政治稳定提供刚性保障。

第三，凝聚共识是政治稳定的文化机理。文化是社会发展的软实力，也是政治稳定的黏合剂。文化造就政治稳定的心理环境，从而构成政治稳定的心理机制。凝聚共识是解决所有政治问题的文化路径，也是解决政治稳定问题的文化方式。加强民众社会生活的政治对话，通过民主政治协商形成政治共识，凝结推动社会发展的政治力量，是文化建设实践发展的时代主题。社会发展转型期，往往是思想文化活跃期，也是政治生活动荡期。因此，统一思想意识，凝聚精神力量，乃是社会转型期文化建设的当务之急。在我国社会转型时期，要加强社会成员的心理疏导和思想对话，特别是加强社会主义核心价值观教育，弘扬中华民族优秀文化传统，加强团结，凝聚共识，营造我国政治稳定的文化氛围。

政治民主

政治民主是政治生活的基本主题，也是现代政治实践的价值追求。人类社会政治生活的历史发展，是政治生活民主化的历史过程。政治民主实践的发展程度，已成为人们衡量政治现代化程度的基本标志。政治民主作为社会主义现代化建设的重要特征，构成了社会主义政治生活的基本理念。

第一节 政治民主的内涵

政治民主既是政治发展的基本内容，又是政治发展的基本目标。作为人类社会的政治现象，政治民主是建立在特定社会经济基础之上的上层建筑，是保障公民基本权利得以实现的政治形态。政治民主作为政治文明的重要标志，构成了政治价值的基本形态。

一、政治民主的含义

民主概念源于古希腊。作为一种理念，其基本含义是“人民的权力”“人民的统治”；而作为一种制度，亚里士多德在研究雅典城邦政治时，把它解释为“以自由为宗旨”，“人人轮番当统治者和被统治者”，“政事裁决于大多数人的意志，大多数人的意志就是正义”①，亦即多数人执政的政体。政治民主作为人类社会政治发展的价值目标，不仅引发了历代仁人志士的实践追求，而且也引发了历代思想家们的理论探索，从而形成了对政治民主的不同理解。

1. 资产阶级民主观

随着资产阶级革命的历史推进和资本主义制度的相继建立，民主思想日益发展，民主理论不断形成，其中代表性的观点主要有：在自由资本主义时期，以洛克和卢梭为代表，他们重新张扬了古希腊的民主观念，认为民主的实质是人民的统治，形成了古典民主观。

---

① ［古希腊］亚里士多德：《政治学》，312页，北京，商务印书馆，1983。

古典民主观虽然为资产阶级民主政治制度的建立做了舆论准备，但它以虚构的社会契约论为前提，表现了其世界观的唯心主义性质。在19世纪与20世纪之交，以马克斯·韦伯和奥地利经济学家熊彼特为代表，他们认为民主不过是人民决定由谁来充当统治精英的权利，从而形成了反统治的精英民主观。这种民主观反映了垄断资本主义时期，大垄断集团控制社会的政治现状，是垄断资本的经济统治要求在政治统治上的集中表现。20世纪以来，以英国社会主义思想史学者H. 柯尔和美国政治学学者达尔为代表，他们认为民主是多种社会集团分享主权的政治形式，其实质是“多重少数人的统治”，从而形成了多元民主观。多元民主观虽然看到了多种利益集团在西方国家政治生活中的地位和作用，但显然掩盖了民主的阶级内容和阶级实质。英国批判理性主义大师波普认为，西方传统民主观把民主说成是大多数人统治的观点是不能成立的，民主的核心不在于由谁来统治，而在于人民能够有效制约统治者权力的科学方式，从而形成了悖论民主观。这种观点虽然看到了西方国家传统民主理论与现行民主政治制度之间自相矛盾的事实，但它通过否定民主本义来维护垄断统治却是不可取的。① 总之，资产阶级民主观，集中表现了资产阶级阶级统治的政治观。

2. 马克思主义民主观

马克思主义经典作家，在无产阶级革命实践和革命理论的双重探索中，对民主进行了多角度分析，主要观点有：第一，民主是特定经济基础之上的上层建筑。它是一种阶级统治形式，是表现国家阶级性质的国家形态，它反映的是社会各阶级在国家政权体系中的不同地位和不同作用。第二，民主是保障公民权利得以实现的国家形式。它是与专制相对立的一种国家管理形式，表明了统治阶级采取何种组织形式来实现自己的政治统治，它与其他国家形式的不同之处在于承认公民政治上拥有平等的权利，并从制度上规定这种平等权利能够得到实现。第三，民主是国家政权机关的活动原则。这个原则体现在国家政权机关中形成了以“多数决定”为基本规则的政治决策机制，它与专制决策机制的本质区别就在于“少数服从多数”。民主原则在不同的国体中有不同的表现，资本主义的民主原则表现为资产阶级范围内的少数服从多数，而社会主义的民主原则才真正体现了人民当家作主。民主集中制是社会主义国家政权机关活动的具体原则，是实现政治决策科学化和民主化的根本保证。由此可见，民主既是国家制度又是运行机制，其实质是基于经济基础的治理方式。

民主作为一种有效的社会机制根源于经济生活，政治民主是经济民主的立体上升，商品经济是民主机制形成的社会基础。民主不仅是价值观念，而且也是制度设计；不仅是制度设计，而且也是实践机制。民主是现代政治生活的实践范畴，民主实践必然随着社会生活的不断发展而与时俱进。民主的实质在于民众对社会生活的自主治理，表现为由“民治”走向“民享”的实践过程，这正是人类社会民主政治实践发展的价值逻辑。

二、政治民主的特征

马克思主义民主观，给我们提供了透视政治民主的基本原则和理性视角，使我们能够

① 参见杨光斌：《政治学导论》，4版，351～356页，北京，中国人民大学出版社，2011。

站在时代发展的高度来反观政治民主，分析政治民主的基本特征。

第一，政治民主以商品经济为基础。政治民主是商品经济的历史产物，任何时代的政治形式都是特定社会经济形式的集中反映。自国家产生以来，同一性质的政治权力可以采取不同的政治形式和运行机制，这主要是由相同性质的社会形态采取不同的生产交换方式形成的。特定的政治上层建筑取决于特定的社会经济关系，而社会经济关系从两个层面决定着政治上层建筑：一是特定社会占支配地位的经济所有制关系，决定着政治上层建筑的根本性质，从而规定了各阶级在政治体系中的地位；二是特定社会劳动产品的价值实现方式，决定着政治上层建筑的运行机制，从而规定了国家政治权力的组织方式。如果说经济所有制关系主要决定着国家的国体，那么产品价值实现形式则主要决定着国家的政体。自然经济是专制政体的社会基础，而商品经济则是民主政体的社会基础。人类社会政治民主的价值原则，不过是商品经济生活民主原则在政治生活中的投射和反映。也就是说，政治民主是经济民主的立体上升。

第二，政治民主以公民权利为核心。政治民主作为与专制政体相对立的政治形式，集中体现为每个公民在社会政治生活中具有独立的政治人格和享有自由平等的政治权利。政治民主保障公民不以别人的意志作为自己的意志，而具有独立的政治权利和政治要求。公民在不妨碍公共利益和他人自由的情况下，可以在政治生活中自由地行使自己的公民权利。同时，政治民主否认任何政治特权和社会特权，规定任何公民不论其个体差异如何，在政治生活中都应当享有平等的政治权利。公民权利中的自由和平等，乃是人类社会政治民主的核心原则。公民具有自由平等的政治权利，这是人类社会政治民主的基本内容。人类社会政治民主生活的不断发展，本质上是公民政治权利的赋予过程。

第三，政治民主以法治建设为保障。自由不是绝对的，作为民主基础的自由实质上是法律范围内的自由，“是做法律所许可的一切事情的权利”①。法治是实现统治阶级政治管理的基本方式，是人类社会政治民主的制度化体现，其核心内容是以特定的规范和准则来强制规定社会成员的社会行为，其实质是社会成员权利和义务关系的法律表现。法治是人类社会政治生活的实践延伸，也是现代社会政治民主的重要保障。法治建设主要体现在以下几个方面：法治构建了政治民主的制度形态，从而使政治民主理念具有最高的刚性权威；法治规定了政治民主的具体内容，从而使公民明确自己实际享有的政治权利；法治规定了实现民主的具体方式，从而使公民拥有民主实践共同遵循的行为准则；法治提供了民主生活的保障措施，使民主实践拥有国家机器的有力保障。

三、政治民主的作用

政治民主是人类社会政治生活的不断追求，也是现代社会政治生活的基本特征，政治民主具有重大的政治作用。

1. 政治民主是社会稳定的基本前提

政治民主作为上层建筑的重要内容，对社会生活具有能动性的政治作用。

首先，民主政治生活是实现社会平等正义的基本途径。发展中国家在推进现代化过程

---

① ［法］孟德斯鸠：《论法的精神》，上册，188页，北京，商务印书馆，1961。

中，政治上必须建立起符合国情的民主制度和各项民主机制，解决伴随现代化出现的社会不平等问题。在进行现代化的同时推进民主进程，不仅有利于实现公民在法律上的平等，更为重要的是，公民通过逐步完善起来的民主制度参与政治活动，提出自己的利益要求，尤其是通过参与社会利益分配的决策过程，使自己的利益要求在新的分配体制中能够最大限度地实现。

其次，民主制度安排是规范公民政治参与的技术手段。对现代化进程中出现的公民政治参与热情进行压制和打击，只能导致社会矛盾的日趋尖锐和政治体系的深层蜕变，所以，必须对公民参与予以引导和规范，发挥公民参与推动社会进步的积极作用，防止公民的非制度化参与对政治体制造成刚性冲击。实践证明，只有不断健全和完善民主政治制度，才能释放民主政治实践应有的正能量。

再次，民主政治机制是树立社会政治权威的推动力量。传统社会在本质上是以个人政治权威来维持社会稳定的，这种权威的存在方式必然难以适应现代社会发展的需要。事实证明，现代国家在法律上树立宪法的权威、在政治上树立政府和执政党的权威，消除政治权威在社会控制方式上的人格化因素，保证一国政治生活秩序的持续稳定。而宪法权威、政府权威和执政党权威，都只能从充分的民主政治生活中产生，从而形成民主与权威的政治互动。

最后，民主政治体制是抵御国际风潮影响的重要方式。在事物发展过程中，内因是决定性的力量，外因通过内因发生作用。民主政体是富有弹性的柔性政体，它能有效抵御环境影响而保持自身的相对稳定。这就告诉我们，虽然政治稳定事关大局，但不能为稳定而求稳定，实行封闭、保守、僵化的刚性政治体制。只有切实地推进本国的现代化建设，提高人民群众的经济、政治和文化生活水平，特别是提升国家政治生活的民主化程度，才能减少或者消除国际风潮对本国的影响。

2. 政治民主是政治发展的重要标志

人类社会的政治发展史，是一个由人治到法治、由专制到民主的发展过程。政治民主作为政治发展的基本内容，它对政治发展具有重要的标志作用。

在传统社会，人类总体上处于自然经济的历史阶段，它决定了专制政治的主导地位，从而形成了以集权和人治为基本特征的专制时代。资本主义社会的政治民主，是人类政治发展史上的重要里程碑，它标志着人类社会政治生活实现了从专制时代向民主时代的转型。资本主义的政治民主，同封建专制思想进行了激烈的思想斗争，构成了近代思想启蒙的时代高度，为资产阶级的政治革命做了思想准备。资产阶级通过政治革命掌握了国家政权，并进一步把政治民主的理性原则延伸为政治民主的制度形态，从而把古代社会的准民主制度，推进到了现代民主制度的历史高度。近代资产阶级政治民主的制度化建设，是资产阶级对政治民主发展的重大贡献，同时也标志着政治民主制度文明的真正诞生。然而资本主义社会的民主制度，因其阶级局限性而形成了内容与形式的巨大反差，实质上成为保护少数人利益的政治工具。无产阶级所建立的社会主义政治民主，使民主实践的主体范围拓宽到了最为广泛的时代高度，使资产阶级政治民主内容与形式的二元分离，重新达到了社会主义民主政治的时代统一，从而真正实现了“主权在民”的原本价值。

人类政治民主发展所取得的每一项成果，都成为人类社会政治文明提升的重要标志。从传统社会的政治专制到现代社会的政治民主，从资产阶级少数人的政治民主到无产阶级和劳动人民多数人的政治民主，从社会主义初级阶段的政治民主到共产主义社会政治民主的社会回归，这正是人类社会政治文明发展的历史逻辑。

3. 政治民主是经济发展的上层动力

政治民主作为社会上层建筑的组成部分，归根到底是由社会经济基础决定的，并以促进社会经济发展作为自己的根本任务。政治民主对经济发展的促进作用表现在：首先，政治民主在统治阶级内部形成了一种政治权力的平衡机制，把统治阶级内部的矛盾斗争限定在特定的范围之内，维护了统治阶级政治统治的内部秩序，从而为社会经济的持续发展提供了良好的政治环境。其次，政治民主以扩大政治参与为基本特征，能够提高社会成员的政治参与意识和政治管理能力，并通过利益格局的合理调节和经济利益的价值导向，调动人们进行经济建设的积极性，从而为经济发展提供上层动力。最后，政治民主日益推动着政治决策的民主化进程，能够根据民族经济发展的客观规律，制定出促进经济发展的战略方针和基本政策，从而能够为经济发展提供科学决策。

政治民主作为特定经济基础之上的政治形式，本身就是商品经济的历史产物。政治民主因商品经济而产生，商品经济因政治民主而发展，二者形成了政治与经济的立体式互动格局。政治民主对经济发展的推动作用，已成为历史发展的基本定律。政治民主是商品经济快速发展的推动力量，资本主义政治民主不仅有力地推动了社会生产力量的增加，而且也有力地推动了社会生产力质的提高，从而使人类社会生产力从农业生产力提高到工业生产力的时代高度，进而进入了信息生产力的历史阶段。社会主义政治民主推动了社会主义市场经济的迅速发展，使社会主义市场经济在几十年时间内走过了资本主义几百年的发展道路，从而使社会主义政治民主对经济建设的推动作用得到了空前的显示。我国社会主义政治民主推动了我国经济的快速发展，随着我国社会主义市场经济体制的日益完善，我国社会主义政治民主将会在自身的制度化建设中，进一步发挥推动社会主义市场经济发展的重要作用。

4. 政治民主是个体发展的政治条件

社会政治生活是人类生存和发展的重要领域，人类参与社会政治生活的程度，直接关系到人的全面发展程度。人类社会历史的第一个前提，无疑是有生命的个体的存在。个体的全面发展，对于整个人类的历史发展具有极其重大的意义。也就是说："每个人的自由发展是一切人的自由发展的条件。"① 政治民主首先是以承认个人拥有自由平等地参与政治生活的权利为核心原则的。政治民主的制度化建设，则进一步为社会公民提供了参与政治生活的合法渠道，并有利于促进公民心理条件的形成②，从而为社会个体平等自由地发展创造了条件。

政治民主是有阶级性的，不同性质的政治民主，对于不同阶级成员平等、自由地发展具有不同的作用。资本主义政治民主本质上是为资产阶级利益服务的，对于资产阶级内部

① 《马克思恩格斯选集》，2版，第1卷，294页，北京，人民出版社，1995。

② 参见［美］科恩：《论民主》，238～244页，北京，商务印书馆，1988。

成员而言，政治民主是他们分享权利并寻求平等自由发展的理想政治形式。而对于无产阶级而言，资本主义政治民主不过是意味着资产阶级的政治压迫。公民形式上享有的民主权利与享有权利的实际程度，形成了极大的矛盾反差，体现了资本主义政治民主的阶级差别。资本主义社会的民主实践，是以形式上的公民性掩盖着事实上的阶级性。社会主义民主是绝大多数劳动人民享有的政治民主，让社会主义人民真正享受到真实而广泛的民主权利，最终为个人全面自由地发展创造条件。

政治发展、经济发展和人的发展是互为前提、互相促进的历史过程。专制政治，不仅阻碍了经济发展，而且扼杀了人的个性；近代的人文主义在高扬人性的同时，扬弃了专制政治，也促进了经济发展。然而，随着资本主义社会的全面发展，其资本主义狭隘民主已不能适应资本主义经济发展和劳动人民个人发展的时代要求。社会主义民主是绝大多数人的政治民主，它为社会主义经济发展和个人发展提供了必要的政治条件。随着社会主义政治民主的实践推进和市场经济的快速发展，人的全面发展程度也在逐步提高。

第二节　政治民主的形态

政治民主是现代政治实践的本质特征，传统社会的专制政治，限制了民主基因的实践发育，从而成为资产阶级革命的政治对象。西方的人文主义传承了古代文明的民主基因，形成了现代社会的民主观念。资产阶级建立了资本主义初级形态的政治民主，而无产阶级则建立了社会主义高级形态的政治民主。

一、资本主义政治民主

资本主义的政治民主，是近代资本主义商品经济发展的必然产物。商品经济等价交换和自由竞争的内在逻辑，在政治上必然要求一种具有普遍形式的平等和自由，从而升华为资产阶级政治实践的价值理念。因此，资产阶级在反封建的革命过程中，高举政治民主价值的理性旗帜。在反封建革命胜利后，资本主义政治民主的制度形态也日趋完备。

资本主义政治民主的逻辑结构，可分为民主原则、民主制度和民主权利三大维度。资本主义的民主原则，以抽象的自由、平等、博爱、人权为核心内容，资本主义民主制度和民主权利则是其具体体现。资本主义的民主制度主要包括：议会制、普选制、政党制和分权制衡制等形态。其中，议会制是资本主义民主的基本标志，普选制是资本主义民主的重要形式，政党制是资本主义民主的重要支柱，分权制衡制是资本主义民主的重要机制。资本主义的民主权利，主要包括公民信仰、言论、集会、结社的自由。

就历史地位而言，资本主义政治民主是对封建专制政治的历史扬弃。资本主义民主以议会制代替了封建君主制，从形式上实现了人民主权原则；以选举制代替了封建世袭制，为统治阶级选择政治代理人创造了机会；以公民政治上的平等权利代替封建等级制，从而消灭了存在于不同等级间的政治特权；以公民政治上的自由权利代替了封建人身依附，打破了封建的政治枷锁；以分权制代替了集权制，对防止权力滥用发挥了积极作用；以法治代替了人治，保证了政治秩序的规范性，促进了无产阶级革命的发展，正如列宁所说：

“没有议会制度，没有选举制度，工人阶级就不会有这样的发展。”①

就经济基础而言，资本主义政治民主是以生产资料私有制为基础的上层建筑。它以资本和财产的资产阶级私有为前提，私人资本和财产的多少在资本主义政治民主中起着实际的决定性作用。可以说，资本主义民主本质上是“金钱”政治。同时，资产阶级把商品交换法则应用于政治生活，形成了政治权利和政治过程表面上的平等，从而掩盖了资本主义私有制形式下的社会不平等。正是由于资本主义生产资料私有制的存在，才导致了资本主义民主形式与内容的二元分裂。资本主义民主取消了公开的封建特权，却维护着资产阶级隐蔽的资本特权；它承认了形式上的平等，却掩盖着事实上的不平等。

就阶级本性而言，资本主义政治民主是维护资产阶级阶级利益的政治方式。资产阶级凭借其资本实力对社会政治生活起着决定性作用。无产阶级和劳动人民虽然享有一定的政治权利，但资产阶级民主形式并不能保证它的实现。资产阶级民主决策是为资产阶级的阶级利益服务的，而资产阶级法制是维护资产阶级剥削秩序的。资本主义政治民主本质上是资产阶级的上层民主，并非资本主义社会全体人民的社会民主。因此，资本主义民主只能保证资产阶级政治权利的有效实现。

就民主形式而言，资本主义政治民主是以选举民主为基本形式的平面民主。选举民主的运行机制坚持“多数原则”，实行一人一票制，资产阶级代理人往往通过政治营销策略来争取公民的政治选票，从而形成了平面民主的实践形态。这种平面民主又通过资产阶级阶级利益的多元聚合，形成了资产阶级的政党政治，从而主导着资本主义社会的民主实践。资本主义社会的平面民主，实质上是资产阶级不同阶层权力争夺的政治空间。

二、社会主义政治民主

社会主义的政治民主，是无产阶级和劳动人民通过社会主义革命而建立起来的政治形态，是保证无产阶级和广大劳动人民政治权利得以实现的政治形式。社会主义政治民主是高级形态的政治民主，它批判地继承了资本主义政治民主的优秀成果，建立在生产资料公有制的基础之上，并以无产阶级领导的人民民主专政的新型国家政权为保证，同资本主义政治民主相比，社会主义政治民主具有以下几个方面的特征：

首先，新型国家政权使绝大多数劳动人民真正享有民主权利。资产阶级的政治民主，公民权利虽然在形式上得到确认，但其实质是资产阶级少数人的政治特权。与此不同，社会主义国家，是无产阶级领导的人民民主专政的新型国家政权，人民享有充分的政治民主，而只对极少数危害人民利益的敌对分子实行专政。国家一切权力属于人民，是社会主义政治民主的根本原则，它与资本主义的“主权在民”原则具有本质的不同，社会主义国家的人民是除极少数敌对分子之外的绝大多数社会成员，而资本主义国家的公民实际上只是资产阶级。因此，只有社会主义国家才能真正确立人民的主人翁地位，并能借助这种新型国家政权的专政力量，来保障人民享有最广泛的政治权利。

其次，公有制基础使人民当家作主的政治原则得到了充分体现。一切政治问题都根源于社会经济关系。在资本主义社会，无产阶级和广大劳动群众，因缺乏生产资料而无法享

---

① 《列宁选集》，3版修订版，第4卷，38页，北京，人民出版社，2012。

受真正的民主权利，而真正享受民主的则是那些控制国家经济命脉的垄断资本家。与此不同，社会主义民主是建立在生产资料公有制基础之上的政治形式，无产阶级和广大劳动群众在经济上获得解放，享有对生产资料的所有权和支配权，这就为他们以民主方式协调相互之间的关系，解决内部的非对抗性矛盾提供了坚实的物质基础。以公有制为基础的生产关系，构成了社会主义政治民主的经济基础，也规定着社会主义政治民主的人民性特质。

再次，民主集中制为社会主义民主政治确立了全新的组织原则。资产阶级政治民主的虚伪外观，不仅不能改变其资产阶级专政的阶级实质，而且其政治运行越来越暴露出尖锐矛盾。一方面，为了更有效地维护资产阶级的阶级利益，国家事务的决策权和管理权越来越集中在少数官僚手中，他们作为资产阶级的代理人，形成了高高在上的所谓精英集团；另一方面，资本主义私有制又为个人主义膨胀提供了适宜的政治土壤，从而将所谓的民主参与扭曲成了极端的自由主义。与此不同，社会主义奉行民主集中制原则，它一方面保证人民当家作主的政治权利；另一方面强调民主基础上的集中和集中指导下的民主的有机统一。民主是集中的基础，只有充分发扬民主，才能达到正确的集中；集中是民主的指导，只有实行正确的集中，才能实现真正的民主。因此，社会主义民主本质上是高度民主和高度集中的辩证统一。

最后，核心政治实践构建了社会主义协商民主制度的立体形态。资本主义政治民主是以选举民主为运行机制、以多数原则为价值取向的平面民主。而社会主义政治民主则是以协商民主为运行机制、以共识原则为价值取向的立体民主。这种立体协商民主源于人民型政治实践的自组织化。人民不是个人集合而是主体系统，人民主体系统的自组织化运演，必然把最能动的政治力量内聚为自身的神经中枢，以此形成了人民型政治实践自组织化系统的主导轴心，从而形成了社会主义核心政治的实践机制，构建了当代政治生活主导因素核心化的实践形态。核心政治标识着政治核心主导政治生活的实践方式，它是人民型政治实践自组织化的必然结果，是社会主义政治实践的基本特征。共产党已历史地成为人民型政治实践的领导核心，从而构建了社会主义核心政治的民主机制，彰显了社会主义民主实践的政治优势。

总之，社会主义政治民主是社会主义制度的基本特征，也是社会主义政治发展的根本目标。发展社会主义政治民主、建设社会主义政治文明，是社会主义现代化建设的根本任务。当前，我国正沿着中国特色社会主义政治发展道路，发展中国特色社会主义政治民主，全面推进社会主义政治生活的现代化进程。

第三节　政治民主的实现

民主作为一种国家形态，其存在和发展必然要受到社会经济、政治和文化等因素的影响和制约。无论是民主意识的产生还是民主权利的行使，都要求民主政治的实践运行具有一定的社会条件，进而具有其自身的实践路径。

一、政治民主的实现条件

任何一种政治现象都不能孤立地存在和发展，政治民主的实践运行也必须在一定的社会背景中进行。因此，政治民主的实践运行也必然以社会经济、政治和文化发展为基本条件。

1. 经济条件

经济是政治的根源，政治民主的产生、存在和发展，都是由社会经济基础决定的，经济基础对政治民主的决定作用，主要表现在以下三个方面：

首先，生产资料所有制关系决定政治民主的基本性质。在阶级社会，人类社会的政治关系都是以生产资料所有制关系为基础的，政治民主也是如此。生产资料所有制关系，从根本上决定着政治民主的享有主体、实现范围和真实程度。换言之，所有制形式决定着政治民主是少数人的民主还是多数人的民主，是形式上的民主还是实际上的民主，是虚幻的民主还是真实的民主。所有制关系是发展政治民主的物质根基和主导轴心。

其次，生产力发展水平决定着政治民主的实现程度。社会生产力的发展水平，尤其是商品经济的发展程度，为政治民主建设提供了必要的物质基础。人类社会政治民主的不断发展，都是在社会生产力发展的基础上实现的。现代社会商品经济的快速发展，不仅极大地推动了政治民主化程度的提高，而且为政治民主奠定了物质生活的社会基础，从而使经济生活的民主原则成为政治民主原则的直接来源。政治民主的日益发展，越来越依赖于社会生产力和商品经济的高度发展。

最后，物质利益关系决定着政治民主的价值选择。在阶级社会中，统治阶级对政治民主形式的选择，总是从有利于维护自身的物质利益出发的。政治民主作为阶级社会的政治形式，是历史必然性与主体选择性的有机统一。政治民主作为阶级统治的政治手段，容易使统治阶级获得政治统治的合法性和稳定性，这不仅有利于统治阶级整体利益的有效实现，而且有利于统治阶级内部利益关系的优化调整，进而也有利于统治阶级长远利益的最终实现。

如果民主要取得最大成效，“就必须消灭经济上严重的不平等”①。社会经济条件从根本上决定着政治民主的存在和发展，任何国家的政治民主建设，都只能根据其经济发展所提供的现实条件来进行，既不能脱离经济基础的性质，也不能超越经济发展的水平。

2. 政治条件

政治民主是现代社会政治体系的重要组成部分，它的实现程度和发展水平，也必然受政治体系整体状态的制约。

首先，政治体系的基本性质决定着政治民主的存在形态。社会政治体系的本质是统治阶级的统治体系，统治阶级的利益支撑着政治体系的构架，统治阶级的意志支配着政治体系的运转。因而，统治阶级的政治统治，也必然支配着政治民主的存在形态，决定着政治民主的性质和方向。政治统治的性质不同，决定着政治民主的性质也不同，进而决定着政治民主的发展目标和发展方向也不相同。

其次，政治体系的稳定发展构成了政治民主的实现条件。政治民主既是统治阶级有序进行权力分配的有效方式，又是人们合法参与政治生活的政治形式。政治体系内民主生活的开展，完全依赖于政治体系的整体运行状态。政治民主的实现，是政治体系在常态下的

---

① ［美］科恩：《论民主》，119页，北京，商务印书馆，1988。

实践过程。如果政治体系处于非常态之下，政治民主的发展过程就会受到严重危害。因此，化解政治矛盾、消除不稳定因素、保持政治体系协调稳定的发展，是政治民主得以实现的必要条件。

最后，政治体系的法治状况制约着政治民主的发展程度。政治民主的发展，需要法律制度的保障。统治阶级只有用法律体系，把有利于自己的政治民主制度固定下来，并以法治的方式加以维护，才能使政治民主获得持续发展的可能性和可靠性。同时，公民政治权利也只有得到法律制度的确认和保障，才有可能具有真实性和可操作性。如果政治生活的法治状况较差，那也就不会有正常的政治民主生活，更不会有政治民主实践的健康发展。

3. 文化条件

政治民主的发展，既需要有充分的物质条件，也需要有充分的精神条件。政治民主的逻辑结构有两个层面：作为政治理念的政治民主，反映着人们对政治民主生活的理性认知和价值取向，包含着人们对政治民主形式的政治设计和理性追求，从而成为人们从事政治民主制度建设的主观导向和内趋动力；作为政治制度的政治民主，是政治民主发展状况的客观标志，体现着人们对政治民主生活的刚性规范，是政治理念的物化形态和外在表现。政治民主的政治理念和政治制度，都形成于现代政治生活的政治实践过程，并进而形成了政治民主内在结构的互动格局。

理念层面的政治民主作为政治民主生活的文化形态，对政治民主的制度化建设具有前提性的意义。如果没有科学的政治民主理念，政治民主的制度化实践就会因缺乏正确的价值导向而失去理性支撑。如果没有正确的政治民主意识、健康的政治心理取向以及合理的民主价值标准，健全的政治民主制度则难以建立，即使建立起来也不可能获得正常的运转。因此，人们的政治文化素质是政治民主发展的文化条件，强烈的民主精神是政治民主实践的理性前提。

二、政治民主的实现途径

社会经济基础和利益关系决定着政治民主的性质。但是，社会经济基础和利益关系的确立，并不意味着统治阶级成员的政治权利能够自然得到平等实现。为了平等地实现统治阶级成员的政治权利，并协调其内部利益关系，还必须完善必要的政治形式。这种政治形式的完善过程，也就是政治民主的发展过程。政治民主的发展过程，在不同的社会形态、历史条件和发展阶段，有着不同的内容。从现代政治民主的发展实践来看，政治民主建设应从以下几个方面着手：

第一，大力发展市场经济。政治民主的基础性建设包括经济、社会和文化等方面的建设，市场经济是现代民主政治的必要物质基础。在特定的经济基础上，政治民主与社会经济发展水平和商品经济发展程度紧密相关。一方面，政治民主使公民政治权利得以实现，而公民只有首先实现了生存权，才能去实现政治权利，生活贫困的人们以谋生为第一要事，既没有闲暇，也没有兴趣去参与政治生活，关心公共事务。同时，低水平的社会经济也不能承担政治民主过程的政治成本。因此，大力发展社会生产力，才能够为政治民主提供必要的物质基础。另一方面，政治民主观念是市场经济观念的立体上升，政治民主规则是商品经济规则的政治运用。因此，建立商品经济的制度框架，完善商品经济的运行机制，是发展政治民主的必要途径。

第二，全面培养民主精神。民主观念的强弱与教育程度有密切关系，民主观念的培养有赖于全方位的教育实践。这种全方位的教育实践，除了学校教育之外，还包括舆论引导、家庭熏陶、社团影响等信息沟通的多维途径。其中，新闻媒体在现代民主政治建设中起着重要作用，主要发挥着反映民意、传播信息、实施监督三项职能，这些职能发挥得越充分，民主建设程度越高。新闻媒体既能促进人民表达自己的政治意愿，又能帮助国家获得各方的政治信息，在国家与人民的信息互动过程中，推动现代社会民主政治建设的实践进程。

第三，全力推进法治建设。政治民主的实践推进，不能仅仅依靠传统力量，而更要依靠法律约束。法治的程度影响着民主的程度，法治的进程框定着民主的运行。法治既是对公民享受民主权利的保护，也是对侵害公民民主行为的限制，法治取代人治，就彻底否定了“残酷斗争，无情打击”的不民主现象，从而保证民主政治生活的健康发展。在立法、司法和执法三个环节中，我国在立法工作上已取得突出成绩，问题主要表现在司法和执法上，司法队伍素质不高、司法地位不够突出，是迫切需要解决的问题。党的十八届四中全会的召开，确立了建设社会主义法治国家的政治战略，标志着我国已迈入社会主义法治建设的新阶段。

第四，着力丰富民主形式。丰富民主形式，是民主政治建设的自身路径。社会主义民主政治建设必须坚持党的领导、人民当家作主与依法治国有机统一，以保证人民当家作主为根本原则，以增强党和国家活力、调动人民积极性为基本目标，拓展社会主义民主政治的实践空间，加快建设社会主义法治国家，发展社会主义政治文明。同时，更加注重改进党的领导方式和执政方式，保证党领导人民有效治理国家；更加注重健全民主制度、丰富民主形式，切实保证人民依法实行民主选举、民主决策、民主管理、民主监督。着力丰富社会主义协商民主的实践形式，进一步推动协商民主全方位、多层次、制度化发展，全力构建社会主义核心政治实践的立体形态。

政治文明

人类社会生活主要包括物质生活、精神生活、政治生活和社会生活四大维度。人类的四维生活结构同时产生了四种文明形态：改造自然界的积极成果叫物质文明；改造主观世界的积极成果叫精神文明；改造政治关系的积极成果叫政治文明；改造公共生活的积极成果叫社会文明。政治文明作为人类改造政治关系所获得的政治成果的总和，是人类文明的重要组成部分，它反映着整个民族国家的文明水平，是人类文明产生的重要标志之一。

第一节 政治文明的内涵

文明相对于愚昧和野蛮而言，是指人类社会的进步状态。政治文明则是指人类政治生活的进步状态。政治文明是人类社会政治实践的历史产物，既是人类政治实践所获得的积极成果，又是人类政治生活不断追求的价值目标。它意味着人类政治生活摆脱了以愚昧和野蛮为基本特征的人际关系，进化到了人类社会权力自觉的政治状态。

一、政治文明的含义

早在1844年，马克思在《关于现代国家的著作的计划草稿》中，就有了“集权制与政治文明”的表述，但其内涵尚未展开。就这一表述所涉及的观念背景来看，马克思观念中的政治文明应该是指与集权专制相对立的现代民主政治的制度结构。随着20世纪80年代我国“两个文明建设”的实践推进，一些学者提出“政治文明是一个独立的文明结构”的命题，并进行了相应的理论探索。在基本概念上，学者们试图从多个角度来解读政治文明，主要集中体现为以下几种观点①：

第一，政治状态进步说。很多学者从“文明是人类社会的进步状态”这一界定出发，对政治文明的含义提出了自己的见解。他们强调：首先，政治文明是一种政治生活状态。其次，这种政治生活状态是一种进步的政治生活状态，因为政治生活状态可以有进步的，

① 参见闫东：《近年来社会主义政治文明研究述评》，载《毛泽东邓小平理论研究》，2005（2）。

也可以有落后的，而政治文明反映的则是政治生活的一种进步状态。最后，从静态的角度看，它是人类社会政治进程中取得的全部进步成果；从动态的角度看，它是人类社会政治生活进步发展的具体过程。

第二，政治成果总和说。持这种观点的学者认为，政治文明是人类改造社会所获得的政治成果的总和，是人类政治智慧的结晶和政治发展程度的标志。具体地说，政治文明是指每一种社会形态中由生产力和生产关系所决定的政治上层建筑的发展水平。这种发展水平的具体体现，就是在某种政治理念指导下政治制度的设置和管理方法的运用，包括政治信仰、政治文化、政治氛围、政治传统、政治手段、政治机制等内容。

第三，政治秩序良好说。一些学者强调，政治文明实质上是一个社会健康的政治秩序的体现，是在政治生活制度化基础上形成的一种良好的政治秩序。人类在不同的历史时期和不同的社会环境中会产生不同类型的政治文明，但是无论哪一种政治文明，对那个特定的时代、特定的地域来讲，都是相对于政治无序而言的。没有良好的政治秩序，就谈不上什么政治文明。因此，在政治文明研究中，政治秩序应该是重点考察的概念。

第四，政治理念实现说。这种观点认为，政治文明表现为关于“民主、自由、平等、解放的实现程度”。具体表现为：(1) 在最大程度上发挥人们的政治积极性，使更多的人能够参与国家政治生活；(2) 为实现共同的政治目标，人们有充分的机会表达自己的意见，使有利于社会进步的意见和倡议能发挥作用；(3) 在维护公共社会秩序中，最大限度地保护人们的正当权利，使绝大多数人都能心情舒畅；(4) 人们在政治生活中，尤其是政治领导者表现出良好的政治品德，自觉维护人民的利益。

第五，政治行为合理说。有的学者认为，一般意义上的文明就是指人类行为的合理性，而政治文明则应该是人们合理地对待政治生活，或者说在政治生活方面人们行为的合理性。

我们认为，政治文明是政治主体在追求政治价值过程中所取得的积极成果，它表征着政治生活的进步状态和文明程度，代表着人类政治实践过程的价值沉淀。从逻辑的维度看，人类文明可分为物质文明、精神文明、政治文明和社会文明四大逻辑形态。作为人类文明产生最终标志的政治文明，构成了人类文明历史演进的主导轴心，内导着人类文明发展的根本方向。它既是人类文明分化的最高层面，又浓缩着人类文明发展的时代精华。

二、政治文明的内容

人类政治文明的内容具有多元性，这种多元性主要表现为政治主体文明、政治活动文明、政治关系文明三大基本内容。

1. 政治主体文明

政治文明就是人的活动在政治领域所取得的积极成果，任何活动的设计和安排都离不开人，政治文明建设的推进也离不开人。在一定意义上讲，政治主体的性质决定政治文明的性质，政治主体的文明程度决定政治文明的发展状况，因此，政治主体文明是政治文明的核心内容。离开政治主体的文明，政治文明将成为无源之水、无本之木。政治主体既可以是一个具有政治意识和政治人格的自觉个体，也可以是以共同的政治理想和政治纪律而组成的政治组织，还可以是基于共同的根本利益而形成的政治群体。也就是说，政治主体可分为个体和群体两类。这种多元的政治主体在不同国家和社会发展的不同阶段具有不同的表现形式，在社会政治生活中处于不同的地位，扮演着不同的角色。随着人类社会的发展，政治主体的地位通过法律程序予以确认。无论何种形式的政治主体，他的理性化程度如何，以什么样的动机和方法从事政治活动，代表着什么人的利益，这些都是检验政治主体文明程度的重要标志。

从政治个体方面考察，政治主体文明主要体现在以下几个方面：第一，合理的政治价值追求。政治价值是引发政治实践的原动力，在个体政治文明中处于最高层面。合理的政治价值应该体现在对政治自由、政治民主、政治平等的追求上。第二，优化的政治知识结构。随着政治社会化的不断发展，政治生活的盲目性日渐消除，因此，对参与政治生活的政治人的知识结构也提出了新的要求。政治人优化的知识结构应该包括：政治哲学、政治科学、法学、管理学、行政学、经济学、社会学等多种学科的知识体系。第三，较强的政治参与能力。政治参与能力是指单个的政治主体在政治生活中获取政治资源、促进政治发展的能力。单个政治主体要想获得政治参与能力，必须提高其社会实践能力，优化其自身的知识结构，代表社会发展的进步力量。

从政治群体方面考察，政治主体文明主要体现在以下几个方面：首先，政治群体的基本性质。这主要指是否是公共利益的代表者及其代表的程度，是否具有合法性基础，能否得到绝大多数社会成员的支持。只有代表最广大人民群众根本利益的政治群体，才会符合历史发展的时代潮流，才能在政治生活中不断推进政治文明的发展。其次，政治群体的政治理念。政治理念是政治文明的潜在因素，作为一种理性认识和价值观念的高度浓缩，它更能从本质上反映政治文明的性质，在一定意义上讲，政治文明的建设过程就是政治理念的变迁过程，它关系到一个国家政治制度的发展方向。最后，政治群体的政治能力。这主要指群体政治生活的组织能力、群体政治资源的整合能力、群体政治角色的分配能力及群体成员行为的规导能力，等等。

2. 政治活动文明

政治活动作为政治实践的表现形式，就是人们为了政治利益而围绕国家权力进行的社会活动。政治活动是政治生活的感性表现，政治活动文明体现着政治文明的发展水平。从主体角度来看，政治活动有个体政治活动与群体政治活动之分。个体政治活动包括公民、政治官员、政治领袖等政治个人进行的政治活动；群体政治活动包括阶级、阶层、政党、民族、社会团体和利益集团等政治群体进行的政治活动。而政治活动的内容往往表现为：政治革命、政治改革、政治统治、政治管理、政治参与和政治治理等。

政治活动反映了政治主体的政治目的、政治立场和政治态度，受政治主体政治意识的影响，受政治环境客观因素的制约，受政治活动基本规则的限制。可见，政治活动的性质关系着政治生活的进步，政治活动将影响政治发展的结果。那么，究竟什么样的政治活动才是文明的，政治活动文明的判断标准又是什么，这是政治文明建设所要解决的重要问题。作为涉及国家政权的实践活动，诚然有着复杂的阶级利益和时代背景，但它无法摆脱政治实践的基本特征，即实践活动的主观意识、实践活动的运行方式和实践活动的最终结果。所以政治活动有其活动目的、活动方式和活动结果，这是一切政治活动的共性所在，也是我们判断政治活动文明的切入点。为此，要判断政治活动文明，可以从下面三个方面来把握：

首先，要符合人类社会的发展规律。顺应社会的发展趋势和时代要求是文明的基本特征，也是政治活动文明的内在规定。政治活动是一种上层建筑的主导行为，离不开经济基础的发展要求，应遵循上层建筑适应经济基础的发展规律，否则就会阻碍社会经济的良性发展。人类社会发展是生产力水平不断提高的文明成果，是生产关系适应生产力发展的历史逻辑。社会发展是人民大众改造社会所取得的文明成果，每个人都不能改变社会发展的大趋势，即使个人是政治权力的最高控制者，也不能开历史倒车，只有把个人的力量融入社会先进代表的群体行为中，才能显示出巨大的政治威力。政治活动只有符合这一规律，才能从总体上说是符合潮流的。当国家政权执掌者的政治活动严重地违背了社会发展的规律，实行反动专制统治时，必然导致政治斗争，进而促使政权变更。

其次，要符合人民大众的根本利益。政治是一种上层建筑，谁拥有了政治权力，谁就有条件去支配整个国家的公共资源，那么政治主体的政治目的和政治立场就决定了他是为谁服务的，他又为谁实现了什么。由于政治具有阶级性和民族性，所以不管在哪个时代哪个社会中都有相对先进的政治群体。历史是人民大众创造的，劳动大众是社会发展的推动力，劳动人民的根本利益往往与社会进步是一致的。人民大众的根本利益，构成了衡量政治活动文明的永恒标尺。它既是政治活动文明的根本准则，也是政治主体行为的价值取向。如果只是为少数人谋利，为局部利益着想，往往会偏离政治发展轨道，阻碍社会发展进步，其必然导致为了小部分人的利益而损失更大部分人的利益，这种活动无文明可言。

最后，要符合政治生活的有序原则。政治涉及的是公共权力的获取和公共利益的分配，牵涉大众的利益问题，政治活动更多的是一种群体行为。既然政治活动是群体行为，就需要有一定的行为准则，才能整合各个政治主体的利益诉求。只有政治活动有序进行，才能实现政治目的，才能满足政治主体的利益要求，才能使政治大局趋于稳定。政治活动的有序原则，就是依据某种行为规范来进行政治活动，这些规范表现为一定的规章制度。简而言之，有序包含两个方面的含义，一是合理性，二是合法性。“理”是指合乎规律，“法”则是指秩序规定。“理”是不以人的意志为转移的，“法”首先要合理才是善法。当“理”与“法”一致时，即一个政权能代表社会的前进方向时，它的法律法规就能代表社会大多数人的利益，遵守法律法规，合法地进行各种政治活动就是文明的行为。当“法”与“理”不一致，“法”超前或滞后于“理”时，政治活动即便合法也是不文明行为，如果此时打破“法”的束缚，按“理”的原则进行的政治活动则是文明行为的表现。

以上三个标准既紧密结合，又互相关联。第一个标准和第二个标准是政治活动文明的出发点和落脚点，是政治活动最基本的政治准则，也是判定政治活动文明的前提条件。当这种政治活动不符合社会发展的规律或不符合人民的根本利益时，就不是进步的活动，更不可能是文明的活动。第三个标准是政治活动文明的保证条件，是实现政治活动目的的根本保证。这三个标准是紧密结合、缺一不可的。

3. 政治关系文明

政治关系是人们在社会生活中，基于社会利益关系而形成的，以强制力量维持的社会关系。政治关系内含着三个层次的关系：首先，政治利益关系。利益关系是由人们的需求引起的，特定的社会经济关系决定利益关系。其次，政治权力关系。人们为了实现自己的利益，在社会利益关系的基础上结成了特定的社会政治力量，并在这种力量对比关系中形成了政治权力关系。最后，政治权利关系。政治权利关系就是在社会利益关系基础上形成的，由政治权力保障的社会成员对共同利益主张的法定资格。因此，政治关系文明就必然逻辑地演化为政治利益关系文明、政治权力关系文明和政治权利关系文明。

首先，政治利益关系文明。政治利益关系文明主要指社会成员在追求利益的过程中，能够有效协调彼此之间产生的各种矛盾，以及各利益群体的利益能够相对均衡地得到实现，较少出现暴力性的冲突和对抗。由于社会是由不同目标追求的人组成的，又由于社会资源的相对稀缺性和有限性，社会中的每一个人和每一个团体都有着自身特殊的利益诉求，而在追求利益最大化的时候必然有冲突的一面表现出来。考察人类社会历史发展的进程，我们不难发现，政治动荡乃至政治革命的发生，都是不同群体政治利益以及相应政治力量激烈冲突和对抗的结果。同一群体中不同成员的利益矛盾，以及不同群体之间的利益矛盾，都会引起政治关系的变化发展。因不同群体间的利益矛盾引发的政治对抗不利于社会政治稳定，阶级斗争就是阶级矛盾激烈冲突的政治表现。诺贝尔奖获得者、美国经济学家舒尔茨说过：“一个社会的消费者中穷人太多，富人太富，迟早要出问题。”伴随着社会的全面转型，我国进入了社会利益矛盾的多发期，不同群体利益差距的不断扩大，已成为影响政治和谐的重要因素。强化政治利益的共同体意识，构建“共赢共享”的利益关系格局，是构建社会主义和谐社会的基础工程。

其次，政治权力关系文明。政治权力关系文明是指特定公共权力之间能够在法律框架内有序运行，权力配置合理，彼此各司其职，较少出现越权、推诿、争夺等不协调现象，各种权力之间表现出协同互动的运行机制。从政治权力的横向角度划分，政治权力关系文明指立法权力、行政权力和司法权力之间的合理配置。立法权力、行政权力和司法权力是社会公共权力的一种功能性划分，显示的是公共权力的横向结构关系，三种权力各有其职责范围和与之对应的机构体系。我国的权力配置方式不同于西方，我国实行议行合一原则和人民代表大会制度，我国的一切权力属于人民，这种权力划分和组织模式适合我国国情，具有中国特色。从政治权力的纵向角度划分，政治权力关系文明指中央权力与地方权力关系的合理配置。中央权力与地方权力之间的关系，显示的是特定社会的纵向政治权力结构关系，实际上是社会整体利益与特定部分利益关系在权力关系上的体现。中央与地方权力的关系协调与和谐运行，必然是指两者的适度分权。通常情况下，无论是哪一方的过度集中，都不利于政治权力功能的有效发挥和政治生活的健康发展。从我国目前构建和谐社会的宏观背景分析，中央与地方权力关系的和谐运行显得尤为重要。同时，还有执政党党权与立法、行政、司法权力关系的合理配置。社会公共权力是全社会范围内的政治权力，是全体社会成员共同利益的力量凝结，而执政党作为统治阶级的核心组织，组成人员范围小于社会成员，所以两种权力关系还存在和谐相处的问题。政党权力与公共权力的关系是否和谐，关键在于执政党的领导方式和执政方式，在于执政党对于国家政治生活的领导是否纳入国家法律制度范围之内，是否做到了依法执政、科学执政和民主执政。

最后，政治权利关系文明。当前世界各国宪法对于公民政治权利的规定，可以概括为四类权利：自由类权利、平等类权利、参政类权利和诉愿类权利。政治权利是政治关系的有机组成部分，是现代民主政治生活的基本内容。政治权利关系文明是指社会成员主张共同利益的资格在政治权力的确认和保障下通过法律得以实现，权利主体的自觉性、法律法规的规定性，以及权利义务的统一性共同发挥作用，较少出现权利主体与其他力量的分离。政治文明发展的过程必然是一个政治法治化的过程。政治法治化的要义就是法律具有至高无上性，从而成为人们裁决政治行为的终极力量，法律是政党政府以及司法活动的最终导向和唯一准绳，不论是政府还是个人，都必须完全接受法律的约束。同时，政治权利关系文明还表现为权利主体具有政治权利意识。和谐社会是以人为本的社会，所以，我们不能忽视人在和谐社会中的重要主体作用。无论社会阶层中的个人还是群体，只有具备了现代公民素质，才能去关心、争取和实现自己的权利，包括政治权利。公民是权利与义务统一体的承担者，政治权利与政治义务是不可分割的两个方面。政治义务是政治权利的伴生物，权利与义务两方面共同构成公民政治行为的统一体，即公民在享受政治权利的同时，必须承担相应的政治义务，公民享用多大的政治权利，就承担多大的政治义务。因此，政治权利与政治义务的统一性，构成了政治权利关系文明的重要内容。

第二节　政治文明的形态

政治文明不仅是人类文明产生的最终标志，而且在人类社会的历史演进中起着主导作用。因此，政治文明就成为整个人类文明的主导轴心和核心结构。政治文明本身是一个多层次的复合体，具有其自身的三维结构。它可以逻辑地分为政治意识文明、政治制度文明和政治行为文明三大层面。

一、政治意识文明

政治意识是一种观念形态，是政治存在的观念升华，也是人类政治实践的逻辑内化。它既是人类政治活动的历史产物，又是人们政治行为的逻辑前提。政治意识作为政治领域的精神现象，是人类社会政治活动的观念反映，是人们在特定的社会历史条件下形成的政治态度、政治情感、政治认识、政治信念和政治价值的复合存在形式，它形成政治系统的观念形态，构成政治生活的柔性结构。作为一种无形的精神力量，政治意识左右政治主体的政治行为，影响人类社会的政治面貌，制约人类社会的政治发展。政治意识有不同的具体内容：既有不为任何人所垄断的、在政治生活中直接形成的、不自觉的、不系统的、不定型的、较为零碎的社会政治心理，也包括人们通过对政治感性认识进行抽象加工而形成的政治思想。这种理性化的政治思想在政治意识中居于主导地位，集中反映特定阶级的根本利益。

政治意识作为政治生活的观念产物，其内容和形式必然伴随历史条件的改变而改变。不同的历史发展阶段，由于经济关系、阶级关系的多元性和异质性，政治意识有不同的时代内容和演进轨迹，即使是在同一社会形态的不同时期，政治意识也表现出不同的时代特征，但其阶级性是政治意识最本质的特征。当然，政治意识是一个民族在长期历史过程中形成的，民族是政治意识依存的主要载体，因而政治意识作为维系一个民族的牢固纽带，同时具有民族性的特征。

政治意识文明作为政治文明的第一大逻辑维度，是人类社会政治文明的观念形态。政治意识文明又分为政治心理文明和政治思想文明两个层面。政治心理文明是人类政治实践活动心理内化的积极成果，表现为进步的政治理念和合理的政治思维，在人类社会政治活动中起着潜在的作用，从而构成了人类社会政治活动的心理坐标。而政治思想文明是政治思维的理性结晶，表现为一定的政治观点和政治学说，在人类政治活动中起着导向的作用，从而构成了人类政治活动的理性坐标。人类政治思想分为剥削阶级政治思想和无产阶级政治思想两大类型：剥削阶级政治思想为剥削阶级政治统治服务，是一种狭隘的政治思想文明；而无产阶级政治思想则成为无产阶级翻身求解放的思想武器，是人类政治思想文明的全新形态。马克思列宁主义构成了无产阶级政治思想的理论体系，马克思主义中国化构成中国马克思主义政治思想的时代精华。

二、政治制度文明

政治主体在政治领域所进行的政治实践活动，都不同程度地围绕政治制度这一核心问题展开，建立和巩固政治制度是政治斗争的直接目的。政治制度是特定社会占统治地位的政治主体，通过组织政权以实现其政治统治的原则和方式的总和。它表征着政治社会的阶级关系，反映了社会各阶级的政治地位以及社会生活中各种政治力量的对比关系，而且它对阶级利益的调节作用，主要是固化阶级利益的对立格局，把利益冲突纳入制度化轨道并将其置于一个可控的范围。

政治制度由国家正式颁布和强制执行，在具体运行过程中，以国家机器为后盾，代表统治阶级的意志，对全社会具有普遍的约束力。政治制度对整个社会的影响和作用，无论在广度、深度和强度上，都是其他规范所无法比拟的，其他社会制度必须服从和服务于政治制度的内在要求，在政治制度允许的范围发挥自己的作用。政治制度以其特有的功能制约着其他社会制度发挥作用的程度和范围，并以其特有的权威性，引导和保证社会发展的方向。政治制度的功能发挥得如何，取决于政治制度是否适应社会发展的需要。政治制度是否具有广泛的阶级基础，集中体现在维护什么人的利益，是否与其他社会制度体系的功能相适应，是否容纳乃至代表社会各方面的利益要求，以及是否根据社会发展的要求，进行及时有效的变革和调整。这些无疑表现着政治制度文明的发展水平，也是人类社会政治文明的主要内容和表现形式。

政治制度文明是政治文明的核心内容，它构成了政治文明的主导结构，也表征了政治文明的第二大逻辑维度。[①] 人类社会活动需要有一定的制度来规范，社会制度有三大逻辑形态，经济制度规范经济活动，政治制度规范政治活动，而文化制度规范文化活动。因而有经济制度文明、政治制度文明和文化制度文明之分，而政治制度文明则是制度文明三大层面的核心内容。政治文明和制度文明在本质上是同位的，制度文明构成了政治文明的主导轴心。人类政治制度文明分为专制制度文明和民主制度文明两大历史类型，其形成本质上根源于人类的经济活动。自然经济和商品经济是专制制度和民主制度存在的不同基础。若从政治制度的创设主体和维护的阶级利益来看，剥削阶级国家政治制度都建立在私有制基

---

① 参见王惠岩：《建设社会主义政治文明》，载《政治学研究》，2002（3）。

础之上，是维护剥削阶级利益的政治制度；社会主义国家政治制度建立在公有制基础之上，是维护广大人民群众利益的政治制度。社会主义消灭了人类历史上的剥削制度，构成了人类政治制度文明的最高形态。而社会主义政治制度文明又是发展过程中的文明形态，必然具有其自身的不完善性。我国当前社会主义政治文明建设的根本任务，就是要不断提升政治制度文明的时代平台，构建社会主义和谐社会。在当代中国，人民代表大会制度、中国共产党领导的多党合作和政治协商制度、民族区域自治制度以及基层群众自治制度，构成了中国政治制度的核心内容和基本框架，体现了中国特色社会主义民主政治的制度表达。

三、政治行为文明

政治行为文明是一种秩序文明，直接表现为政治行为的有序化。政治主体在政治意识的驱动之下，在政治领域中就会发生行为性的外在表现，这种政治意识的外化形态就是政治行为。人类社会的政治生活，正是通过一系列政治行为，政治利益才最终得以实现。随着人类社会的发展和政治社会化进程的加快，社会生活日益与政治联系在一起，许多重大问题都必须借助政治行为去解决。政治行为作为社会行为的一种，以各种方式延伸到社会生活的各个领域，对社会生活产生一定的影响，力图使整个社会的运行有利于统治阶级的统治。一旦出现有损于统治阶级利益的现象，统治阶级便会利用各种手段予以干预，使其合乎自身利益的政治要求。尽管存在自然的和社会的重大差异，但社会成员都自觉不自觉地通过各种各样的政治行为表达自己的政治意愿。因此，从某种意义上讲，政治文明更多地表现为政治行为文明，通过政治主体的政治行为文明来体现。

由于社会成员利益要求的千差万别，使得政治行为不可能千篇一律，不同的政治行为，其作用和效果是不同的。从社会发展的维度考察，凡是能够推动政治现代化进程的政治行为，无论是否合乎当时的法律规范，是否给当时的政治生活带来政治波动，都可认为这种政治行为的作用是积极的；反之，有些政治行为即使维护了当时的政治稳定，合乎当时的法律规范，也不见得具有积极意义。判断政治行为是否具有积极意义，关键要看政治行为是否代表了社会中绝大多数人的利益。对于政治行为的判断不可绝对化，有些政治行为反映了历史趋势，凝聚了社会力量，能够推动社会发展。有些政治行为不仅缺乏理性而且缺乏组织性，以极不规范的方式表达政治主体的意志，破坏社会秩序，搅乱稳定局面，妨碍国家机器的正常运转，甚至有可能威胁现有政权的存在。有些政治行为反映一部分人的局部利益，维护既得利益集团的利益，实质上也是一种反动。还有些政治行为同时产生几种效应，这些都应纳入政治行为文明坐标加以审视。正因为政治行为会产生不同的作用，因而每个国家都十分重视对政治行为的规范和管理。

政治行为文明作为政治文明的外在表现，是政治主体自身政治素质的行为展示，它构成了政治文明的第三大逻辑维度。政治行为主要是围绕特定利益展开的，政治行为的理性化程度如何；政治行为是否具有良好的心理环境和政治价值；政治行为是否纳入规范化、程序化、制度化的轨道；政治行为的效能如何，与预期的效果是否相统一，这些综合性指标便成为审视政治行为文明的理性视角。在传统政治文明的历史平台上，政治权力的运作表现为对内高度集权、对外自我封闭，具有其明显的人治特征，往往形成“人存政举、人亡政息”的政治局面，这是专制政治的特有现象。[①] 而在现代政治文明的时代平台上，政治主体具有较高的现代政治素质，政治决策日益走向科学化和民主化，权力运行面向社会开放，公民具有政治参与的基本权利，社会也形成了政治监督的纠偏机制，这是民主政治的基本特征。一般而言，凡是受政治制度规范的政治行为本质上就是文明的政治行为，凡是违反政治制度的政治行为则是不文明的政治行为。特别值得一提的是，以特殊利益侵扰普遍利益为本质特征的政治腐败，严重地危害了人类社会的政治生活，乃是人类政治行为文明的异化现象，必将随着人类政治文明的历史提升而得到有效遏制。从完善政治制度的角度来看，运用政治机制来消除政治腐败，既是我国当前反腐败斗争的时代需要，也是提升我国当前政治行为文明的时代重任。

政治意识文明、政治制度文明和政治行为文明，构成了人类社会政治文明的三环结构，展示了政治文明自身结构的逻辑框架。在人类社会政治文明的三维结构中，政治制度文明始终是政治文明的核心层面和主导结构，它内导着人类政治文明发展的历史轨迹。人类政治生活的制度化水平，是衡量政治文明发展水平的历史标尺。我国当前政治文明建设的根本任务，就在于我国社会主义民主政治的规范化、程序化和制度化。

第三节　政治文明的实现

政治文明作为政治实践活动的价值沉淀，是政治主体追求政治价值的积极成果，它表征着政治生活的进步状态。政治文明作为人类文明历史演进的主导轴心，内导着人类文明发展的方向，同时作为人类政治生活的理想状态，必然随着政治生活的发展而不断提升。

一、政治文明的演进规律

文明表征着人类改造世界积极成果的总和，消极结果乃是人类文明的异化现象。人类文明是人类改造世界的价值沉淀，是人类凭借自己的能动活动所构建起来的价值平台。人类文明具有四维结构，即物质文明、政治文明、精神文明和社会文明。物质文明是人类经济活动积极成果的总和，是文明结构的客观根基，经济实践是物质文明的实践基础；政治文明是人类政治活动积极成果的总和，是文明结构的核心层面，政治实践是政治文明的实践基础；精神文明是人类文化活动积极成果的总和，是文明结构的灵魂所在，文化实践是精神文明的实践基础；社会文明是人类管理活动积极成果的总和，是文明结构的时代平台，社会实践是社会文明的实践基础。在人类文明的四维结构中，政治文明是人类文明产生的根本标志，也是人类文明发展的主导力量。

政治文明作为人类政治活动的价值沉淀，产生于原始社会向奴隶社会转型的过程之中。随着人类经济活动的不断发展，人类社会先后出现了三次社会大分工，从而推动了人类社会结构的平面分化，形成了人类社会经济生活的产业结构。人类物质生活的结构性变化，促进了人类社会生产力的长足发展，人类社会剩余产品随之出现，这标志着物质文明

---

① 参见王浦劬：《政治学基础》，2版，154页，北京，北京大学出版社，2006。

的历史萌芽。随着物质生产活动的历史提升，精神生产活动也随之派生，进而出现了脑力劳动和体力劳动的历史分化。有了人类社会的精神生产活动，就必然有精神生产的积极成果，人类社会精神文明也随之萌芽，于是精神文明就成为物质文明的逻辑升华。随着物质生产活动和精神生产活动的历史分化，人类社会逐渐由平面式分化向立体式分化转型，随之分裂为两大对立集团，社会因此由平面结构向立体结构转型，社会的这种立体分化就标志着阶级的历史形成。有阶级存在就必然有阶级斗争，阶级斗争是人类政治活动的历史表征。统治阶级为了维护自己的阶级统治，就需要运用暴力把被统治阶级的阶级斗争控制在一定的范围之内，于是统治阶级的暴力工具——国家应运而生。国家的产生是政治文明形成的根本标志，同时也表征着社会文明的历史萌生。国家是人类文明的最高概括，它既是人类文明结构的高度浓缩，又是人类文明诞生的最终标志。

人类政治文明的历史演进，构筑了政治文明发展的两大历史平台，亦即传统政治文明和现代政治文明两大历史形态。传统政治文明是建立在自然经济基础之上的文明形态，它构成了人类政治文明的第一个历史平台。从社会形态的维度来看，传统政治文明是人类在传统社会改造政治关系所取得的政治成果的总和。在自然经济活动中，农业是自然经济的基本形式，家庭是自然经济活动的基本单位，家长制则是自然经济活动的运作机制。国家结构是农业社会的基本特征，表征着自然经济所决定的社会结构，其本质是自然经济自我封闭运行模式的结构内化。政治是经济的集中表现，同时也是经济生活的立体上升。作为经济生活运作机制的家长制提升到政治生活领域，必然形成专制政治的历史形态，专制政治就成为传统政治文明的表现形态。因而，高度集权和人治社会，是传统政治文明的基本特征。①

现代政治文明是建立在商品经济基础之上的文明形态，是社会化大生产的产物，它构成了人类政治文明的第二个历史平台。资本主义政治文明和社会主义政治文明，都属于现代政治文明的历史范畴。社会化大生产是商品经济形成的社会基础，它突破了以家庭为单位的生产消费体系，把生产与消费的动态结构扩展到全社会，并进而以市场作为生产与消费的联结中介，市场经济则表征了人类经济活动的高度社会化。商品经济是经济活动社会化的必然结果，经济利益的历史驱动和市场经济的公平交易，必然促进经济活动日益走向民主化，从而构建出民主经济的运行机制。经济是政治的根源，政治是经济的提升。经济运行机制也必然上升为政治运行机制，民主经济作为经济活动的基本原则，必然会历史地催生出政治活动的基本原则——民主政治。商品经济是民主政治的社会基础，而民主政治是商品经济的必然产物。这就决定了民主政治是现代政治文明的基本特征。由于经济活动的社会化，客观上就需要有一种框定人们行为的社会规范，于是就需要有一套完善的法律制度来规范人们的社会行为。因而，民主政治和法治社会乃是现代政治文明的基本特征。

人类的政治文明史浓缩了人类文明史的全部内容，并主导着人类文明发展的历史轨迹。人类的近代不仅是科学的时代，也是民主的时代。资产阶级把人类政治文明从专制文明提升到民主文明的历史平台，对人类政治文明的发展做出了重大贡献，而无产阶级又把

---

① 参见王浦劬：《政治学基础》，2版，153～154页，北京，北京大学出版社，2006。

少数人的民主变成了多数人的民主，从而把现代政治文明推到了人类政治文明发展的时代高度。政治文明的历史发展引发了人们对政治文明的理性思考，人们对政治文明的理性反思也由来已久。随着时代的不断推移，马克思主义关于政治文明的思想一直被之后的马克思主义者所继承。列宁、毛泽东和邓小平等无产阶级革命领袖，都留下了关于政治文明建设的丰富遗产，以江泽民同志为核心的党的第三代中央领导集体明确提出了政治文明范畴，并把“建设社会主义政治文明”作为“全面建设小康社会的重要目标”，这标志着当代中国马克思主义者对政治文明的深层反思达到了新的时代高度。

政治文明的发展规律，是政治体系发展过程中本身所固有的、不以人的意志为转移的内在联系。人类政治文明的发展规律表现在政治文明形态发展和政治文明属性发展两大维度之中。从政治文明形态发展的维度来看，政治文明的发展规律表现为政治文明的民主化趋势。人类政治文明经历了从传统的专制政治文明向现代的民主政治文明的历史转型。政治文明发展的这种历史跨越，从宏观上表明了人类政治文明从专制时代走向民主时代，从而表征了政治文明发展的民主化趋势。资产阶级把政治生活的民主理念延伸为政治生活的民主制度，从而使民主原则具体化为资本主义国家的制度形态，这标志着人类民主政治的历史形成，也表征了资产阶级对人类政治文明建设的重大贡献。然而，资产阶级因其自身的阶级局限性，虽然构筑了现代政治文明的民主平台，但其民主政治是一种狭隘的民主政治，这种民主政治实质上是资产阶级少数人的民主政治。

社会主义制度的建立，在人类政治文明史上第一次实现了人民当家作主，从而把资产阶级少数人的民主变成了无产阶级和广大劳动人民多数人的民主，把资本主义国家的虚假民主变成了社会主义国家的真实民主，这标志着社会主义国家把现代政治文明的民主平台提高到了一个崭新的时代阶段。社会主义民主政治的建立，实现了人类社会民主政治的历史提升，从而把人类政治文明的民主化过程向前大大推进了一步，这又一次从广泛性和真实性上表征了政治文明发展的民主化趋势。当然不可否认，虽然社会主义的民主化程度本质上高于资本主义的民主化程度，但由于历史的原因，社会主义民主政治的制度化程度又往往低于发达的资本主义国家。这不仅表征了社会主义政治文明建设的历史局限，而且也表征了社会主义政治文明建设的时代空间。因而，吸收人类政治文明的积极成果，建设高度的社会主义政治文明，是社会主义现代化建设的重要目标，社会主义民主政治将随着社会主义的发展而不断发展。我国当前政治文明建设的历史使命，就是全力推进民主政治的规范化、程序化和制度化，用社会主义民主制度来巩固社会主义民主理念，以推动我国社会主义民主政治建设的全方位发展。

从政治文明属性发展的维度来看，政治文明的发展规律表现为政治文明的民族化趋势。传统政治文明是以阶级为政治主体、以民族国家为活动空间而构建的文明形态，封闭式的农业经济生活是传统政治文明存在的社会基础，民族国家就成了传统社会人类从事政治活动的封闭圈。随着传统政治文明向现代政治文明的历史转型，人类政治活动的时代空间日益扩大到国际社会，民族国家之间的政治交往日益扩大，民族国家日益成为国际社会政治生活的政治主体。资本主义的政治文明是建立在生产活动社会化和国际化基础之上的文明形态。它已具有国内阶级关系和国际民族关系二维交叉的性质，这就决定了资本主义政治文明是阶级性与民族性的二维整合。然而，资本主义社会仍是阶级对立社会，阶级关系仍然是政治关系的逻辑重心，这就决定着资本主义政治文明和传统政治文明一样，其本质属性仍在于它的阶级性。阶级性是阶级对立社会政治文明的根本属性，这是马克思主义政治文明观的基本原理。

社会主义是从阶级对立走向阶级消亡的历史阶段，社会主义的历史定位使社会主义政治文明具有全新的时代内涵。在社会主义历史阶段，一方面阶级对立已经消失，资产阶级作为完整的阶级已不复存在，但国内阶级关系仍然存在，阶级斗争会长期进行，不过阶级斗争的发展趋势日趋缓和，直至消亡；另一方面，随着经济全球化和政治多极化的不断发展，社会主义国家在现代化建设中，越来越多地需要处理国际政治关系，国际政治关系日益成为社会主义国家政治关系的逻辑重心。社会主义国家不仅承担着国内的阶级关系，而且也承担着国际的民族关系，这就决定了社会主义国家不仅具有无产阶级专政的阶级职能，而且又具有发展民族文明的民族职能。也就是说，社会主义国家既是阶级专政的国家，又是民族代表的国家，是阶级国家和民族国家的二维整合。因此，社会主义的政治文明具有阶级性和民族性双重属性，并且在社会主义发展的历史长河中，随着社会主义文明的整体推进，社会主义政治文明的双重属性也有一个变化的历史过程，表现为阶级性不断弱化而民族性不断强化，从而体现了社会主义政治文明本质属性的重心位移。①

二、政治文明的实现途径

法治文明是政治文明的实践成果，也是政治文明的时代高度。法治是由一整套目的性价值和工具性价值结合而成的实践体系，既具有抽象的价值理想，又具有现实的运行机制，是价值内导与技术规范的有机统一。政治文明作为法治文明的实质价值，必然要借助法治之工具性价值的有效发挥来实现。因此，法治实践对政治制度起确立作用，对政治行为起调整作用，对政治意识起促进作用。建设政治文明，必然要推动政治实践的良性发展，换言之，法治实践是政治文明得以实现的基本方式。

法治方式是政治文明建设的技术支撑。法治实践表现为通过法律规范来实现民主政治的运行过程。首先，从静态维度上讲，法治是一套以宪法为核心的规范体系，宪法规范不仅具有至上性、稳定性和根本性，而且具有明确的指引、评价、教育和预测等作用。政治文明尤其是作为政治文明核心内容的政治民主，只有上升到法律的层面，才能成为全体人民共同遵守的最高行为准则，并能在现实生活中得到贯彻落实。其次，从动态维度上讲，法治包括立宪、行宪、护宪和修宪等环节组成的政治过程。立宪的过程就是政治文明观念制度化的过程，行宪和护宪的过程就是政治文明规范的实施过程，而且是政治文明规范遭到违反时予以纠正的过程，修宪的过程就是政治文明规范补充、完善和升华的过程。最后，法治的产生本身就是人类政治文明提升的标尺，更是人类政治文明形态的制度跨越。党的十八届四中全会做出了全面推进“依法治国”的战略部署，坚持走中国特色社会主义法治道路，建设中国特色社会主义法治体系，坚持法治国家、法治政府、法治社会一体建设，实现科学立法、严格执法、公正司法、全民守法，促进国家治理体系和治理能力现

① 参见刘吉发：《从“两个先锋队”看我国社会主义政治关系的时代定位》，载《人文杂志》，2003（3）。

代化。

实现建设中国特色社会主义法治体系和社会主义法治国家的总目标，需要坚持中国共产党的领导，坚持人民主体地位，坚持法律面前人人平等的基本原则。我国法治建设的主要内容包括以下几个方面：

第一，扩大公民基本权利的保障范围，形成法制化的权利保障网络。保障公民的基本权利是法治建设的根本要求。我国宪法规定了公民的基本权利和义务，内容十分广泛，然而在某些基本权利的细化和实施上仍然存在有待改进的地方。法治建设首先要全面贯彻"依宪治国"的原则，且不能仅仅停留在宪法规范层面，而应当在各种普通立法中体现我国社会主义公民的基本权利。我党高度重视中国特色社会主义民主政治建设，提出要健全民主制度、丰富民主形式、拓宽民主渠道，依法实行民主选举、民主决策、民主管理、民主监督，保障人民的知情权、参与权、表达权、监督权，全力推进民主协商实践的全方位、多层次和制度化发展。

第二，完善人民代表大会制度，使之真正体现人民民主的法治理念。人民民主是社会主义的生命，发展社会主义民主政治是我国社会主义政治建设的根本目标。首先，在人民代表大会制度基础上建立健全对政府权力的监督与制约机制，并使之上升到宪法保障的时代高度。其次，理顺"以宪执政"与党的领导之间的关系，真正做到"党必须在宪法和法律的范围内活动"，使党的领导与依法治国统一起来，实现政治生活的法律化和制度化，以体现出政治文明的内在题旨。最后，完善人民代表大会的选举制度、罢免制度和质询制度，也是完善人民代表大会制度的一个重要方面。选举权和罢免权是民主得以保障的基础性权利，只有不断地完善我国的选举制度，民主权利才能真正体现。而逐步推广直接选举、差额选举以及竞选人资格和罢免提议条件的逐步放开，是当前扩大人民民主的重要形式。只有民主权利得以真正确立，公民的自由才可能得到保障，而两者的统一只有在法治的框架下才能得以实现。

第三，实现党的领导与人民当家作主和依法治国的有机统一。发展社会主义民主政治，最根本的是要把坚持党的领导、人民当家作主和依法治国有机统一起来。党的领导是人民当家作主和依法治国的根本保证，人民当家作主是社会主义民主政治的本质要求，依法治国是党领导人民治理国家的基本方略。宪法和法律是党的主张和人民意志的有机统一，是社会主义民主政治实践技术的最高体现。建设社会主义政治文明的基本框架，是党的领导、人民当家作主和依法治国的有机统一。中国特色社会主义法治国家建设，正是实现这三者辩证统一的基本路径。

第四，坚持和完善中国共产党领导的多党合作和政治协商制度。中国共产党领导的多党合作和政治协商制度，作为适合中国国情的一项基本政治制度，是在我国长期的革命建设和改革实践中形成和发展起来的，是具有中国特色的社会主义政党制度，是中国社会主义民主政治的重要组成部分。各民主党派参与国家政权的组成，参与重大国策的协商，参与国家事务的管理，是社会主义民主政治建设的一支不可或缺的政治力量，也是中国特色社会主义法治建设的重要内容。随着我国政治体制改革的不断推进和社会主义民主政治的日益发展，中国共产党领导的多党合作和政治协商制度，不断优化社会主义协商民主实践的立体形态，将日益显示出社会主义核心政治的巨大生命力。

参考文献

马克思恩格斯选集. 2版. 第1～4卷. 北京：人民出版社，1995
列宁选集. 3版修订版. 第1～4卷. 北京：人民出版社，2012
马克思恩格斯全集. 中文1版. 第3卷. 北京：人民出版社，1960
马克思恩格斯全集. 中文1版. 第23卷. 北京：人民出版社，1972
马克思恩格斯全集. 中文2版. 第3卷. 北京：人民出版社，2002
马克思恩格斯全集. 中文2版. 第32卷. 北京：人民出版社，1998
马克思恩格斯文集. 第1、2、4、9卷. 北京：人民出版社，2009
毛泽东选集. 2版. 第1～3卷. 北京：人民出版社，1991
邓小平文选. 2版. 第2卷. 北京：人民出版社，1994
孙中山选集. 北京：人民出版社，1981
资本论. 北京：人民出版社，2009
王浦劬主编. 政治学基础. 2版. 北京：北京大学出版社，2006
王惠岩主编. 政治学原理. 2版. 北京：高等教育出版社，2006
杨光斌主编. 政治学导论. 4版. 北京：中国人民大学出版社，2011
刘吉发. 政治实践论. 北京：人民出版社，2010
陈怀平. 政治主体论. 北京：中国社会科学出版社，2013
刘德厚. 广义政治论. 武汉：武汉大学出版社，2004
李元书. 政治发展导论. 北京：商务印书馆，2001
俞可平. 西方政治学名著提要. 南昌：江西人民出版社，2003
陈振明. 政治学：概念、理论和方法. 北京：中国社会科学出版社，2006
李景鹏. 权力政治学. 哈尔滨：黑龙江教育出版社，1995
李良栋. 新编政治学原理. 北京：中共中央出版社，2001
张开诚. 政治学概论. 青岛：青岛海洋大学出版社，1990
吴恩裕. 政治学问题研究. 上海：商务印书馆，1948
杨宏，刘彤. 现代政治学分析基础. 北京：人民出版社，2004
张康之等. 公共行政的概念. 北京：中国社会科学出版社，2013

王逸舟．当代国际政治析论．上海：上海人民出版社，1998
杨百揆．现代西方国家政治体制研究．北京：春秋出版社，1988
蒋云根．政治人的心理世界．北京：学林出版社，2002
张江河．利益与政治．北京：北京大学出版社，2002
杨海蛟．新中国政治学的回顾和展望．北京：世界知识出版社，2000
辛向阳．新政府论．北京：中国工人出版社，1994
徐争游．中央政府的职能和组织结构．上下册．北京：华夏出版社，1994
王玉明．选举论．北京：中国政法大学出版社，1992
王玉樑．价值与发展．西安：陕西人民教育出版社，1999
姜安．政治学概论．北京：高等教育出版社，2001
李爱华．现代政治学．北京：北京师范大学出版社，2001
朱光磊．政治学概要．天津：天津人民出版社，2001
奚广庆．政治学概论．北京：中国人民大学出版社，1998
宋新宁等．国际政治学概论．北京：中国人民大学出版社，2000
俞吾金．意识形态论．上海：上海人民出版社，1993
毛寿龙．政治社会学．北京：中国社会科学出版社，2001
[古希腊] 亚里士多德．政治学．北京：商务印书馆，1983
[英] 洛克．政府论．下篇．北京：商务印书馆，1964
[法] 卢梭．社会契约论．2 版．北京：商务印书馆，1980
[法] 孟德斯鸠．论法的精神．上册．北京：商务印书馆，1961
[美] 拉斯韦尔．政治学．北京：商务印书馆，1992
[美] 安东尼·奥罗姆．政治社会学导论．上海：上海人民出版社，1989
[美] 戴维·伊斯顿．政治生活的系统分析．北京：华夏出版社，1999
[美] 艾伦·C·艾萨克．政治学：范围与方法．杭州：浙江人民出版社，1987
[美] 罗伯特·达尔．现代政治分析．上海：上海译文出版社，1987
[美] 杰克·普拉诺．政治学分析词典．北京：中国社会科学出版社，1986
[美] 塞缪尔·亨廷顿．变化社会中的政治秩序．北京：生活·读书·新知三联书店，1989
[美] 丹尼斯·朗．权力论．北京：中国社会科学出版社，2001
[德] 马克斯·韦伯．经济与社会．上卷．北京：商务印书馆，1997
[奥] 凯尔森．法与国家的一般理论．北京：中国大百科全书出版社，1996
[英] 罗德里克·马丁．权力社会学．北京：生活·读书·新知三联书店，1992
[美] 格林斯坦、波尔斯比．政治学手册精选．下卷．北京：商务印书馆，1996
[美] 迈克尔·罗斯金等．政治科学．北京：华夏出版社，2001
[美] 科恩．论民主．北京：商务印书馆，1988
[英] 理查德·利基．人类的起源．上海：上海科技出版社，1995
[英] 戴维·米勒，韦农·波格丹诺．布莱克维尔政治学百科全书．北京：中国政法大学出版社，1992

初版后记

社会主义政治文明建设，作为我国现代化建设的重要目标，不仅加速了我国政治体制改革的历史进程，而且赋予了中国特色社会主义政治建设时代内涵。中国特色政治文明的历史提升，中华民族政治实践的全面展开，既为我国政治学的快速发展提出了时代要求，又为我国政治学的理论研究提供了实践经验。中国学界从 20 世纪 80 年代以来，就十分关注政治学的学科建设和学术研究，撰写和翻译了一批学术著作，形成了一定的学科规模。然而，随着社会主义政治实践的发展和我国政治体制改革的推进，随着政治学理论研究的不断深化，又有许多新的问题需要进行深入的理论探索，并在探索研究的基础上形成新的理论观点。我国政治生活发展的时代需要，正是这部《政治学新论》产生的时代背景。

《政治学新论》一书，是笔者在五年前出版的《政治学论纲》的基础上，进一步对政治学逻辑体系进行重新审视的理论成果，是笔者对政治生活内在本质和发展规律的全新认识。全书遵循政治思维的内在逻辑，吸收了当前政治学研究的最新成果，并结合我国社会主义政治建设的创新实践，概括了人类社会政治关系发展的基本趋势，从而深化了对社会主义历史阶段政治发展的规律性认识，形成了自己独具特色的理论体系。

在本书形成过程中，笔者借鉴了国内外诸多政治学专家的理论研究成果，同时得到了青年学者宋春红、殷峰、陈怀平诸君的大力支持和全力相助；特别需要提到的是，我的两位恩师——著名学者赵馥洁教授和廉永杰教授，对本书的形成都给予了悉心指导，并在百忙中为本书写序，在此一并表示衷心的感谢！

“不登高山，不知天高。”本书几经调整，多番修改。成书过程中，我深感“政治学新论”题目之难，只怕自己学识疏浅、“论无新言”，唯恐“一言成疴，智不能明”，心中忐忑，疏漏难免，恳请同行匡正，读者批评。

2007 年 12 月于长安大学

修订补记

中国政治学的理论研究起步较晚，国内高校“政治学原理”的教材体系也相对滞后。随着我国政治学研究的本土化及其当代中国实践经验的理论化，我国高校“政治学原理”的教材体系也呈现出与时俱进的基本态势，《政治学新论》也正是在这个时代背景下形成的学理体系。

《政治学新论》作为“政治学原理”的选定教材，助推了我校“政治学原理”课程升格为省级精品课程，也得到了其他高校同人的普遍认同。然而，九年来“政治学原理”教学实践的不断拓展，又促使着笔者对《政治学新论》的理论体系进行重新修正。本次修订由我们的教学团队共同提出修订框架，由笔者的研究生肖涵博士执笔完稿，最后由笔者本人最终定稿，这本身已说明本书是我们师生二人的合作成果。在修订版中融入了肖涵博士的大量心血，也吸收了政治学界理论研究的最新成果。在本书修订过程中，陈怀平、殷峰、金栋昌、邵琦几位同志给予了大力协助，同时也得到了中国人民大学出版社的鼎力支持，笔者在此一并表示衷心的感谢！

人民性实践不止步，政治学新论需常新。今天推出的《政治学新论（第二版）》，只是《政治学新论》理论体系与时俱进的探索方式，不尽如人意之处仍在所难免。而作为第二版之“新论”，只是起着抛“新砖”、引“新玉”的导向性作用，我们也期待着与学界同人共同谱写当代中国“政治学原理”体系创新的新篇章！

2016 年 6 月 6 日

图书在版编目（CIP）数据

政治学新论/刘吉发著. —2 版. —北京：中国人民大学出版社，2016.7
国家社会科学基金资助项目　新编 21 世纪政治学系列教材
ISBN 978-7-300-23081-8

Ⅰ. ①政… Ⅱ. ①刘… Ⅲ. ①政治学-高等学校-教材 Ⅳ. ①D0

中国版本图书馆 CIP 数据核字（2016）第 153344 号

国家社会科学基金资助项目
新编 21 世纪政治学系列教材
政治学新论（第二版）
刘吉发　著
Zhengzhixue Xinlun

出版发行	中国人民大学出版社		
社　　址	北京中关村大街 31 号	**邮政编码**	100080
电　　话	010－62511242（总编室）		010－62511770（质管部）
	010－82501766（邮购部）		010－62514148（门市部）
	010－62515195（发行公司）		010－62515275（盗版举报）
网　　址	http://www.crup.com.cn		
	http://www.ttrnet.com(人大教研网)		
经　　销	新华书店		
印　　刷	北京密兴印刷有限公司	**版　　次**	2008 年 3 月第 1 版
规　　格	185 mm×260 mm　16 开本		2016 年 7 月第 2 版
印　　张	15	**印　　次**	2016 年 7 月第 1 次印刷
字　　数	332 000	**定　　价**	32.00 元

教学支持说明

（教学课件）

中国人民大学出版社政治与公共管理出版分社秉承“出教材学术精品，育人文社科英才”的出版宗旨，多年来，出版了大批高质量的公共管理、教育学、政治学、政治理论公共课教材和学术著作。

我们为本教材制作了相应的 PPT 教学课件，任何一位采用本书作为授课教材的教师均可免费获得该课件。为了确保该课件仅为授课教师获得，烦请您填写如下材料，并将相关信息通过 E-mail 发送给我们，我们将在收到相关信息后通过 E-mail 给您发送该课件。欢迎您加入我们的 QQ 群（全国政管教师交流群，群号为 236159213），或登录我分社官方网站（www. crup. com. cn/gggl），注册成为 VIP 会员，以获得更好的服务。

我们的联系方式：

地址：（100872）北京市中关村大街甲 59 号文化大厦 1202 室

中国人民大学出版社政治与公共管理出版分社

电话：（010）82502724　62514775（传真）

E-mail：ggglcbfs@vip. 163. com

QQ 群：236159213

兹证明____________大学/学院____________院/系____________专业____________学年第____________学期开设的________________课程，采用中国人民大学出版社出版的________________________________（书名、作者）作为本课程教材。授课教师为____________，授课班级共________个、学生________人。授课教师需要与本书配套的教学课件。

联 系 人：____________________________

通信地址：____________________________

邮　　编：____________________________

电　　话：____________________________

E-mail：____________________________

系/院主任：____________（签字）

（系/院办公室章）

________年______月______日